# 問題意識の倫理

*the ethics of critical thinking*

近藤 剛 著
*Go Kondo*

ナカニシヤ出版

# 序言　パンドラの甕

人の世になぜこんな惨劇を招いてしまったのか。悔やんでも悔やみきれない。分かっていたはずなのに避けられなかった。前もって警告したのに聞き入れられなかった。予想したように神々の罠にかかってしまった。もはや人間は定められた桎梏から逃れられはしない。人間は自らに降りかかる災いを抱き、喜び、楽しむであろうと言われた通りになった……げに恐ろしきことかな。

数知れぬ災厄がこの世を跳梁跋扈している。大地にも大海にも世界の隅々まで災難が満ち溢れている。病苦は昼夜を問わず、音も立てず、私たちを襲ってくる。無数の悲惨なるものが人間界を練り歩いている。パンドラが甕《ピトス》の蓋を開いたあの日から――

人類最初の女性パンドラは全《パン》ての神々からの贈り物《ドラ》だった。その不死なる女神にも似た容貌は麗しく愛らしく、技芸にも優れていた。人間なら誰しもその美貌の虜となった。しかし、パンドラの胸中には、嘘と甘言と盗人の性向が吹き込まれていた。外見と内面が異なることを、あらかじめ見抜くことは難しい。

だが、卓越した智者であるプロメテウスには分かっていた。それゆえに、この贈り物を決して受け取ってはならないと、弟のエピメテウスに厳しく申し渡すことができた。ところが、パンドラの美貌はプロメテウスの警告を忘れさせるほどに魅力的であり、エピメテウスを骨抜きにするには十分だった。激情に駆り立てられたエピメテウスに深慮はなかった。パンドラはエピメテウスの妻として、この世界にやって来た。

エピメテウスの家には大きな甕があった。その厳重に閉ざされた蓋を見た瞬間、パンドラは開けてみたくなった。どんなにか素晴らしいものが隠されていることだろうと、心が躍った。パンドラが甕の中に蓄えられていたものを貪ろうとしたのか、ただ好奇心に駆られて覗き見たかっただけなのか、それは分からない。しかし、蓋を開けたくなったら、もう開けるしかない。その込み上げる衝動は誰にも止めることができない。

パンドラが蓋を開けた途端、思いもよらぬことが起こった。素晴らしいものなどなかった。それどころか、次から次へと災いが噴き出してきたのである。戦争、残虐、飢餓、貧困、疾病、嫉妬、淫欲など、およそ人間にとって考えられるあらゆる災禍が飛び散っていった。慌てて閉めたら、甕の中には希望《エルピス》だけが残っていた。

＊　＊　＊　＊　＊　＊

周知のように、これはギリシャ神話（ヘシオドスの『神統記』と『仕事と日』）に出てくる話である。それはプロメテウスによって示された先見の明を無視し、エピメテウスのように後先を考えず、パンドラのように軽率な行動を取ると、災いにしかならないことを物語っている。この物語について神話学的に様々な論点を挙げることができるが（神話における罪と罰、美しさと愚かさ、先見性と後知恵、男女の心理など）、ここで注目したいのは希望の行方である。

なぜエピメテウスの家に災厄の詰まった甕があったのか、ヘシオドスは説明しておらず、私たちには分からない。だが、この甕の閉ざされた蓋は、開かれるべくして開かれたのだ。言わば、人間界に苦悩を撒き散らすことがパンドラの造られた理由である。もしもそれがプロメテウスから火を授かったに過ぎない人間に対する罰というならば（人間は盗まれた火と知る由もないのだから）、あまりにも理不尽ではないか――神々の思いを忖度することは死すべき定めの私たちには到底できないとしても、異議申し立てくらい許されてもよいのではないか――。いずれにせよ、魅惑と好奇心が先行して、禁じられたことが破られて、多くの不幸と苦難が蔓延する世の中となったわけだが、いったい希望はどうなったのか。

パンドラが急いで蓋を閉めたことによって戸外へ飛び出さずにすみ、希望は人間の手元に残ったということなのか。だからどのような難儀や諸悪に苛まれても、人間はなお希望を持って生きていくことができるということなのか。あるいは希望は堅牢な甕の中に閉ざされたままで、この世界には一切ないということなのか。そもそもあらゆる災禍とともに封印されていた希望とは、人間にとって良いものと言えるのか。もしかすると希望こそが人間にとって最大の災いということなのではないか。

先を見通せる者からすれば、この世界には絶望しかないのかもしれない。生半可な希望は、かえって人を苦しめるだけなのかもしれない。希望はないと悟った方が、妄念や執念に惑わされることなく、人生を着実にかつ誠実に生きられるのかもしれない。

これが絶望からの出発ということである。実に真摯な姿勢ではないだろうか。安直な希望はないという絶望を共有できれば、それが私たちの希望になる。空想的な希望が絶たれて得られる真の希望というものがある。そして、私たちの希望は常に先を見通す問題意識と、怯まずに対処する責任を負う倫理に見出される。かくして問題意識の倫理は現在において過去（反省的思考）と未来（展望的思考）を結び、私たちの生きるよすがとなる。

＊＊＊＊＊＊＊

本書は既刊の論稿と書き下ろしから成るオムニバスであり、気になる章から読み進めてもらえれば幸いであるが、それぞれ独立しているとはいえ、一つの流れに集約されるような構成でまとめたつもりである。読了されれば、それなりに合点がいくメッセージを受け取っていただけるのではないかと考えている。なお、聖書からの引用について、本書では新共同訳『聖書　旧約聖書続編つき』日本聖書協会を用いる。余談だが、本書のカヴァーに用いた「パンドラ」（一八九六年）は、ラファエル前派の画家ジョン・ウィリアム・ウォーターハウスの作品だが、パンドラが開こうとしているのは「甕」ではなく「箱」という解釈で描かれている。

この世には、決して開けてはならない甕や箱がたくさんあると思うが、私たちは気軽に平然と開けている。その代償は過酷なものとなろう。その支払いから免れる者は一人もいない。その取り立てが急に来ることを告げるのが、本書の目的でもある。

# 目次

# 1　問題意識の倫理

多くの青年は初め善とは何かと懐疑する。そしてその解決を倫理学に求めて失望する。しかし倫理学で善悪の原理の説明出来ないことは、善悪の意識そのものの虚妄であることの証明にはならない。説明出来ないから存在しないとはいえない。およそいかなる意識といえども完全には説明出来るものではない。そして深奥な意識ほどますます概念への翻訳を超越する。倫理学の役目は、私たちの道徳的意識を概念の様式で整理して、理性の目に見ゆるように（veranschaulichen）することにあって、その分析の材料となるものは私たちの既に持っている善悪の感じである。善とは何かということは今の私にも少ししか解っていない。私は倫理学の如き方法でこの問いに答え得るとは信じない。善悪の相は私たちの心に内在する朧気《おぼろげ》なる善悪の感じを便《たよ》りに、様々の運命に試みられつつ、人生の体験のなかに自己を深めて行く道すがら、少しずつ理解せられるのである。歩みながら知って行くのである。[1]

倉田　百三

## 現代文明の病理

二〇一二年七月に巨大な太陽風が放出され、もし地球を直撃していれば、世界規模で二兆ドルの経済的損失が生じ、現代文明は一八世紀の水準に後退させられていたかもしれないと、ＮＡＳＡが発表したことは記憶に新しい。実際、人類と社会の存続は絶えず脅かされている。例えば、地震、津波、噴火、台風、豪雨、水害、飢饉、伝染病など、自然界からの猛威に晒されていることが挙げられる。突発的で圧倒的な自然災害に対して、私たちの備えはいつも不十分であり、文明の脆弱さが露呈されるばかりである。だが、現代文明はこうした外からの脅威だけではなく、内からの侵蝕（ある種の病理）によっても危ぶまれている。それはいったいどういうことだろうか。

私たちは長く険しい労苦とともに培ってきた高度な技術力によって、今までなし得なかったことを可能にしてきた。その原動力となったのは、少しでも良いものを実現したいという願望であり、少しでも多くのものを獲得したいという欲望であった。人間の内にある凄まじい願望と果てしない欲望が、技術文明の形成を力強く後押しし、便利で快適な生活環境をもたらせてきたことは否めない。むしろ、私たちが積極的に生きるための活力として、何もかもを欲しがる衝動は必要なものだと言えよう。しかし、どのようなことにも限度があり、分別を持たねばならないはずである。ところが、私たちはこれで満足するということはなく、どれほど求めても飽き足らず、歯止めをかけることができないでいる。無限の進歩などあり得ないと分かっているはずなのに、引くことを知らず、むしろ戻ることを軽蔑し、ひたすら猪突猛進していく。当然、そこに無理が生じてくるのだが、いったん動き出した歯車は壊れるまで回り続けることだろう。

人間にとっては、ここまでのことができたという満足よりも、これ以上のことができないという不満の方が、次の進歩へと駆り立てる強いモチベーションになるのだろう。そうした意味で、技術とは、どこまでも人間の分限を超えていこうとする一種の挑戦であると言えよう。膨張し続ける欲望は、技術の暴走をも許容するにちがいない。言い換えれば、これまでできなかったことを可能にする技術は、「それ以上を」「その先を」求めてやまない欲望の氾濫をも是認することだろう。このようにして両者は共にお互いを支えて高め合う。技術と欲望は手を携えて、あらゆる可能性の実現へと突進していく。しかし、その先にあるものは何なのだろうか。どのようなユートピアが待っているのだろうか。

経済学者エルンスト・フリードリッヒ・シューマッハーは現今の物質至上主義に対して自然との調和を説き、巨大技術信仰に対して身の丈技術を唱え、人間の貪欲と嫉妬心に対して節欲勤倹の倫理観(仏教経済学)を求めたことで知られるが、主著『スモール・イズ・ビューティフル──人間中心の経済学──』において、技術の問題性を次のように論じている。少し長くなるが、引用しておきたい。

奇妙なことであるが、技術というものは、人間が作ったものなのに、独自の法則と原理で発展していく。そして、この法則と原理が人間を含む生物界の原理、法則と非常に違うのである。一般的にいえば、自然界は成長・発展をいつどこで止めるかを心得ているといえる。成長は神秘に満ちているが、それ以上に神秘的なのは、成長がおのずと止まることである。自然界のすべてのものには、大きさ、早さ、力に限度がある。だから、人間もその一部である自然界には、均衡、調節、浄化の力が働いているのである。技術にはこれがない。というよりは、技術と専門化に支配された人間にはその力がないというべきであろう。技術というものは、大きさ、早さ、力を自ら制御する原理を認めない。したがって、均衡、調節、浄化の力が働かないのである。自然界の微妙な体系の中に持ちこまれると、技術、とりわけ現代の巨大技術は異物として作用する。そして、今や拒否反応が数多く現われている。まったくの不意打ちではないにしても、現代技術が作りあげた現代世界は、短い期間にいっせいに三つの危機に見舞われた。第一の危機は、技術、組織、政治の在り方が人間性にもとり、堪えがたく、人の心を蝕むものだとして抗議の声があがっていることである。第二の危機は、人間の生命を支えている生物界という環境が痛めつけられ、一部に崩壊のきざしが出ていることであり、第三の危機は、資源問題によく通じた人たちには充分に知られたことであるが、世界の再生不能資源、とくに化石燃料資源の浪費が極度に進み、あまり遠くない将来その供給が急減するか、枯渇する可能性があるということである。これら三つの危機ないし病いは、そのうちのどれ一つをとっても人類の命取りになりかねない。私にはどれが崩壊の引き金になるか予想はつかない。しかし、有限の環境下で無限の成長を追求する唯物主義の上に築かれた生活様式が長続きせず、またそういう生活様式が成長達成に成功すればするほど、行き詰まりも早いことに疑問の余地はない。[2]

また、未来世代に対する私たちの義務や責任を「世代間倫理」(intergenerational ethics) という形で世に問うた哲学者ハンス・ヨナスは、「現代の技術は、まったく新たな規模を持つ行為を、まったく新種の対象や結果を伴う行為を導入した」[3]と指摘している。つまり、技術のもたらす影響が自然に対して大規模となり過ぎたために、自然そのものの自己回復力は追い付かなくなり、自然に不可逆的な変化をもたらしているというのである。ヨナスによると、技術が技術を呼ぶという形で、技術は自己増殖するのであり、やがては人間の支配の手を逆に押さえつけることになる――したがって、どのように収束させることができるのか推し量ることの難しい技術の暴走に対して、安易に under control と言うべきではないのかもしれない――。すなわち、ヨナスによれば、「科学技術による世界の改変は、累積的に自己繁殖する」[4]のであり、「科学技術が生み出すものは累積し、人工的環境が拡張していく」[5]わけである。筆者は、シューマッハーやヨナスが洞察した事態を〈技術と欲望の癒着〉と捉え、その顛末について考えていきたい。

　人間は優れて「習慣の動物」であると言えるが、自己増殖的な技術文明の進展とともに、歴史に内在する持続的なものや規則的なものに対する讃仰《さんごう》力を見失ってしまったのではないか。その代わりに新奇なものや突飛なものが急激なスピードで迫ってきて、いっとき私たちを愉しませはするが、掻き乱すだけ掻き回し、騒々しく過ぎ去っていくのである。私たちは静謐に佇むことを忘れて、ひたすら喧騒に明け暮れている。果てしなき刺激と快楽が私たちを翻弄するが、結局のところ満たされることはない。何も積み重なっていないし、何も残っていない。ただ空虚が広がっている。だからいつも不安になる。情報の過多、華奢《かしゃ》の渇望、消費の爛熟を前にして、焦燥感と倦怠感がアンビバレントに入り混じり心を乱す。ついに、胸中を厭世観と宿命観が支配し、ますます孤立感が増し加わる。激動する状況に対して無力感が募り、やがて逃避願望が高まる。このようにして、アノミーと無関心が世を覆い尽くしていく。語り継がれてきた〈大いなる物語〉は失われ、共同体の紐帯は寸断され、個人は社会から浮遊する。自由は責任感を失って恣意（我儘《わがまま》）に変質する。個人は自律性を失ってエゴに転落する。神は金《カネ》に取って代わられる。赤裸々な我欲が噴出し、人情や親愛感は失われ、その代わりに猜疑心が強くなり、人は狡猾になっていく。拝金教に傾倒したエゴイストの群れが、グローバリゼーションの流れに乗って自分の利益を拡張することにのみ腐心する。意識するにせよしないにせよ、終局的には、市場単一化が推し進められて、文化的差異は均質化し、人類と世界は平板化する——歪《いびつ》な格差は解消されることなく、むしろ広がったままで——。こうした流れに抗するかのように、ファンダメンタリズム、テロリズム、エスノセントリズム、レイシズム、ナショナリズムが猖獗《しょうけつ》を極めて、現代文明に対する怨嗟と憎悪を増殖させている。

私たちが理想と掲げて、その実現を願ってきた普遍的な価値というものが、いつからか歪められ、ここに来て大きく問いに付されている。西洋キリスト教世界の世俗化がもたらした近代ヒューマニズムの諸価値に基づく政治、経済、産業、科学技術は、たしかに目覚ましく進歩したのではあったが、現代にいたっていよいよ行き詰まりを見せはじめ、様々なシステムの破綻をもたらそうとしている。経済学者ダニ・ロドリックが主張しているように、現在の世界においてはグローバル化（economic globalization）、国家主権（national determination）、民主政治（democracy）の並存が目指されているものの、実際には三つを同時に追求することができない「政治的トリレンマ」[6]に陥っており、どれか二つの選択とどれか一つの犠牲を余儀なくされている。その間隙を縫うかのように、暴力、蛮行、恐怖による専制的な支配が広がっており、楽観された「歴史の終わり」[7]（フランシス・フクヤマ）は到来せず、悲観された「文明の衝突」[8]（サミュエル・ハンチントン）が激化し、今ふたたび歴史の興亡が繰り返されようとしている。この局面において、私たちは傍観者であることは許されない。当事者としてどのように対峙するのか、真摯に考えなければならない。

しかし、私たちは予見できそうな危機に対しても、対応できなくなってしまっている。例えば、軍事的に不安定な地域を作り、政治的な空白を放置すれば、その状況を収拾しようとする過激な思想が喧伝され、破壊的な暴力が蔓延し、局地的な紛争が起こるだろうと予想されるはずである。そうなる前に手を打たねばならないのに、何ら手を差し伸べないまま、荒れ狂うに任せて、流血の惨事を招いてしまっている現実がある。あるいは、貧しい国で感染症が発症すれば、国際社会は連携して直ちに封じ込めに奔走せねばならないはずであるのに、被害が大きくなるまで傍観し、本格的に取り組まないということがある。結果的にパンデミックの危険性が高まり、パニックが起こることは必至である。不思議に思うことだが、なぜか人類や文明に対抗する破壊的な意志の力は強くて、繁殖力も高いように見える。象徴的な意味においてであるが、同時期（二〇一四年）の事象であるISIL（Islamic State of Iraq and the Levant）の勃興[9]とEbolaの蔓延に同質的な要素が感じとられるのは、筆者の思い過ごしであろうか。あまりにも無慈悲な、あまりにも残忍な、あまりにも暴力的なシーンを生み出したのは、それらの地域がかかえる貧困と無知、そしてその対岸にいて安穏としている私たちの非情と無関心なのではないか。

私たちには、それを未然に防ぐ対策を講じる責務があるはずだが（もちろん、その能力も持っているはずだが）、分かっているのに動かないでいる。対岸の火事であっても、ずっと放置しておくとやがて燃え広がって、すべてを焼き尽くしてしまうかもしれないのに、自分からは率先して消火にあたろうとしない。自分とは無関係と決め込んで、ただぼんやり見過ごしている——無関心という病理の根は深い——。それはどうしてなのか。筆者によれば、それは問題意識というものが著しく欠如しているからである。

## 問題意識の倫理とは何か

問題意識とは、社会の中に存在している問題に対して、その性質を素早く察知し、その重要性を見極めた上で主体的に関わり合い、適切な対処を行おうとする意識の持ち方のことである。また、それは現在の地平に立ちつつも、今後の成り行きを見定めて、必要な準備を整え、先手を打とうとする態度を育むものである。したがって、問題意識は目的意識に直結する。このような問題意識を錬成するのは、状況に対する緊張感と危機感である。弛緩した精神から問題意識が生み出されることはない。問題意識とは、人間に固有の厳しさを伴って善や価値を実現していこうとする倫理的生に由来するものである。人間は問題意識の持ち方によって、気付き、考え、動くことができる。すなわち、問題意識が自覚、思惟、行動を統合し、私たちを活かして生かすのである。

私たちは経験したことを批判的に考察し、そこから反省を得る思考に馴染んでいる。それは大切な姿勢であり、必要な作業であるにちがいない。しかし、それはいわゆる結果論にとどまるきらいがある。起こってしまった後ならば、どんなことでも言えてしまうが、それはあまりにも無力ではないか。

過ぎ去ったことを批判するだけでは、次にやって来るであろう危機に対処することはできない。要するに、批判的思考だけでは、これからの時代を乗り切れない。私たちには、経験知に即した推測と類推によって、これから起こるかもしれない事態を見据えて、あらかじめ何らかの提言を行っていくような姿勢、より具体的に何らかの策を講じようとする態度が求められるのではないか。つまり、これからの展望を描くような積極的な思考への転換が必要とされているのではないか。実際に直面していない事態には何も言えないという反論も予想されるが、人間として正しい前提や良い原則を持っていれば、多少なりとも、それも可能になるのではないか。少なくとも筆者は、そのように信じたい。そして、未来に対する私たちの倫理的な責任は「問題意識」を持つことによって果たされると主張したい。本書では、そのために必携されるべき正しい前提や良い原則が何であるのか、様々な事例を通して再確認していきたい。

　ところで、インターネット環境の飛躍的な展開は、私たちの社会に多大な影響を与えている。その恩恵によって、私たちの生活が便利になり、快適になったことは否定できないだろう。しかしながら、アイロニカルに言えば、私たち現代人は無駄な情報（information）には通暁しているのかもしれないが、肝心の知性（intelligence）には窮乏しているのではないか。私たちは脳本来の働きを脅かされていることも知らず、インターネットメディアに翻弄される「ネット・バカ」（ニコラス・カー）[10]になってはいないだろうか。確かにコミュニケーションツールは発達し多様化したが、コミュニケーションそのものができなくなった未熟で幼稚な人間が溢れている。もはや、私たちの指先は神を求めず――システィーナ礼拝堂の天井に描かれたミケランジェロの「天地創造」を想起せよ――、スマホの画面上を無意味に徘徊しているだけである。生命の息吹が指先へと伝わることはない。千変万化する虚像をなぞっているだけである。身体感覚や皮膚感覚に乏しくなるのは当然だろう。手の平から憎悪を駆り立て、悪意を広め、正邪の感覚を混濁させ、結果的に犯罪を誘発している。ネットの中では匿名性という仮面をかぶって、自ら個性を殺している。リアルな社会性から切り離され、対象の固有性を（自分自身の固有性をも）忘却した「世人《ダス・マン》」の狂演が、いたるところで見られる。近頃、どのような凶悪事件を聞かされても、ほとんど驚かなくなってしまった自分がいることに気付き、愕然とすることがある。情報の洪水の中で真偽、善悪、美醜の感覚が麻痺してしまい、異常なことが異常であると分からなくなる異常さは、実に恐ろしい。異常なことが異常とはっきり分かる社会の健全さを取り戻すためには、何が正しいのか、何が間違っているのか、適切に判断する能力を磨くことが肝要である。そのためには、どうすればよいのだろうか。

大量の情報を精査するためには、その良し悪しを見分けるための良質の判断材料が必要になる。それは歴史や伝統に裏付けられた良識が担うべきである。「稽古照今」や「温故知新」という言葉が、その正当性を物語っている。巷間、そのような考え方は旧態依然のものであると一刀両断にされがちであるが、そもそも社会における倫理の欠如という事態を招いた原因として、世俗主義の進行、価値相対主義の蔓延、ニヒリズムの常態化といった（近代《モダン》の悪しき帰結としての）現代の趨向を挙げることができるとするならば、社会はそれらによって失われようとしている道徳性を見直すことによって、根本的な倫理の再構築を図るよう努力しなければならないのではないか。その際には、自らの存在理由（raison d'être）や人生の意義（価値を伴った意味）を希求し探究しようとする哲学的営為ならびに宗教的探求が、重要な鍵を握るものと思われる。

まとめておこう。問題意識の倫理とは、緊張感と危機感に支えられた鋭敏な現実認識からスタートし、これまでの習慣や蓄積から来る経験知に照らして物事の道理を定め、諸々の事理を思量し、これから起こり得ることを想定して、前もって対処していくような責任感を身に着ける態度を意味しており、本書では様々な例題を通して、これら一連のプロセスを哲学と宗教の知見によって跡付けていくことを目指す。なお、本書の基本的な性格は論集であるため、「問題意識の倫理」そのものを体系的に論じることは意図されていない。しかし、各章に通底している共通の思考経路から、筆者の構想する「問題意識の倫理」のイメージを読み取ってもらえるものと願っている。

## 倫理形成のトリロジー

動物行動学者フランス・ドゥ・ヴァールによれば、人間の道徳性は「トップダウンのプロセス」によって、あるいは「ボトムアップのアプローチ」によって形成される。「トップダウンのプロセス」とは、道徳性が「上」から与えられたものであることを示しており、「上」とは「神」ないし「理性」として解釈されている。「ボトムアップのアプローチ」とは、道徳性が「下」から積み上げられたもの（進化の過程での産物）であることを示しており、「下」とは動物が営む社会生活上の「必然」として理解されている。ここで、ドゥ・ヴァールの見解を引用したい。

道徳性はひと組の不変の原理あるいは法則であり、それを発見するのは私たちの任務であるという見方の元をたどると、けっきょく宗教に行き着く。それらの原理あるいは法則を定めるのが神なのか、人間の理性なのか、はたまた科学なのかはあまり問題ではない。こうしたアプローチはみなトップダウンの方向性を持っており、その大前提は、人間はどう行動するべきかを知らず、誰かが教えなくてはならないという考え方だ。だが、もし道徳性が抽象的な観念のレベルではなく日々の社会的相互作用の中で生み出されるのだとしたらどうだろう？[11]

ドゥ・ヴァールは、道徳性とは神から押し付けられたものでもなく、また人間の理性から導き出された原理や法則に由来するものでもないと主張する。そして、「私たちは合理的な熟慮を経て無から道徳性を創りだしたのではなく、社会的動物という素性に強力な後押しをしてもらったのだ」[12]と指摘し、とりわけ「共感」(empathy) が果たす役割を強調している。共感の能力を活かすことは生存のために必要であるばかりか、公正な社会の実現や繁殖能力の向上に役立ち、道徳性の基盤を作ることにつながる――ドゥ・ヴァールは、このような習性が霊長類、哺乳類、鳥類、一部の爬虫類にも見られると指摘している――。

文化人類学者クリストファー・ボームの言葉を借りれば、道徳性の起源はコミュニティーの価値観に個人的に共鳴していく（個体の生殖にとって有利になるがゆえの）「進化的良心」[13]ということになる。社会心理学者ジョナサン・ハイトは「道徳は文明の発達を可能にしてきた、人類のたぐい稀なる能力」[14]と評価し、進化のプロセスを通して獲得された心理的なメカニズム、すなわち直感や情動が連動することによって道徳性が育まれてきたと主張している。このように「下」からの習性として道徳性が形成されてきたとする説は検証可能であり、それなりに説得力がある。しかし、「上」からのプロセスを軽視してはいけないのではないか。なぜならば、必ずしも人間が共感し合うとは限らないし、むしろ歴史的には直感的なもの、情動的なもの、本能的なものに反する形で社会規範（ルール）ないし社会秩序（システム）が組み立てられてきたとも言えるのであり、「下」からのアプローチだけでは道徳性の形成の説明に限界があると考えられるからである。その点で、理性の問い直しのために「啓蒙思想の再起動」（いわゆる啓蒙思想2.0）を提言している哲学者ジョセフ・ヒースの指摘が重要である。

私たちが現在生きている世界は不自然なうえに高度に非直感的なものだ。この社会の三つの主要な制度的特徴——市場、代表制民主主義、人権——は、どれも採用されたときにはまったくクレイジーだと、人間性に絶対に反している（そのため人類史上ほぼずっと拒まれてきた）と思われていた。長期間の根強い論理的思考、議論、実験の過程を経てようやく、これらは試され、成功することが示されたのだ。私たちの社会は啓蒙思想の産物である。この時代に広まった理論と論証の産物なのである……私たちがいまのこの生活を享受しているのは、人類史の長くゆるやかな流れのなかで、ある種の**論証**がついに人間の情熱に打ち勝つようになったからだ。[15]

これらの議論から、倫理を形成する際の三つのモデルが取り出されるだろう。第一に倫理は神から与えられるとする〈啓示モデル〉、第二に倫理は原理、法則から導かれるとする〈理性モデル〉、第三に倫理は進化的に獲得されるとする〈習性モデル〉である。差し当たり、筆者は啓示モデル（例えば倫理的一神教）、理性モデル（例えばカント倫理学）、習性モデルを〈倫理形成のトリロジー〉と呼んでおきたい。啓示モデルは倫理を教条主義的に歪める可能性があるので、理性的な批判が必要となる。理性モデルは理性偏重主義に傾く可能性があるので、実社会において作用している直感や情動とのバランス感覚が求められる。習性モデルは人類の文明的制度を矮小化する可能性があるので――人類とボノボは似ているところがあるにせよ、根本的に異なっていることに注視すべき――、人間理性の合理的思考が必要となる。筆者は、義務の無制約性ならびに理性の方向付けのための啓示モデルに関心を寄せてきたが、ここでは深追いしない。要するに、これら三つのモデルはそれぞれ倫理の十全なる形成に資するということである。

筆者は、この倫理形成のトリロジーが混在されているプロセスを〈宗教史〉に見出す。宗教史は啓示を理性において受容し、慣習化してきた、優れた経験知の集積場であると考えられる（フロイトに抗して！）。問題意識の倫理は、現在において危機感を見出し、過去から範型（前提）を求めて、未来への展望（目的《テロス》）を開示する態度を意味するが、それら三つの契機を併せ持つものこそ〈宗教史〉に他ならない。あるいは、問題意識の倫理を醸成するにあたって、問いそのものを作るのは理性の役割であり、それに呼応する答えは啓示の働きから得られるのであり、問いと答えの相関が確認されるところに社会性と倫理性（良き習性）が成り立っていくとも考えられる。そのような理由から、筆者は問題意識の倫理を構築する上で、宗教的発想の見直しを求めたいと思う（ここに本書の趣旨があることは言うまでもない)。とりわけ、歴史的共同体の倫理を形成するために不可欠な持続性[16]の視点からも、宗教的発想の意義は再考されるべきだろう。本章を締め括るにあたり、慧眼と評すべきアレクシス・ド・トクヴィルの指摘を引用しておきたい。

人々がひとたび自分たちの死後に起るべきことに、もはや専念しなくなる習慣を身につけるときには、彼等は人類の若干の本能にあまりに順応しすぎて、将来のことについては完全なそして動物的な無関心にたやすくおちこむことになるであろう。彼等が自分たちの主たる希望を長い時間をかけて達成する習慣を失うや否や、彼等は当然のことながら、自分たちの小さな願望を、猶予せずに直ちに実現しようとする。そして彼等が永遠に生きることに絶望するようになるときには、彼等はわずか一日だけ生存しなければならないかのように行動するようである。……それには、不信仰の時代に、常に恐れられねばならないことは次のことである。すなわち、それは、人々が自分たちの日常的な願望を、絶えず行き当たりばったりに求めていること、そして長い努力なしには得られないものを全く手に入れようとはせずに、偉大なもの平和的なものの永続的なものを全くつくりだそうとしないということである。[17]

〈永遠〉への志向性のもと、過去、現在、未来の〈垂直〉の時間軸を意識して、物事を判断し、実行に移すために、問題意識の倫理が研磨されていかねばならない。それは単なる観念の遊戯に淫することではない。実際のところ筆者は、倫理や規範を論理的に精緻化していく試みが暴力や愚挙によって容易く粉砕されてしまう現実を見て、空しさを感じることがあるが、物事をより深く考えながら真っ当に生きていくことに絶望してしまっては、いったい何のために生まれてきたのか分からなくなるので、自分の心の中にあるおぼろげな善悪の感覚を頼りにして、自分自身の人生を一歩ずつ踏みしめていくために、意識的に倫理的であるとはどのようなことなのか、考えていきたい。

## 注

1　倉田百三（二〇〇八年）『愛と認識との出発』岩波文庫、二一一―二一二頁。
2　E・F・シューマッハー著、小島慶三・酒井懋共訳（一九八六年）『スモール・イズ・ビューティフル―人間中心の経済学―』講談社学術文庫、一九五―一九六頁。シューマッハーは本書において、福祉政策として「自由社会における完全雇用」、物質文明の反省に立った「仏教経済学」、大量生産体制に対して「中間技術」を主張しており、興味深い。
3　ハンス・ヨナス著、加藤尚武監訳（二〇〇〇年）『責任という原理―科学技術文明のための倫理学の試み―』東信堂、一三頁。
4　前掲書、一五頁。
5　前掲書、一八頁。
6　簡単に説明すると、グローバル化と国家主権を選択すると民主政治が成立せず（例えば、格差の拡大が止まらない中国）、グローバル化と民主政治を選択すると国家主権が成立せず（例えば、金融の自律性と通貨の発行権がないことから財政的な主権を失ってしまったギリシャやスペインなど）、国家主権と民主政治を選択するとグローバル化が成立しない（例えば、現状では日本）ということである。詳しくは、ダニ・ロドリック著、柴山桂太・大川良文共訳（二〇一三年）『グローバリゼーション・パラドクス―世界経済の未来を決める三つの道―』白水社、二三三―二三八頁を参照されたい。

7 フランシス・フクヤマ著、渡部昇一訳（二〇〇五年）『歴史の終わり』（上下）三笠書房を参照せよ。

8 サミュエル・ハンチントン著、鈴木主税訳（一九九八年）『文明の衝突』集英社を参照せよ。

9 この点について、筆者は「報復と和解」というタイトルでエッセイを書いた。補足的な意味合いで、以下に転載しておきたい。「二〇一五年の幕開けは恐怖、憎悪、報復の嵐だったと、後世の歴史家は記すのだろうか。シャルリ・エブド襲撃や自称「イスラーム国」の蛮行などが記憶に新しいところである。前者をめぐっては、犯人を射殺したことによって一定の収束を見たが、表現の自由と宗教の尊重にどのような折り合いをつけることができるのか、ヨーロッパにおけるイスラモフォビアの増大をどのように抑えることができるのか、課題が残されたままで根本的な解決にはいたっていない。後者をめぐっては、自称「イスラーム国」の支配地を奪回する策が空爆しかないということで、有志連合による爆撃が続けられている。しかし、これでは破壊しているだけで奪還になっておらず、人間が居住できない荒野を広げるのみであり、やはり根本的な解決にはほど遠いと言わねばならない。九・一一以降、テロリズムへの対応を「新しい戦争」と認定した世界に生きるということは、終わりなき報復の連鎖、憎悪の増幅、恐怖の共有のただなかに置かれるということを意味する。グローバリズムの潮流に寄り添っていくかぎり、巻き込まれずに安穏と暮らすことは許されず、わたしたちは無自覚ではいられない。一神教の発想の原点である旧約聖書には次のような文言がある。「主は熱情の神、報復を行われる方。主は報復し、激しく怒られる。主は敵に報復し、仇に向かって怒りを抱かれる」（ナホム書一章二節）。報復の論理が相互に向けられ激突してきた歴史を今ふたたび繰り返してよいものだろうか。悲嘆に暮れるだけでなく、せめてわたしたちは歴史に学ぶことが必要となろう」（『出版ニュース』、二〇一五年三月上旬号、五〇頁）。

10 詳しくは、ニコラス・G・カー著、篠儀直子訳（二〇一〇年）『ネット・バカ――インターネットがわたしたちの脳にしていること――』青土社を参照されたい。

11 フランス・ドゥ・ヴァール著、柴田裕之訳（二〇一四年）『道徳性の起源――ボノボが教えてくれること――』紀伊國屋書店、三三五頁。

12 前掲書、二八頁。

13　クリストファー・ボーム著、斉藤隆央訳（二〇一四年）『モラルの起源―道徳、良心、利他行動はどのように進化したのか―』白揚社を参照のこと。

14　ジョナサン・ハイト著、高橋洋訳（二〇一四年）『社会はなぜ左と右にわかれるのか―対立を超えるための道徳心理学―』紀伊國屋書店、一三頁。

15　ジョセフ・ヒース著、栗原百代訳（二〇一四年）『啓蒙思想2.0―政治・経済・生活を正気に戻すために―』NTT出版、一七頁。

16　この点で、シューマッハーの言う「永続性の経済学」も参照に値しよう。少し長くなるが、引用しておきたい。「経済の観点からすると、英知の中心概念は永続性である。われわれは永続性の経済学を学ばなくてはならない。不合理な事態に陥ることなしに、長期間続くことが確かでない限り、なにごとも経済的に意味がない。限定された目標に向かっての「成長」はあってもよいが、際限のない、全面的な成長というものはありえない。ガンジーが説いたように、「大地は一人ひとりの必要を満たすだけのものは与えてくれるが、貪欲は満たしてくれない」というのが当たっていよう。永続性は、「おやじの時代のぜいたく品が今ではみんな必需品」といって悦にいるような欲深かな態度とは相反するものである。欲望をかきたてたり、増長させたりすることは、英知の反対である。それはまた、自由と平和の正反対でもある。欲望が増すと、意のままに動かせない外部への依存が深まり、したがって、生存のための心配が増えてくる。欲望を減らしてこそ、争いや戦争の究極的な原因であるさまざまな緊張を本当に和らげることができるのである。永続性の経済学は、科学・技術の根本的な再編成を意味している。科学・技術は英知を閉め出すことをやめ、さらにそれを自らの中に取り入れなければならない。環境を汚染したり、社会構造や人間そのものの質を落とすような科学的ないしは技術的「解決」は、それがどんなに巧みで、見た目に魅力があろうとも、無用である。経済力のいっそうの集中を招いたり、環境をますます破壊するような大型機械は、進歩ではない。英知の否定である。英知は科学・技術を有機的なもの、非暴力的なもの、優雅なもの、美しいものへと組み替えることを求める。よくいわれるように、平和は不可分である。とすれば、抑制の欠けた科学と暴力的な技術を土台として、どうして平和を築くことができようか。われわれは今日、人を脅かしている破壊的な動きを逆転させるような発明や機械を生む技術革新を求めなければならない。科学者と技術者には、いったい何を求めたらいいのだろうか。私の答えは次のとおりである。科学・技術の方法や道具は、――安くてほとんどだれでも手に入れられ、――小さな規模で応用でき、――人間の創造力を発揮させるような、ものでなくてはならない。以上の三つの特徴から非暴力が生まれ、また永続性のある人間対自然の関係が生まれてくる。もしこの三つのうちの一つでもないがしろにされると、ものごとは必ずつまずく」（シューマッハー（一九八六年）、前掲書、四三―四四頁）。

17　アレクシス・ド・トクヴィル著、井伊玄太郎訳（一九八七年）『アメリカの民主政治（下）』講談社学術文庫、二七四頁。

# 2　死んだ神の追悼会

偶像の黄昏――わかりやすく言えば、古い真理はもうおしまいだ……[1]

ニーチェ

## 神が死んだ世界

私たちは、どこから来たのか。
私たちは、どこへ行くのか。
私たちが生きていることに、いったい何の意味があるのか。
死ねば、どうなるのか。

かつて、このような人間存在の究極の問いに、神が答えを与えてくれた。神から答えを得て、それを信じて、人々は安堵することができた。そして辛うじて、不安定な世界を生きることができた。しかし、そのような神は、もういない。

私たちは、あらゆる領域で飛躍的に進歩し、世界を設計できるようになった。これからは神を必要とせずに生きていくことができると自負した。むしろ、神の秩序は私たちを縛りつけ、息苦しいではないか。私たちの内面を見透かす神の視線は、苦々しく感じられるではないか。私たちは神による一切の束縛から解放されて自由に生きるべきである。ある時、私たちは神に対して絶縁状を送りつけた。「神は死んだ」と明記して。神を放逐したのは、ほかならぬ私たちである。その結果、どうなったのか。私たちは幸せになれたのか。自由を謳歌できたのか。全く逆である。「乏しい時代」（ヘルダーリン）になってしまった。神の名において守られてきたものが見失われ、価値の根幹が揺るがされた。神の存在に根差した道徳心、倫理観、規範意識は廃れた。人間の自由は恣意（身勝手、わがまま）と化した。人間同士が取り決めた法律を遵守しても、心の法は蔑ろにされた。合法ならば全てが許されるとうそぶいた。人間から良心が棄て去られたなら、そこに出現するのは「人間は人間に対して狼」（ホッブズ）である原初状態しかない。

現代人は、科学技術が目まぐるしく発達する時代に生き、全てを数学的合理性で割り切ろうとする。そうした社会では、目に見えないものや数量化できないものは信じられなくなり、情緒や感性は無用のものとなる——むしろ、邪魔になる！——。その結果、神秘的なものや聖なるものを感じ取ることができなくなってしまった。神や人間に対して私たちの先祖が抱いていたような感情を持てなくなってしまったことに現代人の深刻な苦悩を看取したのは、詩人トマス・スターンズ・エリオットであった。宗教的な感情というものはひとたび消え去ってしまったならば、努力してそれを表現しようとしても無意味な言葉にしかならないと、エリオットは嘆いている。

今日、神を語ることは迷信の類であり、愚行であると言い放つ者が増えている。無神論者（atheist）

を自称する者は「神の死」を唱えることが恰も理知的であるかのように考えている。しかし、それもやむを得ないことかもしれない。というのも、無神論（atheism）の土壌は現在の世界そのものにあるからだ。

この空しい人生の日々に
わたしはすべてを見極めた。
善人がその善のゆえに滅びることもあり
悪人がその悪のゆえに長らえることもある。

（コヘレトの言葉七章一五節）

世界に溢れ出している悪の現実が、正義に基づく神の支配を不信に変えたのである――神義論的な問い[2]をもたらす――。例を挙げよう。善人が苦しみ、悪人が栄える。無辜の人間が無残に殺される。親殺し、子殺しが日常茶飯事である。戦争は一向になくならない。大量殺戮が繰り返される。異常な事件が日常になってしまった世界であり、荒みきっている。とても全能の神が創造した世界であるとは思えない。そうした惨状を見ると「神が死んだ時代」（リチャード・ルービンシュタイン）と叫びたくもなる。むしろ、ヒューマニズムが強ければこそ、世の悲惨を放置していると糾弾して、神を呪うのかもしれない。しかし、神なきヒューマニズムは羅針盤なき航海にも似て方向性を見失い、やがては彷徨し、ニヒリズムに没入するのみである。そして、虚無の中で想起されるのは「人間にとって一番良いことは、生まれなかったことであり、その次に良いことは、今すぐ死ぬことである」（ソフォクレス）という古言であろう。

人間が壊れていく有り様を見るにつけ、現代人の心は病み蝕まれていく。そうした人心の疲弊につけ込み、救いや癒しを売買する宗教ビジネスが展開される。現代は神不在と言われる一方で、いかにも怪しげな神々が舞い踊っている。それは真理を偽装し、虚偽の安楽を喧伝し、人々をつかのまの逸楽に麻痺させ、結果的にはさらなる絶望の淵へと追いやっている。また、「知性の犠牲」（ブルトマン）を要求して熱狂へと駆り立て、狂信者に仕立て上げるカルト集団も蔓延し、さらには暴力的な原理主義者たちも群れをなしている。現代社会においては、歪んだ神観念に捕われて身を滅ぼすくらいなら、無神論を決め込んだ方が得策であるのかもしれない。あるいは、神観念に依らずとも心の拠り所は代償される。というのも、世の中には神の代用品が無数に見出されるからである。それは、かつて偶像崇拝（idolatry）と呼ばれたものである。それはまた、フリードリヒ・ニーチェが「理性のカテゴリー」（例えば、進歩）と呼び、パウル・ティリッヒが「擬似宗教」（例えば、金銭、権力）と呼び、ヘルムート・リチャード・ニーバーが「社会的な神々」（例えば、快楽、健康）と呼んだものである。差し当たり、現代人において顕著なのは拝金主義（mammonism）という名の信仰であろうか。そこでは、手段にすぎない金銭が人生の目的へと変貌する。カネが全てになる。ティリッヒ的に言えば、「究極的関心」（ultimate concern）の対象が金銭に集中し、それを中心に自己が形成され、その獲得に人生の全てが捧げられるというわけである。

神をめぐる現代人の心象風景をスケッチすると、両極端には神を全く信じない無神論と余りにも熱狂的に信じすぎる狂信があり、それらの中間には神の代用品で満足する偶像崇拝が据え置かれる。つまり、神観念は消え失せるか、歪められるか、別のものに取って代わられるかのいずれかである。現代人の思考一般において、神観念の混乱は著しいと言わねばならない。

かつて人々が神の息吹を感じられた頃、世界には聖なるものが満ちていた。聖なるものとは何だろうか。様々な定義が可能であるが、例えば、ヴィルヘルム・ヴィンデルバントによれば、聖なるものとは超越的な実在として経験された真、善、美の規範意識のことである[3]。聖なるものが作用して、人間の精神は真、善、美という理想に向かって働き出し、あざやかな生を紡ぎ出す。聖なるものは論理的生、倫理的生、美的生を支配する規範の総体であり、それが統一的な価値のもとに世界を結び合わせていた。そこには理想目標を同じくする連帯感が生まれ、芽吹いた使命意識が人々を活き活きとさせていた。しかし、人間が神を絶縁すると、聖なるものを感受する力も失われ、理想目標も色褪せた。神が創造した気高い光彩を放つ世界は、数量計算的に管理される工場のようになってしまった。「神の似像」(imago Dei) であったはずの人間は、取り替え可能な機械の一部品になり下がってしまった。それに伴って人間精神の情景も、荒涼とした砂漠のようになってしまった。

ニヒリズムの潮が水嵩を増してくるのが見えると、ニーチェは言い放った。その予言は的中したようである。ニヒリズムの大海に四方を取り囲まれて、現代人は溺れかかっている。溺れかけていることに気付いて懸命に足掻いている人は少数であるが、まだ幸いである。大抵が気付かないまま、ただ流されている。無意味性という闇の帳が下りてきて、現代世界を覆いつつある。この殺伐とした時代に、心が渇き、望みが絶たれる。いま一度、人間は価値の本源へと、神へと還るべきではないかと問うてみようものなら、神そのものが既に殺され、葬られたではないかとシニカルな侮蔑を伴って言い返される。

神の不在！――それが私たちの時代の雰囲気《エートス》である。現代の精神状況は、まさに袋小路の様相を呈している。私たちは自らを窮地へ追い込んでいるようである。このような状況下で神について語るということは実に難しい。しかし、困難であっても神について語らねばならない。私たちがニヒリズムの暗闇から這い上がっていくためには、光輝ある価値の本源へと再び立ち還るしかないと考えるからである。では、神についてどう語ればよいのだろうか。先ずは、殺されて葬られたとされる神について――その神を検死解剖したニーチェの所見を参照しつつ――語ることから始めてみたい。というのも、現代人における神観念の崩壊は、ニーチェが報告した殺神事件に強く影響されていると思われるからである。私たちは死んだ神を追悼することから始める。そうすることによって、神観念を回復させる道を見出したい。

## 近代思想の帰結としての「神の死」

「神の死」という言葉は広く行き渡っているが、その意味内容の理解となれば、それほど自明であるとは言えない。「神の死」は一九世紀末にニーチェが唱えたことによって一般に知られるようになったが、思想史的にはさらに遡って考えることができる（例えば、一八世紀のＪ・Ｐ・Ｆ・リヒターや一九世紀のヘーゲルなど）。端的には、それは近代の思想展開の帰結であると言える。ニーチェにおける「神の死」を取り上げる前に、この点について少し触れておきたい。

周知のように、近代思想は啓蒙主義に端を発する。啓蒙主義では、何よりも人間理性が重視され、世俗化（secularization）が促進された。人間理性の働きによって、世界は徹底して合理的に把握されるようになった。また、自然科学の発達によって、世界は人為的に設計され改造できるものとなった。言わば、人間理性が神の座を占めるようになったのである。神の掟ではなく実践理性の自律が、神の摂理ではなく実証性を伴った自然法則が重視された。何よりも自分自身にとっての有用性が優先され、利便性と効率性が追求された。物量の増大が至上目標となり、実利の獲得が第一に求められた。そして、物質文明の支配が始まった――それは加速度的に現在も進行中である――。その結果、現実に直接的な効果や影響を及ぼさないもの、科学的に実証できないもの、非理性的であると考えられたものは全て不要と見なされた。「啓蒙主義的人間」（ティリッヒ）の攻撃の矛先は伝統的で慣習的な信念に向けられた。宗教的な確信を基礎付けている伝統的な権威ないし信仰は、妄想や迷信として排斥された。それまで人間社会の思想や行動に深く関与してきた神観念は不合理であると批判され解体された。

この傾向は宗教批判の文脈において、後々まで展開されていくことになる。例えば、フォイエルバッハは『キリスト教の本質』[4]で「人間は人間にとって神である」とし、人間の類的本質を神と見立てた。マルクスは『ヘーゲル法哲学批判序説』[5]で「宗教は民衆の阿片である」と主張した。フロイトは『ある幻想の未来』[6]で、宗教的観念は幼児期の人間が本能的に保護されたいと欲求する無意識の衝動に基づいており、神観念は保護者である父親のイメージに対する心的葛藤の投射であると分析した。そして、宗教とは経験の集積や思考の結果ではなく幻想なのであり、差し迫った人間の願望の実現にすぎず、人類全体が罹っている強迫神経症のようなものであると主張した。なお余談ではあるが、今日では「新無神論の四騎士」[7]として知られるサム・ハリス、[8]リチャード・ドーキンス、[9]ダニエル・デネット、[10]クリストファー・ヒッチンス[11]らの宗教批判が強烈である。

世俗化が極端に推し進められると、世俗主義（secularism）となる。そこでは、従来までの信仰が顧みられなくなり、それに基づく世界観や価値観が打ち捨てられ、人間は俗物化する。神の掟から解放された自我は肥大し、自らの欲望を追い求めるエゴイストと化す。そして、人間自身が神であろうと欲する。心理学者ホルスト・リヒターは、この心理状態を「神コンプレックス」と呼んでいる。それは、無能であるのに全能を装うナルシシズム的コンプレックスを意味する。[12]こうした全能幻想と人間理性に対する過信はパラレルである。

理性万能主義の立場では、自然は機械的なパターンを、現実は計算可能なパターンを有すると考えられ、それを妨げる非合理的な要素は排除される。例えば、死への恐怖は疎んじられ、それとともに人間の有限性、絶望、不安といった実存的な要素も排斥されていった。その代わりに、地上における人間の状態を改善させ進歩させるヒューマニズム（人間中心主義）が称揚された。このようにして近代的自我は自らを神格化し、伝統的な神観念を無用のものとし、必然的に無神論を帰結する。つまり、「神の死」とは、啓蒙主義と世俗主義を経た近代の思想展開の一つの結果なのである。そのことを典型的に示したのが、ニーチェに他ならない。

## ニーチェによる神の検死解剖

ニーチェは「神の死」を次のように報告した。

　われらの快活さが意味するもの。――近代の最大の出来事――「神は死んだ」ということ、キリスト教の神の信仰が信ずるに足らぬものとなったということ――、この出来事は早くもその最初の影をヨーロッパの上に投げ始めている。[13]

ここで死んだと言われている神は、キリスト教文化圏における伝統的価値観の根源であり、またプラトン以来の西洋哲学が志向してきた超越性であると理解される。このような理解は、以下のようなマルティン・ハイデッガーのニーチェ解釈に拠るところが大きい。

　神とキリスト教の神という名前はニーチェの思索にとっては、超感性的世界一般の呼称として用いられているということである。神とは、さまざまの理念と理想との領域を表わす名前なのである。[14]

ニーチェの主著『ツァラトゥストラかく語りき』では、神は「一個の仮想されたもの」と呼ばれ、「背後世界論」の産物であると理解されている。背後世界論とは、生成変化する現実の彼方に「真の世界」を想定する考え方であり、キリスト教的世界観やプラトニズムに典型的に見出されるという。背後世界論者は架空の「真の世界」に価値基準を定め、そこから現実の世界を見ようとする。つまり、彼らは自分たちにとって都合の良い理念や理想を仕立て上げ、それに基づいて現実の歪みを断罪する。彼らにとっては、不幸を招き、苦しみを負わせる現実こそが虚偽というわけである。ニーチェは、こうした現実認識の方法を痛烈に批判している。

すべての背後世界を創造したもの――それは苦悩と無能力とであった。またそれは、最も苦悩している者だけが経験する、あのつかのまの、幸福の狂乱であった。[15]

ニーチェの理解によれば、背後世界論者は苦悩に満ちた現実から逃れるため、現実を超える彼方の世界を作り出した。この虚構によって、現実を直視する誠実さが失われた。結果的には、虚偽の世界が真の世界に、現実の世界が仮の世界になってしまい、価値の転倒が起こる。この転倒によって、現実で対処すべき困難や苦悩を無視して「真の世界」という虚構へ逃避する状況ができ上がり、本来の自己を喪失して生きるという頽落した生が始まる。ニーチェによれば、「真の世界」は人間性を喪失した「非人間的な世界」である。そこに住まう者は自らの無力さを善に、臆病で卑屈な態度を謙遜にすり替えるような弱者であり、強者に対するルサンチマン（怨恨）に捕われている。苦悩から目を背けて空想的世界に泥酔し、仮想にすぎない神に全てを依存することは陶酔的快楽であるが、それは単なる現実逃避であり、妄想でしかないとニーチェは喝破する。このようにニーチェにおいて「神の死」

とは、背後世界論の虚構性が暴露されたことを意味する。

ニーチェの暴露した真相はキリスト教文化圏において衝撃的な帰結をもたらした。というのも、そこでは価値判断の基準が神の存在に置かれていたからである。仮に神の存在が全くの虚構であるとすれば、価値判断の基準も虚構にすぎないということになる。それは、何が善であり、何が悪であるのか、それらを基礎付ける絶対的な根拠が失われたことを意味する。絶対性を失った思想風土は価値相対主義と呼ばれ、価値の多様化という美名のもとで歓迎される場合もある。つまり、各人が異なった価値観を持つのは個人の自由であり、当然のことではないかという風潮のことである。

しかし問題は、ここで言われている価値観が単なる個人的な感覚に堕している点である。極端に表現すれば、善悪をめぐる倫理的問題も論理的には個人の嗜好の問題――「牡蠣の好き嫌いと同じ種類の問題」（バートランド・ラッセル）――にすぎなくなるということである。「神は死んだ……だからどうした」と人は思う。「神なんていてもいなくても、私には関係がない」とも思う。しかし、それは誤りである。絶対的な価値の基準がなくなってしまえば、善悪は個人の好き嫌いのレベルに引き下げられてしまうからである。抑制を失った個人の欲望は肥大する一方であり、殺人が起こるか何が起こるか分からなくなってしまう――現に、そうなっているではないか！――。これまで信じられてきた御旨に適うような生き方も、神の似像として創造された人間の存在理由も消え去ってしまう。

こうした状態をニヒリズムと呼ぶ。ニーチェは遺稿断片において、ニヒリズムを「目標が欠けていること。「何故？」に対する答えが欠けていること」「至高の諸価値が無価値になること」と定義している。敷衍すると、生まれてきたことに何ら目的はなく、生きていることに何ら意味はなく、私たちの存在には何らの価値も与えられず、私たちの生存には必然性がない。それが私たち人間の真実だというのである。これが現実の在り方であるとすれば、私たちにとっては非常に過酷なことと言わなければならない。果たして私たちは、この事実に耐えることができるのか。あるいは、この事実を前にして、健全な生を全うすることができるのか。ニーチェは、ニヒリズムに直面した人間を二通りに描いている。一方はニヒリズムに精神を侵蝕され、デカダンス（頽廃）に陥ってしまう人間、ニーチェの言葉では「おしまいの人間」（der letzte Mensch）や「畜群」（Herdenmensch）などと呼ばれる一個の大衆である。他方はニヒリズムを能動的に引き受けて、それを乗り越えるための新しい価値を自ら創造しようとする「超人」（Übermensch）である。

後者を志向するニーチェは、新しい価値として「力への意志」「永劫回帰」「運命愛」といった概念を創出し、ニヒリズムの超克を図った。ニーチェは、生が偶然にすぎず、また一回限りであることを積極的に受け入れ、現にあるものをあるがままに肯定しようとした。新しい価値を創造していく精神力の高揚を訴え、一回限りの人生を最大限にまで称え、人間の主体性の尊厳を認めようとしたニーチェの姿勢は評価に値しよう。しかしながら、自分自身にのみ立脚した新しい価値の創造など、容易ならざることである。ニーチェほどの強靭な精神力を持たない私たちは超人へと飛翔できずに、個を滅却して衆の一部へと埋没するしかないのではないか。よしんば、超人を目指すことができたとしても、その先には何が待っているというのだろうか。晩年のニーチェ自身が狂気に陥ったことは（もちろん病理学的な所見[16]は別にしても）、その結末を何かしら暗示しているように思われてならない。

いずれにせよ、これまでの考察から明らかなことは、「神の死」後、私たちはニヒリズムから逃れられないという厳然たる事実である。ニヒリズム時代の二つの人間類型については、次節で具体的に論じたい。

## ニヒリズムの受肉

ニヒリズムは抽象的な思想の問題にとどまらず、特定の存在形態を持つ。ニヒリズムの受肉した形態をニヒリストと呼ぶ。この言葉はツルゲーネフの『父と子』（一八六二年）で、登場人物のバザーロフに宛がわれた名称である。

ニヒリストというのは、いかなる権威の前にも頭をさげぬ人、いかなる原理も、たとえその原理がひとびとにどんなに尊敬されているものであっても、そのまま信条として受け入れぬ人をいう。[17]

ロシア・ニヒリストは権威を罵倒し、支配体制に抵抗する革命家として、また従来の宗教的価値観や道徳を拒絶し、神を呪詛する無神論者として理解されることが多い。過激な破壊活動を伴うロシア・ニヒリストに特化せずとも、「神の死」を経て以降、価値の本源（神という絶対的な価値基準）を信じられなくなった人間の全てがニヒリストであると解釈できるのではないか。先述した「おしまいの人間」と「超人」もニヒリズムを前提として現象した人間類型であることから、ニヒリストと見なすことができるだろう。本節では、その具体像をドストエフスキーの作品に求めたいと思う。ニーチェとドストエフスキーの影響関係が指摘されることもあるので、その妥当性は認められるだろう。[18]

## ニヒリストの類型① 超人

先ずは、ニーチェの言う「超人」に相当する人物像を『罪と罰』の主人公ロジオン・ラスコーリニコフに求めたい。大学を中退して屋根裏部屋に引きこもるラスコーリニコフは、自分を取り巻いている環境に対して嫌悪感を抱いている。彼は将来を悲観し、希望を失い、激しい鬱状態に陥る。やがて彼は、ある奇怪な空想に耽るようになる。それは、全てが許される非凡人の思想であり、突き詰めていけば殺人を許容する思想である。ラスコーリニコフによれば、人間は凡人と非凡人に分けられるという。非凡人には、自らの目的を果たすために既成の秩序や自分の良心を踏み越える権利がある。例えば、自国民に多大の犠牲を強いながらも皇帝にまで上り詰めたナポレオンが、非凡人の典型例である。大多数の凡人は少数の非凡人にとって目的を成し遂げるための材料でしかない。歴史が、それを証明している。この妄想にとりつかれたラスコーリニコフは、強欲な高利貸しの老婆を殺害しようとする。彼にとって老婆の存在は無意味であり、虱のように有害ですらある。老い先短い老婆が多額の財産に執着することは見苦しい。むしろ、前途有望の若者が老婆の財産を有効に活用すべきであり、そうすることによって社会もまた潤うことになる。こう考えた彼は老婆を斧で打ち殺す。彼の殺意は衝動に駆られたものではないし、強盗とも異なっている。それは、彼自身が法を犯すことを許された非凡人であると証するためである。彼は不要な凡人を殺害することによって非凡人という超人の高みに上がり、文字通り人間を超えた。しかし、人間を超えることは人間であることから逸脱することである。彼の論理は殺人現場に偶然入ってきた老婆の妹リザヴェータを殺めたことで破綻する。なぜなら、殺す必要のない人を殺してしまったからである。結局、ラスコーリニコフは罪責意識に耐えられず、不安、絶望、恐怖に苦しめられ、自首を決意する。シベリアでの服役中、彼は回顧する。ただ飢えているために人を殺したのであれば、もっと幸せだったはずなのにと。

『悪霊』のキリーロフは「神が存在しないなら、人間が神とならねばならない」という「人神」(chelavekabog)思想を主張する。人間が神になるということは、最大級の価値転倒である。キリーロフによれば、神が存在しなければ、自我が全てである。神の意志がなければ、一切は自我の意志によって支配される。神となるためには人間を超えねばならないが、そのために必要なことは死に対する苦痛と恐怖を征服することである。これが果たされれば、人間は自ら神となる。この思想を証明するためにキリーロフが選んだのはピストル自殺であり、彼は神ではなく死体になった。『悪霊』には、このキリーロフに影響を与える人神の化身とでも言うべきニコライ・スタヴローギンが登場する。スタヴローギンは端正な風貌で、知力と腕力に優れ、強烈な意志と明晰な自己意識を持っている。しかし、彼には善悪や美醜の基準がない。一切の価値を否定し、秩序と道徳に対して挑戦し、全てを破壊しようとする。しかも、その破壊には自らの手を汚すことなく、他人を使嗾《しそう》して行うのである。まさに、スタヴローギンは神を気取って、人間を支配しようとする。彼が慰安されるのは、ただ他者を否定する時のみである。彼は他者の破壊に飽きたらず、攻撃を自らに向け、首吊り自殺という終焉を迎える。

『カラマーゾフの兄弟』のイワン・カラマーゾフは合理主義の権化として描かれている。彼は知性、悟性、科学的合理性によって証明も認識もされないような問題（例えば、神や永遠）について判断を停止する。むしろ、この世における悪の事実、とりわけ幼児虐待の事例を列挙し、無実の子供たちが苦悩する現実を黙認していられるような神を否認する。「神も不死もなければ、全ては許される」というのが彼のテーゼである。イワンにとって善は自分自身に基づくものであり、徹底的な個人主義が貫かれる。彼はスメルジャコフを教唆して父フョードルの殺害に至るが、発狂寸前にまで追い込まれる。

以上の人物像から明らかなように、超人を目指したニヒリストの末路は狂人である。哲学者ニコライ・ベルジャーエフは「ドストエフスキーの主人公はすべて観念に憑かれ、観念に酔いしれている」[19]と述べているが、彼らに共通するのは過剰な理性である。まさしくギルバート・チェスタトンが主張しているように、「狂人とは理性を失った人ではない。狂人とは理性以外のあらゆる物を失った人である」[20]。

エゴイスティックな価値観の創造、それに立脚した人間そのものからの脱却の企て、つまり、超人になるという発想の末路は無信仰、無慈悲、無感情、非人間性への転落である。自ら神になろうとする者は、人格を破綻させる。超人たらんとしたニヒリストたちは皆、徹底した合理性の追求の果てに妄想へと駆られて自滅する。「神を否認する人々は、人間の高貴な品位を傷つける」[21]というフランシス・ベーコンの言葉は、真理であろう。

## ニヒリストの類型②　おしまいの人間

もう一方のニヒリストの人間類型である「おしまいの人間」とはどのようなものか。そのイメージは「大審問官物語」に見出される。この物語は『カラマーゾフの兄弟』において、イワンが書いた叙事詩という形で述べられている。物語の舞台は、異端審問が全盛期だった頃のスペインのセヴィリアであるが、そこに再臨したキリストが現れる。キリストが人々を癒し祝福していく様子を目の当たりにした大審問官は、護衛に命じてキリストを捕えさせる。牢獄の中でキリストに対する大審問官の詰問が始まる。この発言の中に「おしまいの人間」の姿が読み取れる。

大審問官は、キリストが悪魔の誘惑（マタイによる福音書四章一―一一節）を斥けたことに憤慨する。「神の子なら、これらの石がパンになるように命じたらどうだ」という誘惑は〈奇跡〉を、「神の子なら、飛び降りたらどうだ」という誘惑は〈神秘〉を、「もし、ひれ伏してわたしを拝むなら、これをみんな与えよう」という誘惑は〈権力〉を意味しているが、キリストはこれらを全て斥けた。というのも、神は人間の要求に左右され、その欲求に直接的に応じるような幸福の自動販売機ではないからである。人間は神の力を自分の都合の良いように利用してはならないのである。キリストはパンに代表されるモノや、空中浮遊などの超能力、地上における権力といった悪魔的な誘惑によって人間の精神が支配されることを拒否した。誰かに隷属することを代償にして与えられるモノではなく、自ら選び取れる自由、精神の自由、良心の自由を望んだ。

ところが大審問官は、キリストが守った自由のために人間は不幸になったと怒号する。なぜなら、人間にとって自由は重荷になるからである。むしろ自由を誰かに譲り渡し、その代わりに欲求を満たすモノを与えて欲しい、試行錯誤を繰り返して自由に選択するという面倒なことをせずに物質的に満たされたい、それが人間の本音だという。大審問官は〈奇跡〉、〈神秘〉、〈権力〉を受け入れ、それらの強制力によって人々から自由を奪うが、その代わりに安全を保障する。自由の放棄によって為政者に管理を委ねることが、人々の平穏と物質的な幸福を守ることになる。こうして「隷従への道」（ハイエク）が開かれる。大審問官は浜の真砂のように数知れない日々のパンをも得られない貧しい人々、虐げられた人々に対する人類愛の名において、精神の自由を廃棄した。大審問官は見抜いていたのである。自由の道は困難であり、孤独であり、不安であることを。自由だからこそ迷い、苦しまなければならないことを。自由の重圧に耐えられない弱い人間への憐れみのために、彼らから自由を取り去り、その代わりにつつましい幸福を与えようとした。大審問官に隷従する人々こそ「おしまいの人間」なのである。彼らは水平化され、平均化され、凡庸化された大衆である。補足説明のため、ニーチェの辛辣な言葉を『善悪の彼岸』から引用したい。

> 彼らが全力をあげて手に入れようと望んでいるのは、あの畜群の一般的な〈緑の牧場の幸福〉、すべての人のための生活の保証、平安、快適、安楽を与えるというあの幸福である。彼らがたっぷり唄ってきかせる歌と教義といえば、〈権利の平等〉と〈すべて悩める者らにたいする同情〉という二つである。[22]

自ら拠って立つ価値観を失った人々は、自由さえも放棄し、隷属の代償に安全だけを求めた。「おしまいの人間」は自ら進んで個性を滅却し、多数に埋没されていく。身を任せて流されていくほど、楽な生き方はない。深刻に考えなくても済むからである。しかし、ここで私たちはベンジャミン・フランクリンの「安全を得るために自由を放棄する者は、最終的にはその両方を失うだろう」(Wer die Freiheit aufgibt, um Sicherheit zu gewinnen, wird am Ende beides verlieren) という警句を思い起こすべきであろう。

大審問官が語るようなスローガンは、次章で取り上げるオルダス・ハクスリーの『すばらしい新世界』、ジョージ・オーウェルの『一九八四年』といったディストピア文学に見出される。しかし、それは単に小説の中の空想ではなく、共産主義やナチズムを通して既に実現されたことであり、今日の高度管理社会においても進行中である。このような社会では、自らが決断するという個人的な責任は放棄され、ただ与えられた命令を実行するという客観的な責任のみが要求される。このような主体性を欠いた義務への忠実にニヒリズムの病巣があると指摘したのが、神学者ヘルムート・ティーリケであった。そして、ティーリケはこのような社会の出現に神なき世界の恐怖を見たのである。ニヒリズムに直面し、それに飲み込まれてしまった果てには、人間の機械化という事態が待っているのである。

## ニヒリズムの帰結

ティーリケが指摘するように、「ニヒリズム、すなわち、神の絶対性からの世界の分離は、自我の崩壊へと導く」[23]。ニヒリズムは単なる無神論や懐疑主義とは異なり、人間性そのものを破壊してしまう。それは、消失した価値と規範の源泉を自ら担うという自己本位の欲望を掻き立てるか、隷属への道に落ちていくか、二つの選択肢を用意する。しかし、どちらを選択しても人格は歪められ、人間性は破壊される。

ニヒリストは神という価値と規範の源泉を拒絶したはずであった。しかし、価値と規範なしに人間の生存はあり得ず、彼らも何らかの代用を求めざるを得なかった。超人は既存の価値を拒否し、一切を無化し、代わりに自らが神を自任し、その果てに狂人となった。おしまいの人間は人為的で相対的な価値に隷従し、自ら主体的な自由を放棄し、ロボットになった。このことを言い換えて説明するため、ベルジャーエフから引用する。

ニヒリズムは、これを一面から見ると、一切のものの荒廃化であり、一切のものを無に転ずることである。文化の相対的な価値や利益がすべて拒否され、根絶せしめられる。しかし、他方で、ニヒリズムは常に或る相対的な価値や利益を絶対的なものに変え、あれやこれやを神格化し、神的属性をまったく持たない或る無価値の物象に神的栄誉を与え始める[24]。

私たちは、このどちらでもない第三の道を模索しなければならない。

# 「神の死」と人間の責任

第三の道を探求するために「神の死」の意味を別の観点から考えてみたい。マルティン・ブーバーの場合、それは「神の蝕《しょく》」（Gottesfinsternis）として解釈される。「生ける神は単に自己を啓示するばかりでなく、また「自己を隠蔽する」神でもあるというように理解されるべきではないのか」[25]という主張である。これは、聖書の神は自らを隠し通す神（イザヤ書四五章一五節、六四章六節、エレミヤ書三三章五節、八章一七節、エゼキエル書三九章二三節）であるという「隠れたる神」（deus absconditus）の思想系譜——例えば、ユダヤ教、マルティン・ルター、ブレーズ・パスカル、カール・バルトなど——に連なる考え方である。ブーバーによれば、「神の蝕」とは地球と太陽の間に月が入り込んで起こる日蝕のように、神と人間の間に理性的自我が介入して神の光を遮断している状態のことである。理性的自我は一切を客観的対象とし、神をも認識主観の中に取り込み、絶対者を僭称する。このような専横に対する神の怒りが神の自己隠蔽として表される。このような状況に対して人間は責任を負わねばならず、神へと方向を転換しなければならない。それとともに神も隠遁から出てきて自らを啓示する（神の愛）。このようにして神と人間の間で対話的な出会いの関係が開かれる。その開示を促すために「神の蝕」という状況認識が必要になってくるのである。それゆえ「神の蝕」は「神の死」の積極的な解釈であると言える。

一方、リチャード・フリードマンは、人間の歴史は神が隠れること——「わたしは、わたしの顔を隠して彼らの行く末を見届けよう」（申命記三二章二〇節）——から始まっており、ユダヤ教とキリスト教は「神の消失」を意識して発達してきたと主張する。聖書のストーリー展開を辿れば、神が顔を隠す度に、人間の責任が大きくなっていくことが分かるという。一例を挙げれば、エデンを追放されたことによってアダムとエバに自由と責任が生じたのであり、生まれ故郷（父の家）を離れたことによってアブラハムの生涯ひいてはイスラエル人の歴史が始まったのである。つまり、神の関与が見えなくなるほどに、人間の役割が大きくなり、また責任が自覚されるようになる。「神が隠れた時代に生きるとは、人が責任を負う時代に生きることでもある」[26]。この考え方の延長線上に神学者ディートリッヒ・ボンヘッファーの思想がある。

ボンヘッファーは『獄中書簡』の中で「作業仮説としての神」を批判し、人間の責任性を強調する。私たちの望みのままになる便利な神、全てを円満に治めてくれる「機械仕掛けの神」（deus ex machina）などは葬っても構わない。神は彼岸の救済を約束するのではなく、人間を現実に向き合わせ此岸の責任を背負わせる。私たちは神の前に、また神とともに、神なしで生きるような生き方をすべきなのである。それがボンヘッファーの言う「成人した世界」（die mündige Welt）である。この路線を踏襲したのが一九六〇年代のアメリカを中心としたトマス・アルタイザー、ガブリエル・ヴァハニアン、ウィリアム・ハミルトン、ポール・ヴァン・ビューレンらの「神の死の神学」（Death of God Theology）[27]であった。今日、この神学思潮は時代遅れとなり振り返られることも少ないが、その問題提起が十分に消化されたとは言い難い。彼らの見解では、人間に律法を授ける神はいなくなり、これからは人間自身が自らの置かれた状況に適した倫理を作り出していかねばならない。神の死は既にキリストの出来事から始まっている。キリストの十字架上の死が、人間に主体性を与えるために自ら死に行く神の行為――神の超越性が人間性の内へと内在化していくプロセス――を象徴している。結論を言えば、殺神は人間性に誠実であるために必要とされたのである。

「神が隠れる」「神が殺される」「神が死ぬ」といったメタファーにおいて示されているのは、人間に負託された主体的な責任性を自覚するということに他ならない。そのためには、人間が神という存在に期待する甘い幻想（虚構性）を打ち砕かねばならなかった。こう考えれば、その旗手がニーチェであったとも解釈できるのではないか。しかし、人間の主体性を際立たせるために、人間の所与の存立要件まで（疑ってみるプロセスは必要であったとしても）ゼロベースに戻す必要はないのではないか。つまり、人間は神という仮説を必要としないほどに成人したと言えるのであろうか。あるいは、神を必要としないことが、果たして本当に成人するということなのであろうか。

## 未成人のままの世界

人間が主体的な責任を持って生きることは重要であり、それができれば成人の証になる。しかし、その責任は誰に対して負うべきものなのか。キリスト教の人間理解では、当然それは神に対してということになる。人間の主体性は神との関係において確保されるのであって、決して自己完結的なものではない。神という価値と規範の源泉を真に理解してこそ、主体的な責任の所在が明らかになる。したがって、神は仮説というよりも人間の存立要件を充たす〈前提〉なのである。この〈前提〉は、否定するためにも必要となるような肯定的なものであって、決して否定し尽くされるものではない。この点を弁えた者が成人なのではないか。

そのように理解するならば、現代の精神状況を「成人した世界」であるとは、とても呼べない。むしろ〈未成人のままの世界〉なのではないか。人間は独立独歩したものの、自らが拠って立つ基盤に立ち還ることができず、ニヒリズムの暗闇に迷い込んでしまった。そこで意味も目的も見失った人間は、勝手気ままに振る舞うばかりであった。ついに価値と規範が崩落し、無秩序となってしまった。社会学者エミール・デュルケームはこうした状態をアノミーと呼び、ここで顕著となる現象として自殺者の増加を挙げている[28]。現代社会においては、主体的な責任が放棄され、穿き違えられた自由がまかり通っている。その結果、現代人に浸透したのは無関心というエートスである。現代のニヒリズムは、まさに無関心という精神状態に極まる。ティーリケは次のように指摘している。

ニヒリスティックな懐疑の絶頂、およびそれと同時に不安の絶頂は、ひとびとが生の意味に対する問いに絶望的な《意味はない！》をもって答えるというところにあるのではなく、完全な絶望のあまり、この問いをもはやぜんぜん提起しないというところにある[29]。

ドストエフスキーは、完全な無神論の方が俗世間の無関心な態度より尊敬に値するとスタヴローギンに言わせているが、ここには真理契機がある。というのも、無神論は有神論の裏返しであり、神を否認すればするほど逆に神の存在が浮かび上がってくるからである。しかし、無関心には何もない。無関心な状況においては、あらゆる関わりが断絶されてしまう。現代人の無関心は神に対してだけ向けられているのではない。実際には、自分自身に対しても無関心なのである。無関心に覆われた精神は乾き果て、やがて人間にとって最も大切なものを壊死させてしまうだろう。無関心による関係性の切断は、自らが献身する対象を奪い去ってしまう。デュルケームによれば、自殺の最大の動機は献身対象の喪失である。このような無関心という状態を打開するために着目したいのが、懐疑の効用である。実は、それが第三の道を指示するものとなる。

## 懐疑を究める

ニヒリズムは神に対する懐疑から出発した。私たちは、この懐疑を恐れることなく、むしろ積極的に取り入れたい。というのも、神を疑うことは、神との関係性を保持していればこそ可能となるのであって、全ての関係を切断してしまう無関心よりも人間的であると思われるからである。そもそも、キリスト教信仰は知解を求める。知解が懐疑を伴うとすれば、信仰も懐疑を否定できないであろう。

先ず、哲学的概念としての懐疑について説明しておこう。ソフィストの場合、それは真理や客観的知識を否定する懐疑主義となる。古代懐疑学派の場合は、積極的な主張や断言を避ける判断停止（エポケー）に至る。デカルトの方法的懐疑（doute méthodique）は、科学的方法論としての懐疑を通して絶対的な知識を求めようとする。これらの懐疑は方向性に違いがあっても、理性にのみ立脚するという意味では同じことである。私たちが問題にしたい懐疑は、これらとは質的に異なっている。そのことを明らかにするため、ティリッヒの懐疑理解を参照したい[30]。

ティリッヒによれば、冒険（risk）の伴わない信仰は存在しない。なぜなら、信仰は対象を誤ることがあるからである。つまり、究極性を真に表現しない象徴を究極的であると断言するかもしれないのである。信仰には、何らかの有限的なものを神格化してしまう危険性がある。これを防止するのが懐疑の精神であり、それは「信仰の棘」（カール・ヤスパース）とも言われる。懐疑とは、私たちの生の意味とその成就を賭けた信仰という名の実存的冒険に欠かせないものなのである。ティリッヒの主張する懐疑は実存的であり、信仰的である。それは決して目的のための単なる手段（方法的懐疑）ではなく、人間の精神的生の最深部に根差している。深く信じればこそ、それが信じるに値するものなのかどうか疑わざるを得ない。信があって疑が成り立つ。逆に言えば、疑によって信の内容が浮き彫りになるのである。懐疑は究極性に関わる真剣さの表現であり、知的誠実さの表出である。「疑うことを知らぬ信仰は死んだ信仰である」（ミゲル・デ・ウナムーノ）。かつて、ヨゼフ・ラッツィンガー枢機卿（第二六五代ローマ教皇ベネディクト一六世）は次のように語った。

懐疑や信仰から全く逃避できるものはだれもいない。あるものにとっては、懐疑に対立して信仰があり、またある人にとっては懐疑を通し懐疑という形で信仰があるわけである。人間の運命の原姿として懐疑と信仰、試練と確実性とのこの果しなき競争の中においてのみ人間生存の終局性はみいだせるのである。[31]

この意味において、真摯な懐疑は信仰の確証を担保すると強調しておこう。

　虚無の深淵に沈んだ者にとっては、神を理解するとか、神を感じるとか、神を意識するとか、そのような試みの一切が――自分自身の人生すらも――無意味なのである。しかし、自分の人生を無意味であると考えても、彼は現に生きており、彼の生は肯定され、受容されているのである。逆説的に言えば、一切の試みが無意味なものであると知っているからこそ、最も救いに近づいているとも言えるのではないか。彼に足りないものは「受容されていることを受容する勇気」（ティリッヒ）である。徹底的な懐疑の果てに、勇気ある人は自分自身が受容されていること（生かされていること）に気付くのである。ニヒリスティックな現代人が神を経験できるとすれば、それは懐疑する真剣さ――無神論者のシニカルな懐疑とは質的に異なる懐疑――にかかっているのではないか。また、懐疑には擬似宗教やカルト宗教の陥穽を回避する効用もある。

　筆者は、懐疑を究めて信に転じることが、成人の証であると考える。ティリッヒ的に言えば、疑う者は義とされるのである（懐疑者の義認）。ティリッヒによれば、懐疑が「真理の良心」（実践的な自己認識という真理契機を含む）に発するものであれば、その懐疑は「自律の権利」として容認され、その罪も「絶対的な深み」へと受容され、赦しを得ることができる。しかし、懐疑が神の存在を回避、あるいは拒否して、自己本位的に真理認識へ到達しようとする「悪意」に由来したのであれば、その罪は「棄却存在」（Verworfensein）の感情を生み、最終的には絶望へ至るとされる。ティリッヒの説明を要約すれば、良心に基づく懐疑は赦され、悪意に基づく懐疑は赦されないということになろう。

## 神がいるかのように

徹底した懐疑と否定の果てに、確証と肯定が見出される。それは、人間が拠って立つ〈前提〉を指示している。ジョン・ヘンリー・ニューマン枢機卿の「先行的蓋然性」(antecedent probability)の考え方を用いて、〈前提〉の重要性を論じておきたい。何かを信じるということは、それがある程度まで本当らしいと思えるかどうかにかかっている。つまり、信じることに必要なのは、理性が求める客観的な証拠なのではなく、その人の人間性なのである。神への信仰が成り立つのは、信じることが正しいのではないかという先行的蓋然性の積み重ねによる。その集積によって前提は確固としたものになり、あらゆる行為の出発点になる。全く新しい科学的な仮説であっても何らかの〈前提〉に基づいており、そこから出発するのである。論理的に証拠立てられなくても、人格的に証明される「推論的感覚」(illative sense)というものが人間には備わっている。また、それは歴史や伝統に由来する良識においても裏付けられる[32]。

哲学者ハンス・ファイヒンガーの「かのようにの哲学」に絡めて言うならば、神がいるかのように行動すること、そのような生き方が絶対に確実であると科学的に証明されなくても、人格的な成長にとってはある程度まで正しいと言うことができるのである。このような人間の心性が「敬神徳」(pietas, virtue of piety)として表れてくる。これは古来の「枢要徳」の正義に属するものであるが、宗教的に言えば「畏れ敬う霊」(イザヤ書一一章二節)の賜物である。神に対する崇敬の念は、神が創造した人間に対する愛に転じる。神と人間の絆が人間同士の絆をも結ぶ。そのように信じることが私たちの生きるよすがなのである。

理性的、科学的、技術的な合理性だけで存在の意味や目的を推し量ることはできず、真偽、善悪、美醜の問題を解決することはできず、社会の規範や秩序を基礎付けることはできない。例えば、人を殺すのは、なぜ悪いのか。おそらく多くの人間が、殺人は悪であると思っているだろう。しかし、それを科学的に立証するとなると、たちまち難しくなる。むしろ、誰も殺人は悪であると説明できないのではないか。人を殺してはならないというのは端的に神の命令なのであって（出エジプト記二〇章一三節）、通常は反論の余地がない。道徳に従って行動しようとする動機は、神に対する人間の畏れである。これが私たち人間の〈前提〉というものであり、それを崩してしまえば人間の社会は成り立たなくなる。

　無神論、偶像崇拝、狂信は同一の平面上で並び立っている。私たちは、その平面を下から見上げ、上から見下ろす場所（垂直の次元）に赴かなければならない。私たちは超人でもおしまいの人間でもない第三の道を歩む。それは疑って捨てようとした〈前提〉（価値と規範の源泉）に再び立ち還ることである。疑いつつもなお、それを信じられると気付いたことに意味がある。そこに生の目的がある。出て行った私たちが再び帰り着くのである。それが人間の責任であり、真正なる自由の証左である。これが成就した時、私たちはニヒリズムを超克することができる。

## 注

1　ニーチェ著、川原栄峰訳（一九九四年）『この人を見よ　自伝集』（ニーチェ全集一五）ちくま学芸文庫、一五六頁。

2　神義論については、拙著（二〇一四年）「悪」『増補版　キリスト教思想断想』ナカニシヤ出版、二一―四三頁（特に二四―二七頁）を参照されたい。
3　ヴィンデルバント著、篠田英雄訳（一九二九年）『歴史と自然科学・道徳の原理に就て・聖』岩波文庫、八六頁。
4　フォイエルバッハ著、船山信一訳（一九六五年）『キリスト教の本質』（上）（下）岩波文庫。
5　マルクス著、中山元訳（二〇一四年）『ユダヤ人問題に寄せて／ヘーゲル法哲学批判序説』光文社古典新訳文庫。
6　フロイト著、中山元訳（二〇〇七年）『幻想の未来／文化への不満』光文社古典新訳文庫。
7　これは社会心理学者ジョナサン・ハイトの表現を借用したものである。彼は道徳心理学の観点から、最近の「新無神論」（New Atheism）の潮流について興味深い考察を行っている。詳しくはジョナサン・ハイト著、高橋洋訳（二〇一四年）『社会はなぜ左と右にわかれるのか―対立を超えるための道徳心理学―』紀伊國屋書店、三八〇―四二一頁（特に三八四―三九三頁）を参照されたい。なお、無神論の歴史について、古典的なものとしてゲオルク・ズィークムント著、中村友太郎訳（一九七二年）『試練に立つ神―無神論の歴史―』エンデルレ書店、簡便なものとして竹下節子（二〇一〇年）『無神論―二千年の混沌と相克を超えて―』中央公論新社、浩瀚なものとしてジョルジュ・ミノワ著、石川光一訳（二〇一四年）『無神論の歴史　上・下―始原から今日にいたるヨーロッパ世界の信仰を持たざる人々―』（叢書ウニベルシタス一〇一三）法政大学出版局を挙げておく。
8　Sam Harris (2006): *The End of Faith: Religion, Terror, and the Future of Reason*, Free Press.
9　リチャード・ドーキンス著、垂水雄二訳（二〇〇七年）『神は妄想である―宗教との決別―』早川書房。
10　ダニエル・デネット著、阿部文彦訳（二〇一〇年）『解明される宗教―進化論的アプローチ―』青土社。
11　Christopher Hitchens (2008): *God is not Great*, Hachette Book Group.
12　ホルスト・リヒター著、森田孝・光末紀子・内藤恵子・星野純子共訳（一九九〇年）『神コンプレックス』白水社を参照。
13　ニーチェ著、信太正三訳（一九九三年）『悦ばしき知識』（ニーチェ全集八）ちくま学芸文庫、三六七頁。
14　ハイデッガー著、細谷貞雄訳（一九五四年）『ニーチェの言葉「神は死せり」・ヘーゲルの「経験」概念』（ハイデッガー選集二）理想社、一二頁。
15 ニーチェ著、吉沢伝三郎訳（一九九三年）『ツァラトゥストラ　上』（ニーチェ全集九）ちくま学芸文庫、五七頁。
16 例えば、小林真（一九九九年）『ニーチェの病跡―ある哲学者の生涯と旅・その詩と真実―』金剛出版を参照。
17 ツルゲーネフ著、工藤精一郎訳（一九九八年）『父と子』新潮文庫、三七頁。
18 例えば、W・ミュラー‐ラウター著、秋山英夫・木戸三良共訳（一九八三年）『ニーチェ・矛盾の哲学』以文社、七六―七七頁を参照。
19 ニコライ・ベルジャーエフ著、斎藤栄治訳（二〇〇九年）『ドストエフスキーの世界観』（新装復刊版）白水社、三八頁。
20 ギルバート・チェスタトン著、安西徹雄訳（二〇〇九年）『正統とは何か』（新装版）春秋社、二三頁。
21 フランシス・ベーコン著、渡辺義雄訳（一九八三年）『ベーコン随想集』岩波文庫、八一頁。
22 ニーチェ著、信太正三訳（一九九三年）『善悪の彼岸　道徳の系譜』（ニーチェ全集一一）ちくま学芸文庫、八四頁。
23 H・ティーリケ著、志波一富訳（一九七八年）『ニヒリズムの時代』創林社、一三二頁。
24 ベルジャーエフ著、峠尚武訳（一九九一年）『共産主義とキリスト教』（ベルジャーエフ著作集Ⅷ）行路社、八六頁。
25 マルティン・ブーバー著、三谷好憲・山本誠作・水垣渉共訳（一九六八年）『かくれた神』（ブーバー著作集五）みすず書房、八九頁。
26 リチャード・フリードマン著、伊藤恵子訳（一九九八年）『神の消失』翔泳社、二八四頁。
27 詳しくは、アルタイザー、ハミルトン共著、小原信訳（一九六九年）『神の死の神学』新教出版社を参照のこと。
28 デュルケーム著、宮島喬訳（一九八五年）『自殺論』中公文庫を参照されたい。
29 ティーリケ（一九七八年）、前掲書、一六四頁。
30 パウル・ティリッヒ著、谷口美智雄訳（二〇〇七年）『信仰の本質と動態』（復刊版）新教新書を参照。
31 ヨゼフ・ラッチンガー著、小林珍雄訳（一九七三年）『キリスト教入門』エンデルレ書店、六頁。
32 ニューマンの信仰理解については、イアン・カー著、川中なほこ・橋本美智子共訳（二〇〇六年）『キリストを生きる

―ニューマンの神学と霊性―』教友社、一七―三六頁を参照。

## 【参考文献】


吉沢慶一（一九六八年）『虚無―ドストエーフスキイの描いた人間像―』塙書房。

S・G・F・ブランドン、J・コリンズ、L・ギルキー共著、清水哲郎・掛川富康共訳（一九八七年）『神の観念史』（叢書ヒストリー・オヴ・アイディアズ一二）平凡社。

チャールズ・グリックスバーグ著、本田錦一郎・久野寛之共訳（一九九六年）『現代文学と神の死』松柏社。

ポール・ジョンソン著、高橋照子訳（一九九七年）『神の探求―ある歴史家の魂の旅―』共同通信社。

量義治（一九九七年）『無信仰の信仰―神なき時代をどう生きるか―』文藝春秋。

ジャン・ダニエル著、菊地昌実訳（二〇〇〇年）『神は狂信的か―現代の悪についての考察―』（叢書ウニベルシタス六八八）法政大学出版局。

金子晴勇（二〇〇一年）『近代人の宿命とキリスト教―世俗化の人間学的考察―』聖学院大学出版会。

関根清三（二〇〇二年）『倫理の探索―聖書からのアプローチ―』中公新書。

岩波哲男（二〇〇五年）『ニヒリズム―その概念と歴史―』（上）理想社。

岩波哲男（二〇〇六年）『ニヒリズム―その概念と歴史―』（下）理想社。

J・A・T・ロビンソン著、小田垣雅也訳（二〇〇六年）『神への誠実』（オンデマンド版）日本キリスト教団出版局。

ドストエフスキー著、亀山郁夫訳（二〇〇六―二〇〇七年）『カラマーゾフの兄弟』（一～五）光文社古典新訳文庫。

ドストエフスキー著、亀山郁夫訳（二〇〇八―二〇〇九年）『罪と罰』（一～三）光文社古典新訳文庫。

ドストエフスキー著、亀山郁夫訳（二〇一〇―二〇一一年）『悪霊』（一～三）光文社古典新訳文庫。

勝田吉太郎（二〇一四年）『ドストエフスキー』第三文明社。

マーク・C・テイラー著、須藤孝也訳（二〇一五年）『神の後にⅠ―〈現代〉の宗教的起源―』ぷねうま舎。

マーク・C・テイラー著、須藤孝也訳（二〇一五年）『神の後にⅡ―第三の道―』ぷねうま舎。

# 3　ディストピアの誘惑

地上に社会的天国をつくるというユートピアは
反キリスト的すりかえと欺瞞の一つであり、
神の国の反対の似姿の一つである。[1]

ニコライ・ベルジャーエフ

## ユートピアの実現？

現代の私たちは隆盛する科学技術文明の恩恵を蒙って、便利で快適な環境の中で生きている。それは、かつて人々が夢想したユートピアの実現であるかのようだ。高度に情報化され管理化された社会が実現したからこそ、私たちは便利さと快適さを享受できるようになった。しかし、便利さと快適さ以外に、ある不気味さが感じられることもある。

先ずは、社会の情報化の側面について考えてみよう。例えば、私の身近なところでは、携帯電話の通話履歴、メールの通信履歴、インターネットのアクセス履歴、ＩＣカードの乗降履歴、クレジットカードの購入履歴など、日々あらゆる個人情報が記録されていき、自分では消せなくなってしまっている。自由であるはずの私たちの行動は、知らない間に電子情報として管理され、集積されていっている。誰と話したのか、どこに行ったのか、何を買ったのか、一目瞭然で分かる。個人の趣向も推測できるようになる。国民総背番号制のような形で（既に稼働中の住基ネットと新たに導入されるマイナンバーにより）個人情報の一元的な管理が行われるようになれば、より合理的で効率的なサービスが提供され、煩雑な手続きなど一掃されるのかもしれない。しかし、見知らぬ第三者によって自分自身の全てが見透かされているようであり、空恐ろしさを感じずにはいられない（というよりも、自ら個人情報をLINE, blog, Twitter, Facebookなどで公開し、プライバシーを無自覚的に放棄している始末である）。

次に、社会の管理化の側面について考えてみたい。人間は自由であるよりも管理されたがる傾向がある。自由に生きることとは、自らが主体的に判断し、選択し、決断し、行為した結果に対して全ての責任を負うことである。自由である人間は、それゆえに自分一人で考えなければならない。自由であるからこそ、人間は、その孤独に耐えなければならない。しかし、その重圧に耐えられなくなった人間は自由から逃走する（エーリッヒ・フロム）[2]。要するに、自ら自由であることを放棄する。その代償として安全と安定が与えられれば、それで満足する。むしろ、管理されることに身を委ねた方が、生き方としては安楽なのだ。ドストエフスキーの創作した「大審問官」の言葉を借りれば、人間にとって自由ほど耐え難いものはなく苦しいものはないのである。したがって、人間の自由を制限して管理下に置くことが、社会の安全と安定につながるという理解が生まれる。これこそユートピアが目指す人類の理想に他ならない。多くのユートピアが極端な管理社会（ジェレミ・ベンサムが構想したパノプティコンのようなもの）として描かれる所以である。

人間の在り方と社会の在り方は相関している。人間の自由からの逃走（あるいは依存体質）が社会のシステム化に拍車をかけているように思われる。例えば、人間が凶悪化し、犯罪が多発すれば、繁華街や地下街に防犯カメラを増設しなければならない（小児が通学圏内で殺害されるという極めて痛ましい事件も起こったが、こうなると文教地区にこそ重点的に防犯カメラを配置しなければならない）。安全を守り犯罪を抑止するためには必要な措置であると、多くの人々が賛成するだろう。だが一方で、それは監視社会への一歩であり、諸手を挙げて賛同できるような方策とは言い難い。安全と安心を守るという目的のために監視体制を強化すればするほど、かえって私たちの自由を束縛するという皮肉な結果になる。そのような社会では、人間の相互不信は深まり、殺伐とするばかりだろう。人間が愚かになればなるほど、体制によって管理されねばならなくなる。むしろ、自由と責任を投げ出し、自ら進んで管理下に入ろうとするのかもしれない。

私たちは情報管理社会のジレンマに対して、もっと問題意識を持つべきではないか[3]。それが全く無関心なままに放置されてしまう現実は恐ろしい。しかし、現状では効率性の追求と利便性の要求によって、情報管理社会が加速度的に発展している。その最果てにある人間の姿あるいは社会の姿は一体どのようなものだろうか。その疑問を解く鍵が、ディストピア文学にある。

## ディストピア文学とは何か

ユートピア文学はトマス・モアの『ユートピア』（一五一六年）を端緒とする（もちろんユートピア志向ということでは古くはプラトンの『国家』にまで遡るが、ここでは扱わない）。モアが描いた「ユートピア島」の構想は、「財産の私有が認められ、金銭が絶大な権力をふるう所では、国家の正しい政治と繁栄とは望むべくもありません」[4]と述べられるように、私有財産と貨幣が撤廃された共産主義（communism）のような共和国である。ここでは、完全平等が実現されており、人々の生活時間まで徹底的に管理されている。違反者は人民裁判で速やかに裁かれる。今日の感覚で言えば、モアの理想は全体主義（totalitarianism）に近い。

トンマーゾ・カンパネッラの『太陽の都』（一六〇二年）も代表的なユートピア文学の一つである。その内容は「太陽」と呼ばれる指導者の独裁体制を讃美するものである。ここでも、私的所有権は全く認められず、人間の最もプライベートであるべき性生活さえも管理下に置かれる[5]――実際に一九世紀中葉のアメリカで性の徹底的な管理を行った教祖ノイズのオナイダ・コミュニティが存在したことを指摘しておこう――。カンパネッラの理想都市は狂気じみた世界と言うしかない。このようにユートピア文学で描かれる理想世界は歪んでいる。その特徴は、人間の自由を圧搾もしくは破壊する点に認められる。このことを厳しく糾弾したのが、ディストピア文学に他ならない。つまり、人類を幸福へ導くはずの理想郷の正体は、実は人類を不幸へ突き落とす暗黒郷であることをディストピア文学は示そうとする。

dystopia は反ユートピアや逆ユートピアと訳される。元来はジョン・スチュアート・ミルに由来する言葉で、dys/δυσ（ill, bad, abnormal）と topos/τόπος（place）の合成語である。高柳俊一が「逆ユートピアとは現代文明のなかの諸傾向をショッキングで、起こりそうもないが、面白いほどの極端な段階にまで誇張して、そのなかに秘んでいる危険を指摘して警鐘を鳴らすものである。そのような誇張された状況は未来に起こることになっている」[6]と指摘しているように、ディストピア文学の舞台として設定されているのは大抵の場合、未来社会である。そこでは人類の行き着く先が暗示されているが、決まって暗鬱とした世界観に覆われている。例えば、サミュエル・バトラーの『エレホン』（一八七二年）、エウゲーニイ・ザミャーチンの『われら』（一九二一年）、オルダス・ハクスリーの『すばらしい新世界』（一九三二年）、カレル・チャペックの『山椒魚戦争』（一九三六年）、アーサー・ケストラーの『真昼の暗黒』（一九四〇年）、ウラジミール・ナボコフの『ベンドシニスター』（一九四七年）、ジョージ・オーウェルの『一九八四年』（一九四九年）、レイ・ブラッドベリの『華氏四五一度』（一九五三年）、フィリップ・K・ディックの『偶然世界』（一九五五年）、マーガレット・アトウッドの『侍女の物語』（一九八五年）など、枚挙に暇がない（今日に至るまで膨大な数のディストピア文学が発表され続けている）[7]。

二〇世紀に入ってから続々とディストピア文学が執筆されるようになったのは、ユートピア思想に内在する共産主義、全体主義、官僚主義（bureaucracy）[8]が歴史的に実現されてきたことへの危機感に由来するのだろう。具体的に言えば、二〇世紀初頭にはロシア革命によってソ連が誕生したし、ファシズム国家が勃興した。第二次世界大戦後も、共産主義的イデオロギーの蔓延が世界中に見られた。

ユートピア思想の根底にあるのは、啓蒙主義に端を発する理性主義、合理主義、未来主義と言えよう。それらは人間や社会を理性的かつ合理的に設計し、改造していくことが可能と考えるイデオロギー(設計主義的合理主義)である。また、人間や社会は無限に進化していくのであり、より素晴らしい未来が開かれていくのだという進歩的な信念に満ち溢れている。ディストピア文学は、この信念の正体を妄念あるいは狂信であると暴露し、極端な理性主義、合理主義、未来主義に対して重大な疑義を呈する。補足説明のため、ヨゼフ・ロゲンドルフの見解を引用しておく。

人間ならびに社会にたいする合理主義的計画が、はなはだしい非人間化的結果をもたらすということが明らかになるにつれて、ユートピア文学の特質もかわってくる。そして、その結果、あたらしい未来小説が生れる。それは、ユートピア的というより、むしろ「反ユートピア」といえよう。ここでは、以前人々によって期待された地上の楽園が望ましいどころか、かえってこの上なく忌わしいものと考えられている。現代の社会悪は、人間の合理的な努力によってもたらされる理想的状態で帳消しにされはしないで、却ってそれがかならず生み出すところの非人間的な結果によりますます悪化される。だから、この種のユートピア作家が来るべき世界を描く場合には、それは、人間と社会にたいして合理主義的計画を実現させようとするためではなく、その反対に、このような計画を今よりいっそう少くさせようとするためなのである。[9]

マリー・ルイズ・ベルネリは、ユートピア文学の大半が「権威主義的ユートピア」[10]であると強調している。ユートピアに暮らす人々は、完全に平等であり、平穏であるかに見える。しかし、そこでの生活は統制的であり、社会は閉鎖的であり、人々は画一的である。ユートピアに牧歌的なイメージを重ねるのは単純すぎる。その真相は、反体制者が存在する余地のない不寛容な場所であり、自由の剥奪された牢獄である。ベルネリによれば、健全な社会は個人の自由に基づいて築かれねばならない。彼女はユートピアの合理主義的な統制下に、人間性が埋没していく危険性を指摘している。

以下では、二〇世紀のディストピア文学の双璧と目されるハクスリー[11]の『すばらしい新世界』とオーウェル[12]の『一九八四年』を取り上げる。逐一、粗筋を述べることはしない。問題にするのは、そこで描かれる世界観である。

## オルダス・ハクスリー『すばらしい新世界』

ウィリアム・マターが「『すばらしい新世界』はイギリスで最初に広く読まれたディストピアであった。さらに、その影響は計り知れなかった」[13]と述べているように、この作品はディストピア文学の代表作である。Brave New World というタイトルがシェイクスピアの『大あらし』にちなんでいることも、実に興味深い（その理由については、後々に分かるだろう）。フランシス・フクヤマは、この作品の先見性を評価し、次のように述べている。

『素晴らしい新世界』で示される政治的予言は、今日も実現しつつある。そこに描かれるテクノロジー――試験管受精、代理母、向精神薬、遺伝子工学を用いた出産など――は、ほとんどが既に存在し、あるいは視野に入ろうとしている。[14]

では、ハクスリーが描く素晴らしい新世界とは、どのようなものだろうか。物語の舞台は「フォード暦」六三二年である。西暦二〇〇四年に勃発した「九年戦争」の後、暴力の一掃を目指す「安定至上主義」が掲げられ、それまでの歴史を抹殺することによって新世紀の創造が企てられた。歴史を語る文化人は死滅してしまった。西暦も廃止されてしまった。その代わりに自動車王フォードにちなんだ「フォード紀元」が採用される。この世界は「世界統制官」と呼ばれる全体主義的支配者によって統制されている。人間は「中央ロンドン人工孵化・条件づけセンター」において、質と量（数）に応じて培養壜から製造される。言わば、人間はモノ化されている。もはや胎内生殖による出産は存在しない。したがって、夫婦関係も親子関係も家族関係も必要なくなり、廃絶されている。情愛で結ばれた人間関係など存在しない。「父」や「母」という言葉は猥褻表現の扱いを受ける。家庭に対する描写は強烈である。

「家庭とはこういうものだ――いくつかの狭い部屋で、男と、ときどき子を孕む女と、いろいろな年齢の雑多な男の子や女の子が窮屈にがやがやと暮らす過密空間。酸欠になりそうなほど狭苦しい、消毒の不充分な監獄。闇、病気、悪臭」[15]

人間はアルファ・ダブル・プラス階級を頂点として、ベータ階級、標準型のガンマ階級、デルタ階級、エプシロン階級として製造される。「ヒプノペーディア」と呼ばれる睡眠時教育と新パブロフ式条件反射訓育により教育を施される。彼らは自身の階級や置かれている環境に何の疑問も持たない。自身の境遇を従順に受け入れる。ガンマ、デルタ、エプシロンなどの下位階級では、知能や身体機能が低く設定されており、容姿も悪い。つまり、この世界では一目瞭然で階級差が分かるようになっている。要するに、見た目が大事なのである。下位階級は工場で単純労働に従事するようインプットされている。全ての予防接種を受けているので病気になることはないが、六〇歳で老衰するように仕向けられ、強制的に死ぬ。死体からはリンが取り出され、肥料として有効に活用される。リサイクルとしては完璧ではないか。公認された唯一の思想は「共同性《コミュニティ》、同一性《アイデンティティ》、安定性《スタビリティ》」[16]である。世界統制官ムスタファ・モンドの言葉を借りて敷衍しよう。

「今の世界は安定している。みんなは幸福だ。欲しいものは手に入る。手に入らないものは欲しがらない。みんなは豊かだ。安全だ。病気にもならない。死を恐がらない。幸せなことに激しい感情も知らなければ老いも知らない。母親や父親という災いとも無縁だ。強い感情の対象となる妻も、子供も、恋人もいない。しっかりと条件づけ教育をされているから、望ましい行動以外の行動は事実上とれないようになっている。何か問題が起きたときにはソーマがある」[17]

つまり、この世界では欲望の充足こそ幸福なのであり、それが社会の模範になっている。「ソーマ」

とは一種の麻薬であるが、これを服用することによって安定した精神状態が保たれる。嫉妬を覚えることもなく、憎悪に駆られることもなく、苛立つこともなく、心を乱されることもない。人間の感情は時に激しくなり、不安定さをもたらすので、そのようなものは不要なのであり、少しでも芽生えるようなことがあれば、根絶やしにせねばならない。全ては安定のためである。こうして人間としての感覚が鈍麻されていく。人々は「自己滅却に乾杯」[18]と発声し、自意識の鈍化、感情の無化を自ら心掛ける。その結果、平和で安穏とした日々が訪れる。さらに、みんなが一緒に楽しく過ごすので、隠し事もなく、孤独もない。世界統制官は言う。

「われわれはみんなが孤独を嫌うよう仕向けている。そして孤独になることがほぼ不可能なように生活をお膳立てしている」[19]

社会の安定に欠かせない人間の欲望の充足のために、ソーマやフィーリ（触感映画）やゲームが配給される。一対一の恋愛感情などは存在しない。男女は均等に共有される。できるだけ不特定多数との性交（フリーセックス）が義務付けられる。こうした快楽の代償として、真理や美の探求は禁止される。

「幸福か、かつて高度な芸術と呼ばれたものか、どちらかを選ばなければならないんだ。われわれは高度な芸術を犠牲にした。かわりに触感映画と芳香オルガンを選んだ」[20]

真理や芸術の探求には終わりがない。所詮は到達不可能なので、人間を煩わせるだけである。だから、即物的な欲望の充足だけで事足りるのである。高級芸術と同列視される文学も、文明人には必要とされないので消滅してしまった。今や文学を愛好するのは、後述する野蛮人のジョンだけである。野蛮人のジョンは未開の地でシェイクスピア文学を読み育った。彼の情操は人間として正常であるが、文明人からは野蛮であると見なされる。

　シェイクスピア文学は、人間の感情の機微や慟哭を見事に描いた。人間はロボットではないので、予測不能なこと、あり得ないようなことを仕出かす場合がある。人間には移り変わる心があり、揺れ動く感情があるからだ。例えば、リア王の狂気と老いへの恐怖、マクベスの裏切りと良心の呵責、オセローの嫉妬と疑心暗鬼、愛情ゆえの殺意、ハムレットの復讐心と自尊心など、シェイクスピアは人間心理の深い洞察によって、人生は悲劇的であることを教えた。むしろ喜怒哀楽によって織り成されるからこそ、人生は喜劇的にもなり、人間は愉快なのだと教えた。そこに人間劇場の妙味があると教えた。つまり、予測不能で不安定な姿が、人間の生としては健全なのである。しかし、素晴らしい新世界にそのような発想は皆無である。予測可能な安定性が求められるからである。そのためには人間の心や感情は自由であってはならず、常に制御されていなければならない。だから、シェイクスピア文学など唾棄されて然るべきなのである。以上を要約するためにフクヤマの見解を引いておこう。

　この世界では、病気と社会的葛藤が排除され、鬱も狂気も、孤独も、情緒的苦悩もない。セックスは善であり、いつでもできる。政府には、欲求を感じてから満たされるまで、最低限の時間ですむように保証する省庁までが設置されている。もはや宗教を真剣に考えるものはなく、内省的に思索したり、報われない願いを持つものもない。生物学的家族は排斥され、誰もシェークスピアを読もうとしない。しかし幸福で健康だから、（この小説の主人公、野蛮人ジョンを除き）誰もこうしたものがなくなったことを悲しまない。[21]

もちろん、新世界では宗教も禁止されている。神への信仰は無意味であると考えられている。世界統制官は語る。

「神は機械や医薬品や万人の幸福とは両立しない。選択しなければならないんだ。われわれの文明は機械と医薬品と万人の幸福を選んだ」[22]

真に神を求め、神に委ねる人生は厳しい。神に望むことは、すぐに叶わない。神の恵みは、すぐにやって来ない。神は見えない。しかし、世界統制官は違う。世界統制官は願いを全て聞き入れてくれる。機械と薬品による幸福を万人に与えてくれる。神の出番はない。世界統制官は高らかに宣言する。

「いいかねきみ、文明には高貴なことも英雄的なことも全然必要ないんだ。そんなものが現われるのは政治が機能していない証拠だ。われわれが生きているような適切に運営された社会では、高貴なことや英雄的なことをする機会は誰にも与えられていない。そんな機会が生じるのは社会が本格的に不安定になったときだけだ。戦争が起きたり、どちらの側につくべきかで葛藤が生じたり、抵抗すべき誘惑があったり、それを手に入れるためや守るために戦わなければならない愛情の対象があったりするとき――そういうときは高貴なことや英雄的なことにも意味があるだろう。だが今はもう戦争などない。また人が誰かを過度に愛しすぎるのを防ぐために周到な方策がとられている。どちらの側につくべきかの葛藤などは生じない。人はなすべきことをするよう条件づけられている。そしてなすべきことというのは概して快適な行為だ。自然な衝動の多くは抑えなくていいとされているから、対抗すべき誘惑など現実にはない。そしてかりに不運な偶然から不愉快なことが起きた場合は、〝ソーマの休日〟が忘れさせてくれる。ソーマは怒りを鎮め、敵と和解させてくれ、忍耐強くしてくれる。昔ならそんなことができるようになるには多大な努力と長年の精神的訓練が必要だった。それが今では半グラムの錠剤を二、三錠呑むだけでいい。誰でも円満な人格が持てる。ひとりの人間が持つモラルの少なくとも半分は壜ひとつで持ち運びできるんだ。苦労なしで身につくキリスト教精神――それがソーマだ」[23]

この素晴らしい新世界には、蛮人保存地区なるものがある。ここは研究目的で残された未開地域なのであるが、新世界の文明人は観光目的で訪れることもある。物語の経緯は省くが、この地域からジョンという名の青年が新世界に連れて来られる。この来訪者ジョンと世界統制官ムスタファ・モンドが対峙する場面があるのだが、そこで行われた対話こそ本作の白眉であると思われるので、一部を引用してみたい[24]。

野蛮人：快適さなんて欲しくない。欲しいのは神です。詩です。本物の危険です。自由です。美徳です。そして罪悪です。
世界統制官：要するにきみは……不幸になる権利を要求しているわけだ。
野蛮人：ああ、それでけっこう……僕は不幸になる権利を要求しているんです。
世界統制官：もちろん、老いて醜くなり無力になる権利、梅毒や癌になる権利、食べ物がなくて飢える権利、シラミにたかられる権利、明日をも知れぬ絶えざる不安の中で生きる権利、腸チフスになる権利、あらゆる種類の筆舌に尽くしがたい苦痛にさいなまれる権利もだね。
野蛮人：僕はそういうもの全部を要求します。

「共同性・同一性・安定性」が完全に実現された世界は、ジョンにとっては理解のできない息苦しい世界でしかない。彼が訪れた新世界には、人間は存在しなかった。この非人間的な世界から救われるためにジョンが選んだ行為は自殺である。自殺することが唯一、この世界で人間性を取り戻すことだったのである。罪責、不幸、不安、苦悩が伴ってこその人間なのである。だから、救いがあり、幸せがあり、安らぎがあり、喜びがあるのだ。このパラドックスの上に人間性が成り立っている。人間から自由を簒奪して「共同性・同一性・安定性」を強制的に実現したとしても、その状態は端的に非人間的なのであって、全く無意味なのである。その点について、ベルネリの指摘も興味深い。

ザミャーチンもハックスリィも、全体主義国家のさだめる強制的幸福にたいする諷刺においてはきわめて大きな成功をおさめたが、かれらは人間人格の表現からうまれる自由な幸福への権利を要求する代わりに、苦悩する権利を要求する。創造には苦悩と欲求不満とが必要であり、魂は傷つけられることを必要とするという考えは、かれらのユートピア批判の根底によこたわっている。[25]

この作品は、バイオテクノロジー革命（この場合は遺伝学と薬物学）の陥穽を指摘し、現代社会に対して警鐘を鳴らしている。それは、極度に発達した機械文明と全体主義的政治体制が結びつく恐怖を予見するものである。一見すると、不安や苦悩のない素晴らしい世界なのだが、実際には人間が奴隷化されているにすぎない。「共同性・同一性・安定性」と引き換えにして、人間の尊厳は踏み躙られている。新世界の文明人は、そのことに気付くこともない。フクヤマは、次のように指摘している。

『素晴らしい新世界』に出てくる人々は健康で幸せかもしれないが、もはや「人間」ではない。闘わないし、野心を持たない、愛さない、痛みを感じない、困難な道徳的決断をしない、家族を持たない、伝統的に人間がするものとされてきたことを行わない。人間の尊厳となる特徴を持たない。実際、もはや人類のようなものは存在しない。支配者によって養育され、アルファ、ベータ、エプシロン、ガンマという階級に分化されるが、これは人間と動物の違いと同じくらい、それぞれが全く別ものなのだ。「人間本来の性質」が変えられてしまったこの世界は、深い意味で不自然である。[26]

罪責、不幸、不安、苦悩を一掃しよう、それらの源となる自由を手放そう、全ての欲望を満たして幸福になろう、そのような世界統制官の主張は聞こえが良い。誰も逆らえないような理屈が通っている。しかし、ここに悪魔性がある。生きるのが苦しくても、辛くても、嫌でも、逃げ出したくても、耐え忍んで踏ん張るところに、人間の偉大さと尊さがある。世界統制官が誘う安易な道に逃げた時、人間は人間でなくなる。ニコライ・ベルジャーエフの警告に耳を傾けたい。

反キリストの原理は、むかしながらの粗大な、すぐさま見わけのつくような悪ではない。それは、新しい、洗練された、魅惑的な悪で、いつも善の姿をかりてあらわれる。反キリストの悪は、つねに、キリスト教の善の猫かぶり的な似姿で、ここにはいつも、とりちがえとすりかえの危険がひそんでいる。[27]

## ジョージ・オーウェル『一九八四年』

物語の舞台はタイトル通り西暦一九八四年である（小説自体の執筆は一九四九年）。一九五〇年代に核戦争が勃発し、その後の世界は三大国（オセアニア、ユーラシア、イースタシア）に分割統治されている。舞台となるオセアニアでは「ビッグ・ブラザー」による全体主義的政治体制が確立されている（しかし、この「ビッグ・ブラザー」は一度も現われないのであり、実在しているのかどうかも分からない）。緩衝地帯では紛争が絶えず、三大国は半永久的に戦争状態にある。同盟を結んでは、それを破棄するということが繰り返される。今日は味方なら、明日は敵になる。その都度、過去の出来事は改変され、歴史は改竄される。もはや、何が真実であったのか、誰にも分からない。永続する戦争状態は労働力を浪費させ、人々を貧困に追いやるが、かえって支配は容易になる。戦争状態という名目によって、人々の不満は抑えつけられる。為政者へ向けられるべき反感も、仮想敵国に対する憎悪にすり替えられる。その仕方は実に巧妙である。戦争が平和を生み出すのである。「**戦争は平和なり**」という転倒語法がまかり通る所以である。そのためのプロパガンダと粛清が常態化されている。オセアニアの姿は、以下のように描写されている。

党の掲げる理想は何やらひどく大げさで、恐ろしげで目が眩むようなもの——鉄鋼とコンクリート、怪物じみた機械とぞっとするような武器であふれた世界であり、兵士と狂信者が完璧なる一致団結のもとに行進し、誰もが同じ思想を持ち、同じスローガンを叫び、絶えず働き、戦い、勝利し、迫害する国家であり、三億の人間が同じ一つの顔を持つことなのである。現実はと言えば、都会は朽ちかけて薄汚れ、栄養不良の人々が穴のあいた靴をはいて疲れた足を引きずりながら暮らす間に合わせの補修をした家は、十九世紀の家さながらで、キャベツと排水の悪い便所の悪臭が染みついているという有様。[28]

オセアニアでは「二分間憎悪」による思想統一が行われる。決まった時間帯に二分間、「人民の敵」であるエマニュエル・ゴールドスタイン[29]に罵詈雑言を投げつける。条件反射的に憎悪を剥き出しにできるよう教育されている。人々は常にイライラし、落ち着くことはない。その上、人々は「テレスクリーン」と呼ばれるテレビ＋盗視聴器によって二四時間監視されている。思想、言語、性生活も例外なしに完全管理されている。子供が親を密告することも日常茶飯事であり、人間同士の信頼関係は既に破綻している。猜疑心しかない。ハクスリーが強制的な乱交を描いたのに対して、オーウェルは強制的な純潔を描く。男女間の性的関係は極めて否定的に扱われ、青年反セックス同盟が組織されている。徹底した性の管理によって、人間らしいロマンスは消滅する。人々は常に欲求不満であり、その捌け口を求めている。為政者にとって、この点が重要である。

それは、性本能が党のコントロールの及ばない固有の世界を作り出すから、できればそれを破壊しなくてはならないというだけに留まらない。より重要なことは、性的不自由はヒステリーを引き起こすのであり、ヒステリーは戦争熱と指導者崇拝へと変換できるがゆえに望ましいものだという点にある。[30]

オセアニアでは、人が物思いに耽ることも犯罪と見なされる。それは「表情罪」として摘発の対象となる。「思想犯罪は死を伴わぬ、思想犯罪は死そのものだ」という理解があるため、思想警察に摘発されることは「蒸発」することを意味する。「蒸発」とは何か、引用によって説明しよう。

逮捕劇は必ず夜に行なわれた。突然、眠りから無理やり引き剥がされ、荒々しい手に肩を揺すられる。目の眩む光を当てられる。ベッドのまわりには輪になって並んだ冷酷な顔。この犯罪の場合、まず裁判はなく、逮捕も公表されない。ただ人の姿が消えるだけ、決まって夜に。登録簿から名前が削除され、その人間がそれまで行なったことすべての記録が抹消される。それまでの存在が否定され、ついには忘れ去られる。終止符を打たれ、無になる――その状態はふつう〈蒸発した〉と呼ばれる。[31]

物語の主人公ウィンストン・スミスは、オセアニア政府の真理省（The Ministry of Truth の新語法として Minitrue と呼ばれる）の記録局に勤務している。真理省は報道、娯楽、教育、美術を所管しており、記録局は記録の整理を担当する。ウィンストンは記録の整理という名の改竄を繰り返す中で、この体制に疑問を持ち、プロテストを企てる。しかし、反抗と言っても、大衆蜂起を扇動するような大仰なことではない。彼の抗議は、自室で日記を書くことである。個人の思想を勝手に記すことは認められないが、彼はテレスクリーンに隠れて書くのである。日々、感じたこと、思ったことを素直に書き連ねるのである。さらには、同僚ジュリアへの恋愛感情も、彼の反体制的な抵抗である。ジュリアとの逢引によって、性の自由を謳歌するスミスは、生の自由を取り戻したのである。しかし、思想警察からは逃れられず、捕縛され、法と秩序を司る愛情省（The Ministry of Love の新語法として Miniluv と呼ばれる）で尋問と拷問を受け、自らの信念を完膚なきまでに打ち砕かれる（愛する女性ジュリアへの裏切りという形で)。体制への反乱を日記と恋愛で行うところが興味深いが、実際のところ、そのようなささやかな個人の楽しみの中に人間の自由が担保されている。それゆえに、オセアニアでは日記も恋愛も危険なものとして扱われ、厳罰の対象になるのである。

オセアニアでは、INGSOC(イングリッシュ・ソーシャリズム)というイデオロギーの下に思想統制がなされている。そして、ダブル・スピークによる「**戦争は平和なり**」「**自由は隷従なり**」「**無知は力なり**」というスローガンが至るところに掲げられている。もはや、人々は何が何であるのか分からないような混乱に晒される。ここで生きるために必要なものは「二重思考」である。

ウィンストンは腕を身体の両側に下げると、改めてゆっくりと肺に空気を満たした。心が〈二重思考〉の迷宮へとさまよいこんでいく。知っていて、かつ知らないでいること——入念に組み立てられた嘘を告げながら、どこまでも真実であると認めること——打ち消し合う二つの意見を同時に奉じ、その二つが矛盾することを知りながら、両方とも正しいと信ずること——論理に反する論理を用いる——道徳性を否認する一方で、自分には道徳性があると主張すること——民主主義は存在し得ないと信じつつ、党は民主主義の守護者であると信ずること——忘れなければいけないことは何であれ忘れ、そのうえで必要になればそれを記憶に引き戻し、そしてまた直ちにそれを忘れること、とりわけこの忘却・想起・忘却というプロセスをこのプロセス自体に適用すること(これこそ究極の曰く言いがたいデリケートな操作)——意識的に無意識状態になり、それから、自ら行なったばかりのその催眠行為を意識しなくなること。〈二重思考〉という用語を理解するのにさえ、〈二重思考〉が必要だった。[32]

思考方法は言語に対しても影響力を及ぼす。オセアニアでは「ニュースピーク」による省略語が多用される。思想を表現する言葉は必要がない。言葉に内包された意味も必要がない。言葉の含蓄は不要なのである。むしろ、条件反射的に反応させる記号があればよい。思想を語る言語の消滅こそ、「ニュースピーク」の狙いである。「ニュースピーク」が改訂される度に、省略化と記号化が進む。さらなる説明を、ウィンストンの同僚サイムの発言に求めよう（サイムは聡明だったため、知らない間に蒸発する）。

「分かるだろう、ニュースピークの目的は挙げて思考の範囲を狭めることにあるんだ。最終的には〈思考犯罪〉が文字通り不可能になるはずだ。何しろ思考を表現することばがなくなるわけだから。必要とされるであろう概念はそれぞれたった一語で表現される。その語の意味は厳密に定義されて、そこにまとわりついていた副次的な意味はすべてそぎ落とされた挙句、忘れられることになるだろう。すでに第十一版で、そうした局面からほど遠からぬところまで来ている。しかしこの作業は君やぼくが死んでからもずっと長く続くだろうな。年ごとに語数が減っていくから、意識の範囲は絶えず少しずつ縮まっていく。今だってもちろん、〈思考犯罪〉をおかす理由も口実もありはしない。それは単に自己鍛錬、〈現実コントロール〉の問題だからね。しかし最終的には、そうしたものも必要なくなるだろう。言語が完璧なものとなったときこそが〈革命〉の完成。ニュースピークは〈イングソック〉であり、〈イングソック〉がニュースピークなのだ」[33]

本作も、IT（情報テクノロジー）革命の陥穽を鋭く衝き、行き過ぎた高度管理社会に対する警告を行っている。言論の統制とプライバシーの消滅、つまり人間の自由の圧殺は、人間を非人間化する。歴史に対する中傷誹謗や改竄は、人間の尊厳を破壊する。つまり、個人のアイデンティティーを形成する歴史性が簒奪されると、人格が崩壊してしまうのである。この点を補足説明するため、ルイス・マンフォードの主張を引用したい。

十八世紀の革命家たちとその後継者は、社会の順応性を過大視する傾向にあった。それ以上に悪かったのは、過去を棄てさえすれば、合理的に計画された、それゆえに自分たちの見識と理想に基づいたより善き未来への鍵が得られると想像していたことである。彼らはロックの説にならって、人間社会は人間の精神の産物であり、一枚の白紙のように扱うことができるものだと考えていた。それぞれの世代は過去を消し去り、真っ白な紙面に自分たちの理想を書きこむことができる、と。こうして、彼らはどの世代にも起こる創造性に満ちた変化を、量と価値の両面で過大評価するという過ちを犯し、時代を経て積もってきた「残滓」と「持続性」を過小評価した。これこそが人間の生活に想像すらできないほどの豊かさを与えるもの、言語のように人間が生きていくために欠かせないものであるというのに。[34]

自由と尊厳と人格はワンセットのものとして、人間性を形作っている。それらが侵害されたら、人間性も歪曲される。この作品は、そのことを強く訴えている。ウィリアム・スタインホッフの見解によれば、バトラーからザミャーチンまではディストピアの危険性を体制への人間の隷属に見たが、オーウェルは人間性そのものの破壊に見た。つまり、「体制の要求として鋳造あるいは放擲される材料として人間存在を見なそうと強いる」[35]イデオロギーが、オーウェルの攻撃の的になったのである。しかし、オーウェルに批判的な論者もいる。アーサー・レスリー・モートンは次のように非難している。

物語は、終始『猿と本質』と同様、一見して哲学的論議めいたもので飾りたててあるが、マルクス主義にたいする知的な攻撃として、それは唾棄するにもあたいしないのである。ここでオーウェルが巧妙に行なっているものは、ブルジョア社会の崩壊にともなって生じる、もっとも低劣な恐怖と偏見を利用することである。かれの目的は、事態を論証することではなくて、読者の心に、社会主義を実現しようとするいかなる試みも必ず腐敗と苦痛と不安の世界をまねかざるをえぬ、という愚劣きわまる確信をいだかせることである。[36]

しかし、モートンの理解は（時代背景の制約を考慮に入れても）適切であるとは言い難い。なぜなら、ベルジャーエフが言うように、「地上天国実現の実験は常に地上に地獄、憎悪、恨み、相互滅亡を生み、血と暴力と狂宴に導いていった」[37]し、「すべてユートピアは極端な社会的一元論に禍いされ、結局暴君制をもたらすものである」[38]からだ。このことを、私たちは歴史の中で多大なる犠牲を伴いながら確証してきたのである。[39] オーウェルの作品を左翼全体主義論の批判的検討の中で位置付けているのが、小沼堅司である。小沼はスターリン全体主義政治の諷刺として『一九八四年』を次のように評価している。

『一九八四年』は、全体主義体制における権力と管理のメカニズムを分析した二十世紀最大の政治小説といわれる。それは、全体主義権力による監視と処罰、管理される者の相互監視と相互告発のシステム、その不可欠の要素としての憎悪の自己増殖装置の完成、全体主義社会の頂点にそびえる見えざる指導者（ビッグ・ブラザー）への崇拝とその物神化装置の政治的機能など、全体主義社会における政治のすぐれた考察である。またそれは、言葉（ニュー・スピーク）による意識の管理（考える能力の縮小）、性（セックス）の管理による抑圧されたリビドゥの政治的外在化と指導者への一元的投射、愛によるウィンストン（主人公）とジューリア（非合法の愛人）の「まともさ」を求める抵抗など、政治における人間の考察へと私たちをうながす。こうして私たちは、極限的な恐怖支配と抵抗の挫折の物語を通じて、政治の本質と人間存在の原状況ともいうべきものを読みとり、人間オーウェルが生涯もち続けた「人間らしさ（decency）」の観念を共有することができる。[40]

## ユートピアはディストピア

かつて、現代にも通用するような、むしろ積極的に評価されるような「健康ユートピア願望」を実現した国が実在した。そこでは、有機栽培、世界最大規模の反タバコ運動、ガン撲滅運動、アスベスト、タバコ、発ガン性物質の農薬や食品着色料の禁止が打ち出されていた。その国の名を「健康帝国ナチス」（ロバート・プロクター）[41]と言う。プロクターは次のように述べている。

ナチズムそのものを私はある種の実験、排他的な健康ユートピアを実現するための壮大な実験として扱うことになる。このユートピア構想は、ファシズムのよく知られた集団殺戮の側面と無縁ではない。ドイツの工場の空気と水からアスベストと鉛を除去しようというのと、ドイツ国家からユダヤ人を一掃しようというのは同じ発想だ。ナチス・イデオロギーは国家の環境浄化と人種浄化を結びつけた。[42]

ユートピア的な完全性や過度の潔癖性は異質なものの排除に向かい、統制を強化することにつながる。理性と合理性の追求の果てに到達される完全平等な社会は、非人間化を帰結する（ナチズムの思想解剖は重要であるが、今後の課題としたい）。

ユートピア的合理性の追求はデモクラシーの敵になる。そのように喝破したのは、カール・ライムント・ポパー[43]であった。設計主義的合理主義は独裁的な方向へ向かわざるを得ない。強制的に与えられた安全と安定は、人間を非自由にする。ユートピア的な理想社会には落とし穴がある。危険性の余地を残す社会の方が、安全性が完璧に保たれている社会よりも安全であるという現実のパラドックスがある。

私たちは人間や社会の不合理性と可謬性を自覚して、その都度、状況に応じた対処方法を考えていかなければならない。不合理性と可謬性を強制的に消し去ろうとするのは、健全な発想ではない。人間は無限に進化しない。人間は競争し、傷つけあい、這い上がり、切磋琢磨し、試行錯誤を繰り返して、ただ漸進的にのみ歩み行く。そこにしか、人格を形成する場所はない。

人間的自由は不合理性と可謬性を伴っている。人間的自由の証左は不安であることなのだ。人間が自由であるかぎり、不安は解消されない。この点は重要である。人間は未来において完成するというユートピア的楽観主義は、かえって人間性の発達を阻害する。私たちは、未来を夢想するのではなく、今ある現実を直視しなければならず、過去との繋がりに留意しなければならない。その点で、三島由紀夫の主張は正鵠を射ている。

「よりよき未来社会」を暗示するあらゆる思想とわれわれは先鋭に対立する。なぜなら未来のための行動は、文化の成熟を否定し、伝統の高貴を否定し、かけがえのない現在をして、すべて革命への過程に化せしめるからである。[44]

ユートピア思想に内在する革命志向についても批判的検討を要するが、稿を改めねばならない。ここでは、ベルジャーエフの卓見を引用するにとどめたい。

愛の感情、創造の熱情、創造行為は決して革命をもたらすものではない。あらゆる革命には畏敬の念の喪失、神に対する無視、呪詛の烙印がおされている。[45]

畢竟するに、人間的自由を省察する上でディストピア文学の意義は大きいと主張したい。理性批判という意味でも、文明批判という意味でも、それは重要である。そして、今こそ読み返されねばならない。私たちの自由と真実のため、そして私たちの未来のために。

## 注

1　ニコライ・ベルジャーエフ著、永渕一郎訳（一九八九年）「第十四の手紙　神の国について」（『不平等の哲学―論敵に送る書簡』）『霊的終末論』八幡書店、三七七頁。

2　エーリッヒ・フロム著、日高六郎訳（一九六五年）『新版　自由からの逃走』東京創元社を参照。

3　この点で、次の文献は必読であろう。ジグムント・バウマン、ディヴィッド・ライアン共著、伊藤茂訳（二〇一三年）『私たちが、すすんで監視し、監視される、この世界について―リキッド・サーベイランスをめぐる七章―』青土社。

4　トマス・モア著、平井正穂訳（一九五七年）『ユートピア』岩波文庫、六一頁。

5　トンマーゾ・カンパネッラ著、近藤恒一訳（一九九二年）『太陽の都』岩波文庫、三八―五一頁を参照。

6　高柳俊一（一九八三年）『ユートピア学事始め』福武書店、二一七頁。

7　当初の目論見では十篇ほどのディストピア文学を網羅的に扱う予定であったが、紙幅の都合で断念した。将来『ディストピア文学入門』（仮題）という形にまとめたいと考えている。

8　思想史的に言えば、ユートピア文学からサン＝シモン、フーリエ、オーウェンらのユートピア社会主義を派生し、科学的マルクス主義に至る。

9　ヨゼフ・ロゲンドルフ（一九五七年）「反ユートピア文学の勃興」『ソフィア』（上智大学）第六巻第三号、二四頁。
10　マリー・ベルネリ著、手塚宏一・広河隆一共訳（一九七二年）『ユートピアの思想史―ユートピア志向の歴史的研究―』太平出版社を参照。
11　ハクスリー（一八九四―一九六三年）はイギリスの小説家で評論家。父方の祖父は進化論で有名な生物学者トマス・ヘンリー・ハクスリー。眼疾治療のため渡米し、人生の後半はアメリカで過ごした。長篇小説『恋愛対位法』、評論『永遠の哲学』も面白い。
12　オーウェル（一九〇三―五〇年）はインド生まれのイギリス人で、アッパー・ミドル・クラス（上層中流階級）に属する。インドの帝国警察に就職し、ビルマで勤務する。イギリスに帰国後、作家活動を開始した。もう一つのディストピア文学として『動物農場』が有名である。
13　William Matter, On Brave New World, in: E. S. Rabkin / M. H. Greenberg / J. D. Olander ed. (1983): *No Place Else: Explorations in Utopian and Dystopian Fiction*, Southern Illinois University Press, p.107.
14　フランシス・フクヤマ著、鈴木淑美訳（二〇〇二年）『人間の終わり―バイオテクノロジーはなぜ危険か―』ダイヤモンド社、六頁。
15　オルダス・ハクスリー著、黒原敏行訳（二〇一三年）『すばらしい新世界』光文社古典新訳文庫、五四頁。
16　前掲書、七頁。これは「共有・均等・安定」と訳すことも可能であろう（松村達雄訳（一九七四年）『すばらしい新世界』講談社文庫を参照）。
17　ハクスリー（二〇一三年）、前掲書、三一七頁。
18　前掲書、一一八頁。
19　前掲書、三三八頁。
20　前掲書、三一八頁。
21　フクヤマ（二〇〇二年）、前掲書、七頁。
22　ハクスリー（二〇一三年）、前掲書、三三七頁。

23 前掲書、三四一―三四二頁。
24 前掲書、三四五―三四六頁。引用する際、便宜的にレイアウトを変更した。
25 ベルネリ（一九七二年）、前掲書、五一四頁。
26 フクヤマ（二〇〇二年）、前掲書、七―八頁。
27 ニコライ・ベルジャーエフ著、斎藤栄治訳（二〇〇九年）『ドストエフスキーの世界観』（新装復刊版）白水社、二四八頁。
28 ジョージ・オーウェル著、高橋和久訳（二〇〇九年）『一九八四年［新訳版］』ハヤカワ文庫、一一五頁。
29 一般的に、ビッグ・ブラザーはヨシフ・スターリンを、ゴールドスタインはトロツキーをモデルにしていると考えられている。
30 オーウェル（二〇〇九年）、前掲書、二〇四―二〇五頁。
31 前掲書、三二頁。
32 前掲書、五六―五七頁。
33 前掲書、八二頁。
34 ルイス・マンフォード著、月森左和訳（一九九七年）『ユートピアの思想史的省察』新評論、三八頁。
35 William Steinhoff, Utopia Reconsidered, Comments on 1984, in: E. S. Rabkin / M. H. Greenberg / J. D. Olander ed. (1983): *No Place Else: Explorations in Utopian and Dystopian Fiction*, Southern Illinois University Press, p.160.
36 アーサー・モートン著、上田和夫訳（二〇〇〇年）『イギリス・ユートピア思想』未来社、二七一頁。
37 ベルジャーエフ（一九八九年）「第一の手紙　ロシア革命について」、前掲書、五〇頁。
38 ベルジャーエフ（一九八九年）「第三の手紙　国家論」、前掲書、一一七頁。
39 例えば、アレクサンドル・ソロモノヴィチ・イズゴーエフの見解を紹介したい。「社会主義―それは神なきキリスト教である。しかし、この独自な「キリスト教」の支配の下では、人々は力をあわせて仲良く働くどころか、狼のようにお互いにあい争う。お互いに隙をうかがい、他人の口の食い物を狙い、命ともどもそれを奪う。社会主義やプロレタリアートの連帯、プロレタリア的原理、公共の福祉のための共同の活動に関するありとあらゆる内容貧弱な雄弁、こうしたすべてのセンチメンタルなおしゃべりは野蛮なカニバリズムへの伴奏にすぎなかった。宗教から解放された人間は、嘘つきの社会主義の予言者が教えたように理性・自由・平等・友愛の王国へと大きく前進しはじめるのではなく、洞窟の生活と野獣の道徳の時代へと後退したのであった」（アレクサンドル・ソロモノヴィチ・イズゴーエフ著、長縄光男・御子柴道夫監訳（一九九二年）「社会主義・文化・ボリシェヴィスム」『深き淵より　ロシア革命批判論文集二』現代企画室、二一四頁）。

40　小沼堅司（二〇〇三年）『ユートピアの鎖―全体主義の歴史経験―』成文社、二〇三―二〇四頁。

41　プロクターの説明によって補足しておく。「現在では、ナチス時代の医学といえば、たとえば純血主義、断種手術、人種排除から安楽死、人体実験、そして「最終的解決」を語るといった、いわば定型ができあがっているようだ。ナチスの人種犯罪に医師がかかわっていたというのは不愉快な事実であるが、まったく同様に、ナチスの医学はことによると今日「先進的」ないし社会意識が高いと見なされうるものであり、しかもそれがナチスのイデオロギーの延長上にあるというのもまた不愉快なことなのである。ナチス・ドイツの栄養学者たちは防腐剤や石油を原料とした着色料を使わない食品の重要性を強調していた。ナチス・ドイツの保健活動家たちは、ビタミンと繊維が豊富な全粒食品を強力に推奨した。党員のなかには環境保護運動家も、菜食主義者も多かった。絶滅危惧種を保護し、動物の福祉を守ろうという意識も高まっていた。ナチスの医師たちは医薬品やX線の使いすぎを懸念し、劣悪な職場環境に対する警告をおこない、医者は患者に対し正直に情報を与えるべきだと主張していた。もっとも、「人種的に不適な」あるいは無価値な相手に対してはこれは適用されないのだったが」（ロバート・プロクター著、宮崎尊訳（二〇〇三年）『健康帝国ナチス』草思社、一〇頁）。

42　前掲書、一七―一八頁。

43　カール・ポパー著、内田詔夫・小河原誠共訳（一九八〇年）『開かれた社会とその敵』（第一部　プラトンの呪文、第二部　予言の大潮）未来社を参照。

44　三島由紀夫（二〇〇六年）「反革命宣言」（一九六九年）『文化防衛論』ちくま学芸文庫、一〇頁。

45　ベルジャーエフ（一九八九年）「第一の手紙　ロシア革命について」、前掲書、二二頁。


【文学作品】


トマス・モア著、平井正穂訳（一九五七年）『ユートピア』岩波文庫。

フィリップ・ディック著、小尾芙佐訳（一九七七年）『偶然世界』ハヤカワ文庫。

カレル・チャペック著、栗栖継訳（一九七八年）『山椒魚戦争』岩波文庫。

サミュエル・バトラー著、石原文雄訳（一九七九年）『エレホン―倒錯したユートピア―』音羽書房。

エヴゲーニイ・ザミャーチン著、川端香男里訳（一九九二年）『われら』岩波文庫。

トンマーゾ・カンパネッラ著、近藤恒一訳（一九九二年）『太陽の都』岩波文庫。

ウラジミール・ナボコフ著、加藤光也訳（二〇〇一年）『ベンドシニスター』みすず書房。

マーガレット・アトウッド著、斎藤英治訳（二〇〇一年）『侍女の物語』ハヤカワepi文庫。

フランシス・ベーコン著、川西進訳（二〇〇三年）『ニュー・アトランティス』岩波文庫。

アーサー・ケストラー著、中島賢二訳（二〇〇九年）『真昼の暗黒』岩波文庫。

ジョージ・オーウェル著、高橋和久訳（二〇〇九年）『一九八四年［新訳版］』ハヤカワ文庫。

ジョージ・オーウェル著、開高健訳（二〇一三年）『動物農場』ちくま文庫。

オルダス・ハクスリー著、黒原敏行訳（二〇一三年）『すばらしい新世界』光文社古典新訳文庫。

レイ・ブラッドベリ著、伊藤典夫訳（二〇一四年）『華氏四五一度［新訳版］』ハヤカワ文庫。


【参考文献】


ヨゼフ・ロゲンドルフ（一九五七年）「反ユートピア文学の勃興」『ソフィア』（上智大学）第六巻第三号。

ジャン・セルヴィエ著、朝倉剛・篠田浩一郎共訳（一九七二年）『ユートピアの歴史』（筑摩叢書一八六）筑摩書房。

マリー・ベルネリ著、手塚宏一・広河隆一共訳（一九七二年）『ユートピアの思想史─ユートピア志向の歴史的研究─』太平出版社。

ニコライ・ベルジャーエフ著、斎藤栄治訳（一九七八年）『ドストエフスキーの世界観』白水社。
E. S. Rabkin / M. H. Greenberg / J. D. Olander ed. (1983), *No Place Else: Explorations in Utopian and Dystopian Fiction*, Southern Illinois University Press.
ジャン・セルヴィエ著、朝倉剛・篠田浩一郎共訳（一九八三年）『ユートピア』（文庫クセジュ六五八）白水社。

高柳俊一（一九八三年）『ユートピア学事始め』福武書店。

ニコライ・ベルジャーエフ著、永渕一郎訳（一九八九年）『霊的終末論』八幡書店。

川端香男里（一九九三年）『ユートピアの幻想』講談社学術文庫。

ルイス・マンフォード著、月森左和訳（一九九七年）『ユートピアの思想史的省察』新評論。

田村秀夫（一九九八年）『ユートウピアと千年王国─思想史的研究─』中央大学出版部。

アーサー・モートン著、上田和夫訳（二〇〇〇年）『イギリス・ユートピア思想』未来社。

土居健郎（二〇〇〇年）「オーウェルの『一九八四年』と分裂病」『土居健郎選集六』岩波書店。

縫田清二（二〇〇〇年）『ユートピアの思想─個と共同の構想力─』世界書院。

井口正俊・岩尾龍太郎編（二〇〇一年）『異世界・ユートピア・物語』九州大学出版会。

フランシス・フクヤマ著、鈴木淑美訳（二〇〇二年）『人間の終わり─バイオテクノロジーはなぜ危険か─』ダイヤモンド社。

小沼堅司（二〇〇三年）『ユートピアの鎖─全体主義の歴史経験─』成文社。

ロバート・プロクター著、宮崎尊訳（二〇〇三年）『健康帝国ナチス』草思社。

柴田陽弘編（二〇〇八年）『ユートピアの文学世界』慶應義塾大学出版会。

グレゴリー・クレイズ著、巽孝之監訳、小畑拓也訳（二〇一三年）『ユートピアの歴史』東洋書林。

倉塚平（二〇一五年）『ユートピアと性─オナイダ・コミュニティの複合婚実験─』中公文庫。

# 4 欲望の氾濫

## ヒエロニムス・ボス「乾草車」の暗示

奇想の画家と呼ばれるヒエロニムス・ボスの作品に「乾草車」（図1）という絵画がある。これはトリプティック（三連画）の構成を取っており、左翼パネルにエデンの園、中央パネルに私たちの世俗世界、右翼パネルに地獄が描かれている。人類はエデンの園で始祖の代より罪を犯し、この世の中を罪深く生き、やがては罰を受けるため地獄に落ちなければならないという、救い難いような一連の流れ（キリスト教が伝統的に説いてきた「堕罪」[1]のイメージ）が見て取れる。

この三連画の中で注目したいのは、人間の内面に巣食う罪業を現世の欲深さとして描き出した中央パネルのモチーフである。乾草を山のように満載した荷台に、たくさんの人々が群がっている。乾草車の真ん中あたりでは、われ先に独り占めしようと両腕を広げて乾草にしがみついている人々、奪い合いの末の喧嘩だろうか殴り合いを始める人々、群衆から弾き出されたからだろうか車輪に轢かれている人々もいる。横手には、棍棒を片手に持つ男とナイフを振りかざした女が対峙している。手前では、麦わら帽子をかぶった男が相手をねじ伏せ、喉元に刃を突き刺している。ただの乾草にしか過ぎないのに、それをより多く得ようとして醜く争い殺人まで犯してしまう。それが価値のないものと分かっていても、他人が欲しがるものは自分も欲しくなる（ちなみに人間というものは自らを他者と比較することによって幸福になるどころか不幸になるのだが、どうしても他者のことが気になって仕方がない性分なのである）。それほどまでに物を欲しがるのが、人間の性《さが》というものか。それほどまでに人を狂わせてしまうのが、欲望のなせるわざなのか。

乾草車の後方に目を転じると、立派な装いの王侯貴族が付き従っているのが分かる。本来は民を監督し指導すべき立場の人々が、欲望の餌食となっている。馬上には、威厳のあるローマ教皇や神聖ローマ皇帝と思しき人々までいる。富と権力をほしいままにする人々でも、目の前にあるさして値打ちのない乾草を欲するのか。むしろ、多くを持っているからこそ、さらに何でも欲しがるのだろうか。人は名誉も地位も財産も関係なく、等しく欲望に捕われるのである。どれほど得られても飽き足らない人間とは何なのか。左端には修道士のような人物が群衆に向かって説教しているように見えるが、ほとんど誰も聞いていない。いつの時代も過ちを諌める言葉は大衆には届かない。

乾草車の上方にも、奇妙な光景が広がっている。茂みの中で男女が放埓に抱き合っている。それを背後から男が覗き込んでいる。手前ではリュートが奏でられており、男女は聴き入っている。しかし、その音色は悪魔の吹くラッパに合わせられている。ここには剥き出しの欲望とその上に成り立ってい

**図１　ヒエロニムス・ボス「乾草車」**（マドリード、プラド美術館）

る享楽さが垣間見える。その横では、人間の浅ましさを憂うる天使が天上のキリストを仰ぎ見て、手を合わせて祈りを捧げている。しかし、大衆は一人たりともその姿に気付いていない。祈りの響きは欲深き者どもの喧騒に掻き消されてしまっている。

乾草車の前方に、これを引っ張っている奇怪な怪物たちが見える。鳥、魚、獣、植物などと合成された異様な（しかし人間と同じ二本足の）生き物たちは、ボスの画風の真骨頂と言えようが、これは一般的に理解されているように地獄へと誘う悪魔をイメージしたものなのか。そうではないだろう。この異形の姿こそが、欲にまみれた人間の成れの果てなのではないか。人間は単に悪魔に唆されたのではなく、自分の欲得のために歪んでいき、自分自身の姿や形をも醜く変貌させて、もはや人間ではなくなり、哀れにも自ら地獄へ落ちていくのではないか。筆者は、ボスのメッセージをそのように解釈しておきたい。

そもそも、乾草を意味する中期オランダ語の hoy は虚栄心、空虚、無を暗示している。人々が争って欲している乾草は、実は何の意味も持たない空しさを表している。つまり、人間の欲望はどこまでも空しいものなのだ。蓋し、この世とは人間の欲望が剥き出しにされ、競って欲し合い、無意味な争いを繰り返す空しい場所なのである。旧約聖書における「草」の描写は印象的であり、教訓的でさえある。

呼びかけよ、と声は言う。
わたしは言う、何と呼びかけたらよいのか、と。
肉なる者は皆、草に等しい。
永らえても、すべては野の花のようなもの。
草は枯れ、花はしぼむ。
主の風が吹きつけたのだ。
この民は草に等しい。
草は枯れ、花はしぼむが
わたしたちの神の言葉はとこしえに立つ。

（イザヤ書四〇章六―七節）

欲望は人間を無意識的に駆り立て、私たちの生、性、精を奮い立たせる。この根源的なエネルギーがあるからこそ、ヒトは人となったのだろう。様々な要求（欲求）に応えるべく技術を磨き、人類に特有の文化を創り、高度な文明を育み、豊かな社会を築いてこられたのも、常に「それ以上を」「その先を」求め続けてきた私たちの飽くなき欲望の賜物であると言えよう。哲学者ウィリアム・B・アーヴァインの言葉を借りれば、「欲望は世界に活気をふきこむ」[2]。むしろ、欲望を完全に放棄してしまうことは、文明社会の繁栄と発展に真っ向から反対することになる。

私たちはほとんど誰もが好き好んで、贅沢な暮らしを望もうとする。だから、消費が促される。そのために商取引が頻繁になされて、交易が活発化し、結果的に公益が増す。間違いなく欲望は、人間の諸活動（経済、産業、商業）の増進と富の発展をもたらしている。しかし、それには大きな代償が伴われる。どこまでも手に入れたい執念は諍いを起こし、争いをもたらし、私たちに災いを招く。私たち自身が欲望の制御を怠るならば、それはたちまち私たちを飲み込んで、その虜にするだろう。そうなってしまえば、私たちは容易に欲望の力に屈服し、身も心も委ねるようになる。氾濫した欲望は人間の諸悪の根源と化し、克服されるべき罪過の一つとなる。

## 七大罪の系譜

キリスト教では伝統的に、様々な罪の源泉となるような「罪源」を分類し究明してきた経緯がある（仏教思想では、それは「三毒」[3]——貪・瞋《しん》・癡《ち》——となるだろうか）。アナール学派の歴史家ジャン・ドリュモーによれば、罪源のリストアップは四世紀に活動したエジプトの隠修士エウアグリオス・ポンティコスに遡る。ドリュモーは「実際彼はそれぞれ貪食、姦淫、貪欲、気鬱、怒り、失望、［宗教的］懈怠、虚栄および傲慢を生み出す八つの「悪意」あるいは悪しき「属概念」を記述している」[4]と指摘している。その後、七世紀のシナイの修道院長ヨアンネス・クリマコスが傲慢と虚栄を同一視し、八つの悪意は七つに減らされたらしい。

中世初期を代表するローマ教皇グレゴリウス一世は傲慢を外して（傲慢は「悪全体の根源」と考えられたため、ある意味で格上げされた）、虚栄、嫉妬、怒り、陰鬱、貪欲、貪食、邪淫の七つに分類した。これ以降、罪源の分類は神学の課題となり、一三世紀の神学者トマス・アクィナスによって「基幹罪」が設定されるに至る。それが「七大罪」（the seven deadly sins）と呼ばれる虚栄、嫉妬、憤怒、吝嗇、気鬱、貪食、邪淫である。

ボスもまたその深き人間洞察から「七大罪」に関心を寄せ、それを可視化することに努めた。絵画「七つの大罪」（図2）では、日常の風景に映し出される罪の諸相が描かれている。恰もそれは、次のように語りかけているかのようだ——私たちは常に見られている、神の眼差しから逃れられる者などいるはずがない、と。

絵画を鑑賞してみよう。先ず、中央に四重の同心円がある。内円は「神の眼」と言われており、放射線状に細かく線描された虹彩（角膜と水晶体の間にある薄い膜）がはっきり分かる。瞳孔にはキリストが描かれ、二重の円の縁には銘文が記されている。CAVE CAVE DEUS VIDET――その意味は「用心せよ、用心せよ、神は見給う」となるだろう。神の眼差しが日々の行いを全て厳しく見通し、私たちの良心を喚起させるかのようで、実に効果的である。次に、外円には罪過の模様が七つに区切られて描写されているが、詳しくは後述しよう。さらに、四隅に目を向けると、小さな円が配置されていることが分かる。左上には死、右上には最後の審判、右下には天国、左下には地獄が描かれている（四大終事）。印象的なのは、死のイメージである。矢を持った骸骨が床に臥せた病者を背後から訪れ、死出の旅路に誘っている。天使と悪魔が寝台の上から、死後の運命を御する魂の行き先を凝視している。天使が吹くラッパの音とともにキリストが再臨し、最後の審判が行われるわけだが、その後、この人の行く先は果たして天国なのか地獄なのか。

さて、神が見通す現世の罪深さについて、ラテン語のキャプションにしたがって詳しく見ていこう。先ず、神の眼下に描かれたのはIRAで、これは憤怒（wrath）を意味する。背景は牧歌的だが、二人の人物が争っている。怒りに震えた男が剣を振りかざしており、女が仲裁に入っている。テーブルを頭に被って防戦しようとしている男の手にもナイフが光っている。憤怒は暴力と一体であることがよく分かる（人は怒って暴れ出すということ）。そこから時計回りにいくと、次に見えるのはINVIDIAで、嫉妬（envy）の情景が映し出されている。一匹の犬が、骨を前にしたもう一匹の犬を睨んでいる（a bone of contention）。睨まれている犬は骨を握っている男に吠え掛かっている。吠えられている老いた男は鷹を手にした若い男を羨ましげに見つめている。その若い男は別の男が女に花を差し出す窓辺に羨望の眼差しを向けている。それがどのようなものであれ（つまらないものであれ）、持たない者が持っている者を嫉む。どれほどたくさんのものを持っていようとも、自分に少しでも欠けたものを持っている他人を見たら、妬ましくなるのである。

その次に見えるのはAVARITIAで、貪欲（greed）を意味する。広場だろうか、赤い法服の判事が一方からの訴えを熱心に聞いているように見えるが、実は他方から賄賂を受け取ろうとしている。貪欲に捕われた人間は公平、公正、信義を簡単に踏みにじることができる。さらにGULA、すなわち貪食（gluttony）の絵が続く。乱雑な室内で飲食に耽る大人と子供がいる。姿かたちに自堕落さが表

プラド美術館）

**図２　ヒエロニムス・ボス「七つの大罪」**（マドリード、

れている。暴飲暴食は、ある意味で自暴自棄に等しいのかもしれない。部屋の壁の窪みには梟がいて、汚物を垂れ流している。それからACEDIA、つまり怠惰（sloth）のイメージが描かれている。僧と思しき男が暖炉の前でうとうと居眠りしており、聖書とロザリオを差し出す尼僧に目もくれない。室内でダラダラと無為に過ごす有り様が見て取れる。次のLUXURIAは邪淫（lust）を意味する。天幕の中で二組の男女が戯れているが、楽器は淫楽の象徴であるらしい[5]。最後のSUPERBIAは傲慢（pride）のことである。大きな帽子をかぶった虚栄心の強い女が、鏡に映る自分を見て悦に浸っている。しかし、その鏡を差し出しているのは悪魔である。あくまで鏡に映っているのは虚飾なのであり、本来の姿は見失われているのだが、そのことには気付いていない。傲慢に生きると何もかも見誤り大切なものを失う。このように罪の在り様を何気ない普段の風景に織り込んだボスの創意工夫は、実に興味深い。上部の紙片には聖書の章句が引用され、私たちを戒めている。

彼らは思慮に欠けた国民
彼らには洞察する力がない。
もし、彼らに知恵があれば、悟ったであろうに。
自分の行く末も分かったであろうに。
（申命記三二章二八―二九節）

以上、個人の人生を破綻させかねない罪源の数々を見てきた。これらはある歪みの徴候を示しており、私たち一人一人が思慮深く立ち振る舞うならば、是正も回避もできるはずである。そのためには、先見の明を持って自らを制御する構え（問題意識の倫理）が必要なのである。それこそ人間に課せられた責任というものだろう。その自覚をもたらすために、敢えて神は私たちへの干渉を差し控える（単なる神頼みでは問題は何も解決しない）。下部の紙片に次のような銘文がある。

わたしは、わたしの顔を隠して
彼らの行く末を見届けよう。

（申命記三二章二〇節）

ボスのメッセージを読み解くと、次のようなことが分かる。すなわち、私たちは神の視線を感じつつ、しかし神頼みに逃げず、自分の力で自らの欲望を飼い慣らすことが求められている。誰も欲望なしに生きていくことはできないが、欲望のままに生きていくことも許されない。なかなかに困難であるが、欲望を適度にコントロールしていくしかない。例えば、憤怒に駆られて理性を失ってはいけないが、社会悪に対する公憤は必要だろうし、嫉妬に身悶えるあまり相手を憎悪するようなことがあってはならないが、お互いの健闘を讃え合うような競合は必要だろう。要するに七大罪とは、バランス感覚の欠如がもたらす個人の醜態を鋭く衝いているように思われる。

こうした中世的な七大罪に代わって、現代文明に発する新しい七つの悪徳を提起しているのが、イタリアの哲学者ウンベルト・ガリンベルティである。その七つを手短に説明すると、次のようになる。

価値がなく時間的にも耐久性のなくなったものの実体性の欠如と解体の原則によって調整されている「消費文化」、個人の特性よりも画一性と交換可能性を重視する「体制順応」の蔓延、自分の感情を公に告白することが誠実さの証拠であると言ってあなたの内面を公開するように促す「慎みのなさ」、セクシュアリティを二人の人の間の関係としてではなく、現実の関係よりもヴァーチャルな次元で弄ぶナルシシズム的な露出症と言える「性の氾濫」状態、善悪の概念を衰弱させ、考えるよりもすぐ行動に出てしまうようになる「非社会性」の傾向、世界中の悲惨さと家庭内での問題から言語を欺瞞的に使うことで目を逸らさせる「現実否認」、……やる気にさせる価値の欠如によって刹那的な悦楽に耽ってしまう若者たちの「虚無感」……[6]

これらは現代人に共通する特性であり、影響を及ぼす規模の点で七大罪よりも罪深い。つまり、個人の生活圏から公共空間まで被害が（構造的に）拡張するということである。ガリンベルティの挙げる七つの悪徳を筆者なりに敷衍してみよう。私たちの「消費文化」は効率と採算を追い求めて生産と破棄を繰り返し、物質至上主義にまみれてかえって文化的な営みを侵害している。私たちは「体制順応」に即して同調圧力に屈し、個性の尊重と言われながらも没個性的な人間を育んでいる。日本人が守ってきた儒教的徳目である「五倫」（父子の親、君臣の義、長幼の序、夫婦の別、朋友の信）「五常」（仁、義、礼、智、信）は語られることもなく忘れ去られ、公私の峻別も混濁して、世間には恥も外聞もない「慎みのなさ」が溢れている。秘することの美しさ（世阿弥）は廃れ、セクシュアリティはメディアを通じて過剰に露出される。このような歪んだ形での「性の氾濫」は、性なるものが生なるものであり、それはかつて聖なるものであったことを忘却させる。仮想空間に遊び、公共性を弁えず、現実を暴走する「非社会性」に満ちた事件は日々、繰り返されている。もはや現代の趨勢となった「現実否認」は感受性の欠如をもたらし、私たちを情緒的に未熟な状態に捨て置く。一切のロイヤリティーを失って、生きる価値を無くし、「虚無感」に漂う現代人だが、そのことの深刻さには目もくれず、どこか自己中心的な楽観主義と、どこまでも順応主義的な無気力によって、それなりに棲息する術を心得ている。

各時代の寛容度に応じて「逸脱」とか個人の「性格的特徴」と見なされてきた七つの大罪とは違って、新しい悪徳は人間性の「崩壊」を告げるものなのだが、全員がおしなべてこの現象を被っているだけに、実際には誰もそれに気づかないでいるのだ。なるほどこの新しい悪徳は「個人的なもの」ではなく「集団的傾向」であり、個人がそれに対して有効な形で抵抗することはできない[7]。

このガリンベルティの指摘は肯綮に中《あた》っている。私たちは新しい七つの悪徳に馴染み、寄り添って、部分的には同化して生きている。おそらく、現代を生きるとは、そのようなことなのだ。したがって、この流れに抗おうとしても、社会的には孤立するだけである。しかしながら、このような徴候は紛れもなく社会性ないし人間性における欠陥なのであって、決して「現代性の価値」などと取り違えてはならない。ガリンベルティも強調しているように、私たちは現代の末期的状況に対して自覚的になることが必要なのである。いつまでも無自覚なままでいるならば、人間性の「逸脱」から人間性の「崩壊」へと向かうことになるだろう。

現代の危機的状況に警鐘を鳴らすという点で、バチカンの発表した「新しい七大罪」にも言及しておこう。二〇〇八年にバチカンの裁判所に属する内赦院（Apostolic Penitentiary）のジャンフランコ・ジロッティ内赦執行官（二〇一二年に定年で退任）が、以下のような「新しい七大罪」を発表し、話題となった。

①遺伝子改造（genetic modification）
②人体実験（carrying out experiments on humans）
③環境汚染（polluting the environment）
④社会的不公正（causing social injustice）
⑤貧困をもたらすこと（causing poverty）
⑥華奢にすぎる富裕さ（becoming obscenely wealthy）
⑦麻薬中毒（taking drugs）

これらを瞥見すると、いつの時代にもそれぞれ特有の罪過の傾向があるのだと痛感される。罪業の根は深く広がっており、私たちを蝕んでいることも分かる。しかしながら、このような事態を的確に理解し、自覚的に身を処することができるのかどうかを、現代ほど鋭く問われている時代は他にないのではないか。というのも、現代の悪徳は私たちの自滅だけでなく、生きとし生けるもの全ての壊滅を招きかねないからである。

## 快楽主義を讃美せよ

人間の飽くなき欲望は、どこから来るのだろうか。ここでは、進化心理学を援用したアーヴァインの欲望形成論[8]にヒントを求めてみよう。アーヴァインによれば、それは自然選択のプロセスによって私たちの内部に組み込まれた「生物学的誘因システム《バイオロジカルインセンティブ》」において形成される。そのシステムでは、私たちの生存と繁栄の機会を増やすものに快（報酬）が、その機会を減らすものに不快（罰）が与えられる。つまり、欲望を追求すればするほど進化の優位性が高まったということである。例えば、現状に満足して幸せを感じた人間と、現状に不満を感じて改善を試みた人間とでは、生存と繁殖の機会に差異が生じ、前者は淘汰されてきたという。このようにして、人類は進化の過程で「不満傾向」を受け継いだ。そして、それが生物進化の原動力になったと考えられる。アーヴァインによれば、そうした欲望の源泉は情動と知性である。情動は、快く感じられるものを強いて求めさせて不快に感じられるものを避けさせる「ヘドニック・ターミナル欲望」（それ自体のために望むこと）を形成する。この「ヘドニック・ターミナル欲望」を達成するための道具として、知性が形成するものは「インストルメンタル欲望」（他の欲望を満足させるために望むこと）と呼ばれる。筆者の理解によれば、「ヘドニック・ターミナル欲望」はインセンティブ化されて半ば強制的に発動されるのであり、私たちが選択的に抑制できるとすれば、それは「インストルメンタル欲望」の方ということになる。このことから、私たちは欲望に対して相対的な抑制を試みるしかないことが分かる。

では、欲望の相対的抑制はどのようにすれば可能なのか。筆者は欲望を快楽主義によって制御する道を模索したいと考える。読者は、欲望を快楽で抑えるとは何ごとかと、奇異な印象を持たれるであろう。ここで言う快楽主義とは、一般的に酒池肉林のイメージで語られるような自堕落で野放図な何でもやりたい放題のことでは断じてない。それは深遠な含蓄を含む哲学的な発想としての倫理的な快楽主義である。例えば、エピクロスは快楽を善と見なし、その追求を生の目的とする快楽主義を唱えた。私たちの行為の選択ないし回避は快苦の感情に基づくのであり、欲求の充足と苦痛からの脱却が快楽主義の目指すところとなる。エピクロスによれば、その目標は自然本来の均衡の回復をもって達成される。一例を挙げよう。私は喉が渇いたので、何か飲みたい欲求に駆られるが、だからと言って何杯もの飲み物は必要なく、渇きを潤す一杯の水で事足りるのである。むしろ続けて何杯も飲むと腹痛を起こしかねない。つまり、快楽とは自然的に必要な欲求の充足に限定されるのである。エピクロスによれば、それは静的な快楽なのであって、その実質は心境の平静（アタラクシア ἀταραξία）と肉体の無苦に他ならない。

欲望のうち、或るものは自然的であり、他のものは無駄であり、自然的な欲望のうち、或るものは必須なものであるが、他のものはたんに自然的であるにすぎず、さらに、必須な欲望のうち、或るものは幸福を得るために必須であり、或るものは肉体の煩いのないことのために必須であり、他のものは生きることそれ自身のために必須である、ということである。これらの欲望について迷うことのない省察が得られれば、それによって、われわれは、あらゆる選択と忌避とを、身体の健康と心境の平静とへ帰着させることができる。けだし、身体の健康と心境の平静こそが祝福ある生の目的だからである。なぜなら、この目的を達するために、つまり、苦しんだり恐怖をいだいたりすることのないために、われわれは全力を尽すのだからである。ひとたびこの目的が達せられると、霊魂の嵐は全くしずまる。[9]

快楽とは平静を保つバランス感覚なのであり、そのために必要とされるのが自己充足と思慮分別である。このような態度を持って生きることが、結局のところ一番楽なのではないか。有り過ぎることも無さ過ぎることも、心を穏やかにすることはできない。エピクロス的な生き方は面白味のない人生模様を連想させるかもしれないが、バランス感覚の妙味は存外、新しい発見と喜びに満ちているのではないだろうか。筆者なりに言えば、それは量よりも質を求めるということである。次に、こうした哲学的な発想とは異なる宗教的な快楽主義についても取り上げてみたい。

ルネサンス期の人文主義者ロレンツォ・ヴァッラ[10]は、中世のキリスト教世界において忌避されがちであった快楽の再評価を試みたことで名高い。彼の著作『快楽について』（一四三一年）は実在の人物をモデルにした対話篇で、三人の論者のうちカトーネ・サッコがストア主義の立場から、マッフェーオ・ヴェージョがエピクロス主義の立場から、アントーニオ・ラウデンセがフランチェスコ修道会の立場から、それぞれ快楽概念について語り合っている。この中で注目したいのは、ラウデンセの快楽論である。彼の発言を引用してみよう。

まことに快楽は二通りあります。一つは地上における現世の快楽、もう一つは天国における来世の快楽です。……快楽の一つは悪徳の母であり、もう一つは美徳の母です。もっとはっきり言いますと、来世の快楽という希望なしに現世の快楽という希望のためになされることはすべて罪です。……

それゆえぼくらは、あの天国の快楽を享受したいなら、この地上の快楽をさしひかえるべきです。両方を享受することはできません。この二つはまさに天と地のように、あるいは霊魂と肉体のように相反しているからです。

まことにこの、ぼくらの〔地上の〕快楽は、むしろ不確かな偽りの快楽であり、あの天国の快楽こそ確かな永続的な快楽なのです。この人生にも、賞讃にあたいするような快楽が欠けてはいませんが、最大の快楽は来世の幸福という希望から来ます。[11]

人間の快楽の追求はどこまでも遠大であり、その果てには来世の幸福まで見据えられている。しかしながら、そのような天上への望みは地上の欲得と執着を砕き、この世的な欲望の全てを相対化する。神へと近づくという人間にとっての最大級の快楽を満たすために、できるだけ己を空しくし、我欲を縮減すべく努力するというのは、氾濫する欲望を鎮めるのに有効な一手となるのではないか。ラウデンセの語りを通じたヴァッラの主張は、以下の通りである。

何か喜ばしいものに感動するたびに、ぼくらはますます天上的なものにたいする希望を呼びさまされるでしょう。そしてそれらのうちに宿る神の知恵や力に讃嘆し、あるいはまた、ぼくらにたいする神の慈愛に讃嘆するでしょう。それら地上の喜ばしいものにまさるものがありうるとは想像しにくいのですが、しかし神は、それらに千倍もまさるものを準備してくださり、目前の喜びをつうじてぼくらを未来の快楽へと誘ってくださるのです。[12]

本節の結論を述べたい。人間の欲望を制御するものは、倫理的、宗教的な意味における快楽主義である。真の快楽とはバランス感覚によって保たれるものである。過多は快楽の実を結ばず、苦痛の種となるばかりである（過少も然り）。欲望とは、あらゆるものを生み出す創造力としても、また作り上げてきた全てのものを無に帰す破壊力としても作用するものだが、いずれにせよ、そのコントローラーになり得るのは私たち自身である。私たちは快楽主義を讃美し、天上的な意味において高尚に欲深く生きようではないか。

## 注

1　堕罪のメカニズムについては詳論したことがあるので、ここでは繰り返さない。拙著（二〇一四年）「罪」『増補版　キリスト教思想断想』ナカニシヤ出版、一―一九頁を参照のこと。
2　ウィリアム・B・アーヴァイン著、竹内和世訳（二〇〇七年）『欲望について』白揚社、八頁。
3　デイビッド・ロイによれば、現在の経済システムは欲望（貪欲）を、軍国主義は恨み（瞋恚）を、企業メディアは幻想（愚痴）を制度化しており、「組織化された三毒」が集合的に作用されている現状が批判される。この議論については、デイビット・ロイ著、大來尚順訳（二〇一五年）『西洋の欲望　仏教の希望』サンガ、一七四―一八九頁を参照されたい。

4　ジャン・ドリュモー著、佐野泰雄・江花輝昭・久保田勝一・江口修・寺迫正広共訳（二〇〇四年）『罪と恐れ―西欧における罪責意識の歴史―』新評論、三七二頁。

5　唐突だが、楽器の性的表象という視点から三島由紀夫の小説『音楽』が想起される。ここで「音楽」は、性的オルガスムスの比喩として用いられている。三島が扱っている性をめぐる猥雑と神聖というバタイユ的なテーマも興味深いのであるが、これ以上の深追いはやめておこう。三島由紀夫（一九六五年）『音楽』新潮文庫を参照されたい。

6　ウンベルト・ガリンベルティ著、多木陽介訳（二〇〇四年）『七つの大罪と新しい悪徳』青土社、一九頁。

7　前掲書、一四頁。

8　アーヴァインは欲望を次のように分類している。「私たちの欲望はふたつのカテゴリーに分けられる。べつの何かを手に入れるための手段として欲望するインストルメンタル欲望と、それ自体のために欲望するターミナル欲望のふたつである。そしてターミナル欲望もまた、ふたつのサブカテゴリーに分けられる。快を手に入れたい、あるいは不快を避けたいがために欲望するヘドニック・ターミナル欲望と、快不快とは関係なしに欲望が形成されるノンヘドニック・ターミナル欲望である。ヘドニック・ターミナル欲望は感情によって動機づけられ、ノンヘドニック・ターミナル欲望は意志によって動機づけられる」（アーヴァイン（二〇〇七年）、前掲書、六二頁）。

9　エピクロス著、出隆・岩崎允胤共訳（一九五九年）『エピクロス　教説と手紙』岩波文庫、六九―七〇頁。

10　本論の趣旨に直接関係しないが、ヴァッラはエラスムスによって絶賛されたように文献学的な聖書研究の端緒を開いたことでも、また「コンスタンティヌス帝の寄進状」が後世の偽書であると明らかにしたことでも知られている。後者については、ロレンツォ・ヴァッラ著、高橋薫訳（二〇一四年）『「コンスタンティヌスの寄進状」を論ず』水声社が興味深い。

11　ロレンツォ・ヴァッラ著、近藤恒一訳（二〇一四年）『快楽について』岩波文庫、三七一―三七二頁。

12　前掲書、四三五頁。

【参考文献】


ウンベルト・ガリンベルティ著、多木陽介訳（二〇〇四年）『七つの大罪と新しい悪徳』青土社。

ジャン・ドリュモー著、佐野泰雄・江花輝昭・久保田勝一・江口修・寺迫正広共訳（二〇〇四年）『罪と恐れ―西欧における罪責意識の歴史―』新評論。

ウィリアム・B・アーヴァイン著、竹内和世訳（二〇〇七年）『欲望について』白揚社。

フィリス・A・ティックル著、屋代通子訳（二〇一一年）『強欲の宗教史』築地書館。

神原正明編（二〇一二年）『「快楽の園」―ボスが描いた天国と地獄―』（ビジュアル選書）新人物往来社。

岡部紘三（二〇一四年）『図説　ヒエロニムス・ボス―世紀末の奇想の画家―』（ふくろうの本）河出書房新社。

Stefan Fischer (2014): *Hieronymus Bosch, The Complete Works*, Taschen.

ロレンツォ・ヴァッラ著、近藤恒一訳（二〇一四年）『快楽について』岩波文庫。

デイビッド・ロイ著、大來尚順訳（二〇一五年）『西洋の欲望　仏教の希望』サンガ。

小池寿子（二〇一五年）『謎解き　ヒエロニムス・ボス』（とんぼの本）新潮社。

# 5 神学の緑化

## キリスト教とエコロジー

本章のタイトルである「神学の緑化」という表現は、『緑色革命』(The Greening of America)で著名な社会学者チャールズ・ライクの「緑化」の概念、それに触発された環境倫理学者ロデリック・ナッシュの「宗教の緑化」[1]から、筆者が着想したものである。「緑化」とはgreening、つまり「環境主義的な考え方への転換」を意味する。すなわち、「神学の緑化」とは、キリスト教的思惟の環境論的な再解釈ないし変革を意味する。

キリスト教神学とエコロジーの関係が活発に議論されるようになったのは、一九六〇年代後半の北アメリカにおいて、とりわけ技術史家リン・ホワイトの問題提起以降であると言われている。ホワイトは論文「現在の生態学的危機の歴史的根源」[2]において、次のように指摘した。

〈科学〉も〈技術〉もわれわれのいまの用語のなかでは喜ばしいことばであるから、第一に、歴史的にみて、近代科学は自然神学の延長であるとする考え、また第二に技術は少くとも部分的に、人間は自然を超越しており当然自然にたいする支配権をもつというキリスト教教理の西洋的、意志主義的実現であると説明する考えに、ある人は満足するかもしれない。しかしわれわれがこれまでみてきたように、いまから一世紀ちょっと以前に、それまでまったく離れていた活動であった科学と技術が一緒になり、多くの生態学上の結果から判断して、抑制のきかなくなる力を人類に与えたのであった。もしそうなら、キリスト教はとてつもない罪の重荷を負うているのである。[3]

ホワイトはキリスト教の内在的論理——典型的には dominium terrae の教説、具体的には創世記一章二八節の kabash や radah に由来する絶対的な支配の誇示——に生態学的危機の歴史的根源を見出し、人間による自然の搾取を正当化する専制君主的な人間中心主義、さらに人間と自然を峻別する二元論的な倫理体系を批判した。この批判に対して様々な神学的応答が巻き起こり[4]、いわゆる「エコロジーの神学」や「環境神学」と呼ばれる潮流が形成された[5]。しかしながら実際は、ホワイトの問題提起以前から「神学の緑化」の萌芽はあったと見るべきだろう。そのことについて、ナッシュを参照しつつ、少しだけ概観しておきたいと思う。

一九三〇年代のアメリカの功利主義的な社会風土において、天然資源保全の必要性を訴えた森林学者ウォルター・ラウダーミルクは、キリスト教倫理に基づく自然保護を訴えた。特に有名なのが一九三九年にエルサレムのラジオ放送で発表された「第十一戒」（The Eleventh Commandment）の着想である。

XI　汝、聖なる大地を、忠実なる僕（steward）として神より相続し、世代を次いで、その資源と生み出す力とを守るべし。汝、沃野を侵食より守り、湖川を涸渇より守り、森林を荒廃より守り、丘の緑を過放牧より守るべし。しかして汝らの子孫、また永久に豊かたるべし。もし汝らよくこの大地の僕たることを得ずんば、沃野は不毛の石の原野、不毛の谷となり、汝らの子孫増ゆること能わず、貧困のうちにこの大地の表より姿を消すに至らん。[6]

ラウダーミルクはモーセの十戒に「第十一戒」を付加することで、「人の三位一体の責任」つまり「創造主と仲間の人類と母なる大地に対する責任」を全うするように説いたと考えられる。この発想は、後に詳述するが、ホワイトの批判を受けて再検討されることになる「神の信託管理人（stewardship）思想」の先取りと言えるだろう。

一九五〇年代には、組織神学者ジョゼフ・シットラーが「大地のための神学」（A Theology for Earth）を提起している。彼はホワイトよりも早くに環境保護思想におけるフランチェスコの意義を強調している。そして「生態学的相互依存」（ecological interdependency）は科学的事実であるとともに、神と人間と自然の一体化は宗教的規範ともなり得ることを主張している。[7]

一九六〇年代に入ると、「全米キリスト教会協議会」の中に環境神学者の集まりである「人間と自然との関係を考える信仰の会」（The Faith-Man-Nature Group, 一九六三―一九七四）が組織された。そこには、環境神学の三大原理（①世界は神に属している、②神は自らが創造された世界を好んでおられる、③世界の有機的統一である「生命の網目」を人間が破壊することは罪である）を説いたリチャード・ベアー・ジュニア、ハーツホーンの教え子であるダニエル・デイ・ウィリアムズ、「人間と自然は共に神の国の市民である」と説いたポール・サントマイア、「生態学的正義」（eco-justice）を説いたフィリップ・ヨランソンなどがおり、積極的な提言が行われた。そのような議論の蓄積がなされていたところに、ホワイトの批判が契機となって、「神学の緑化」の機運が一気に盛り上がっていったものと推測される。

ホワイトの立場は人間中心主義を排する倫理的平等主義であると言える。彼はキリスト教の可能性を再検討するため、アッシジの聖フランチェスコの思想に注目している。

いまの科学もいまの技術も、正統キリスト教の自然にたいする尊大さであまりにも染まってしまっているため、われわれの生態学上の危機にたいする解決法を、その両者のみからでは期待することはできない。われわれの苦しみの根が深く宗教的である以上、それをそうよぶにしろよばないにしろ、その救済手段もまた本質的に宗教的でなければならない。われわれは自分の本性とその運命を考え直し、感じ直さねばならない。初期フランシスコ会士の、自然のすべての部分の精神的自立性にたいする深く宗教的な、しかし異端的な感覚が、一つの方向を指しているかもしれない。わたくしはフランチェスコを生態学者の聖者におしたい。[8]

フランチェスコの自然観[9]を知る手立てとしては、ジョットの絵画「小鳥の説教」や、イタリア国民文学最初の作品と呼ばれる「太陽の讃歌」が有益だろう。フランチェスコは自然界の全てのものにおいて、その創造主を讃美する理由を見出した。また逆に、人間を含めた自然界の全てのものが、自らの創造主を称賛する能力を有していると信じた。したがって、どのようなものであれ、存在する全てのものに対して、等しく倫理的な配慮が求められることになる。人間を含む自然界の被造物は全て平等であるというフランチェスコに見られる考え方、つまり「霊魂的平等主義」(spiritual egalitarianism)の視点からキリスト教を再解釈するように、ホワイトは主張している。

それに対して、キリスト教の教説を「神の信託管理人思想」として再解釈し、階層的秩序における人間の優位性（卓越性）にこそ（人間の絶対性ではない！）環境保全に対する責任を根拠づけようとする議論が登場する。dominium terrae という教説において、神は人間に自然を搾取する許可など与えておらず、むしろ管理人として自然を保護するように命じているという理解である。[10] 言わば、「支配」とは専制君主的な意味ではなく、信託統治的な意味で受けとめられるべきであり、人間は「神の信託管理人」として他の被造物を倫理的に配慮しなければならないということである。例えば、生物学者ルネ・デュボス[11]は単に人間と自然との共生を求める（自然をそのまま放置することしか考えていない）フランチェスコよりも、土壌の改良、森の清掃、田畑の耕作、造園などに献身的な働きをしたヌルシアの聖ベネディクトゥスを評価している。デュボスによれば、信託管理人としての人間は自然環境に対して保護責任を負っており、その意味において啓蒙された人間中心主義は是認されるべきであると主張される。[12] 実は、それと同じような趣旨のことを、プロセス神学者のJ・B・カブJr.も述べている。カブは、人類を「自然体系の中の頂点・総和」と見ており、アルドー・レオポルドの概念（生物ピラミッド）を援用して「新しいキリスト教は、人間存在の絶対性に代えて、その頂点に人間を擁する健全な生物ピラミッドのヴィジョンを用いなくてはならない」[13]と主張している。これは人間と自然との倫理的平等主義とは異なり、自然の繁栄を信託された責任（神対人間における道徳的責任）によって他の生物とは区別された人間の価値の大きさ（換言すれば、役割の大きさ）を示唆するものと言えよう。但し、それは生態系における有機的な全体性を考慮に入れているという意味で、既成の単純な人間中心主義を修正したものとなっている。

以上、ごく簡単に概観したのみであるが、「神学の緑化」の方向としては、人間中心主義の解消を求める「霊魂的平等主義」（自然と融和するアニミズム的伝統への回帰）と、修正された人間中心主義の留保を求める「神の信託管理人思想」（自然に対する献身的参与の可能性）の二つが認められる。それぞれが人間と自然の関係（人間側からの関与の在り方）を問い直す試みとして、重要な問題提起を行っていると思う。しかしながら、関わり方の具体性という点で、議論の物足りなさを感じる。そこで、次に取り上げたいのが、パウル・ティリッヒの視点である。

アメリカで環境神学の議論が盛んになり出した頃、既にティリッヒは死去している。それゆえにエコロジーの問題について本格的な取り組みがなされているとは言い難い。しかし、ティリッヒの議論には「神学の緑化」に欠けている論点、つまり自然に対する人間の関わり方を具体的にどのように考えて改めるのかという視点、要するに科学と技術に対する神学的反省が見出される。この論点は重要であると思う。最近のティリッヒ研究においても、キース・ヤンデル[14]、ゴードン・カウフマン[15]、サントマイアとカブ[16]、ジョン・ハウト[17]などが、ティリッヒ神学と自然科学あるいはエコロジーの問題との関連性について論及し、マイケル・ドラミー[18]が存在論の立場から、ジェレミー・ヤント[19]が聖霊論の立場から、ティリッヒの自然環境理解に迫っている。それらを一定程度踏まえた上で、ティリッヒの断片的な思索を再構成しながら「エコ神学」を構想してみたいと思う。先ず、ティリッヒの救済論的な自然観を取り上げ、次に、彼の技術論を扱いたい。

## 自然の栄光・悲劇・救済

豊かな自然環境の中で幼少期を育まれたティリッヒは、シェリングの自然哲学へ傾倒したことで知られている。シェリングによれば、自然とは、フィヒテが考えたように道徳的完成のための素材ではなく、それ自体で神の栄光を表すものである。つまり、神の現在が意識的決断も道徳的命令も持たない自然に表出すると考えられる。ティリッヒは、シェリングが強調した自然における所与としての神的現在を、「啓蒙主義」[20]以降に見失われた「恩寵の再発見」であると解釈している。ティリッヒによれば、「観念論の歴史における生ける自然の承認は、宗教の最も内部にあるもの、つまり、神の恩寵による神との交わりを明らかにしたのである」[21]と主張される。シェリングの自然哲学では、神の恩寵が自然において肯定されると解釈され、その発想がティリッヒを感化したものと考えられる。

ティリッヒの自然観が要約的に示されているのは、サントマイアとカブも注目している一九四七年の説教「自然もまた失われた善のために嘆く」[22]であろう。この中で、ティリッヒは「人間と自然との交わり《コミュニオン》」を通した「自然の命についての共感的理解」を訴えている。そして聖書の箇所を引用しながら、自然の栄光の内にある神の栄光を讃えている。

天は神の栄光を物語り
大空は御手の業を示す。昼は昼に語り伝え
夜は夜に知識を送る。話すことも、語ることもなく
声は聞こえなくても
その響きは全地に
その言葉は世界の果てに向かう。

（詩編一九編二―五節）

次に、ティリッヒは自然の悲劇を人間の悲劇に結びつけ、被造物の呻き[23]に着目している。

被造物は、神の子たちの現れるのを切に待ち望んでいます。被造物は虚無に服していますが、それは、自分の意志によるものではなく、服従させた方の意志によるものであり、同時に希望も持っています。つまり、被造物も、いつか滅びへの隷属から解放されて、神の子供たちの栄光に輝く自由にあずかれるからです。被造物がすべて今日まで、共にうめき、共に産みの苦しみを味わっていることを、わたしたちは知っています。

（ローマの信徒への手紙八章一九―二二節）

さらに、ティリッヒは世界の救済の内に自然の救済を見ることが重要であると説いている。

わたしはまた、新しい天と新しい地を見た。最初の天と最初の地は去って行き、もはや海もなくなった。

（ヨハネの黙示録二一章一節）

天使はまた、神と小羊の玉座から流れ出て、水晶のように輝く命の水の川をわたしに見せた。川は、都の大通りの中央を流れ、その両岸には命の木があって、年に十二回実を結び、毎月実をみのらせる。そして、その木の葉は諸国の民の病を治す。

（ヨハネの黙示録二二章一―二節）

ティリッヒによれば、贖われる対象は決して人間のみに限定されるべきではなく、「自然、星と雲、鉱物と植物、動物と我々自身の身体を含む世界、創造されたもの全て」[24]に拡張されるべきと力説されている。自然を救済論の対象として明確に位置付けているところに、彼の特徴があると言える。

ティリッヒは詩編を引用して、自然が「創造の栄光」と「神的根拠の栄光」であることを示している。また、それは自然の奏でる調和的な音響として人間の魂において聞かれると言われる。しかし今日、この能力（感受性）は著しく衰退し、むしろ喪失されている（無感覚）と指摘される。その原因は、進歩的な技術文明が自然を征服することによって、自然の声を打ち消してしまったからである。ティリッツヒは次のように語っている。

自然は人間の意志と恣意に完全に服従させられてはいないか。この技術文明、人類の高慢が、元の自然、大地、動物、植物の甚大な荒廃をもたらしてきた。それは純粋な自然を小規模に制限してきたのであり、あらゆるものを支配と無情な開発で占拠してきたのである。さらに悪いことに、私たちの多くが自然と共生する能力を失ってしまった。[25]

自然からの乖離は、人間本性から生命の躍動を奪い去ることにつながる。自然についての共感的理解を促進し、自然との調和的音響を回復することが、「エコ神学」の第一の課題となると言ってよいであろう。

ティリッヒは単に美的自然へのロマン主義的回顧を求めているわけではない。彼は次のように述べている。

自然の栄光を讃美することは、自然の美しさについて語ることを意味せず、また自然の圧倒的な偉大さと恐るべき威力を忘れてしまうことを意味しない。[26]

特に自然の「恐るべき威力」を覚えることは、三・一一を経験した私たちにとっては切実であると言え、従来の「神の信託管理人思想」では太刀打ちできないような自然に対する人間の無力と限界を示唆しているとも考えられる。但し、この議論は「神学の緑化」という問題設定そのものを崩壊させる危険性を含んでおり、またティリッヒも十分な議論を展開していないので、これ以上は立ち入らないことにし、説教内容に話を戻すことにしよう。ティリッヒは、秋の落ち葉の憂愁（シェリング的なSchwermut）、春夏の喜びに満ちた生命の終焉、冬の冷気が象徴するあらゆる存在に忍び寄る静謐なる死を僂んで、自然の悲劇的様相に思いを馳せる。

自然は栄光的であるのみならず、悲劇的でもある。自然は有限性と滅亡の法則に従属している。自然は苦しんでおり、私たちと共に呻いている。[27]

動物たちの苦しみ、生きとし生けるものの老醜と死滅、死への普遍的な恐怖、これらが示唆していることは自然も虚無に服しており救いを求めているということ、自然の悲劇は人間の悲劇と密接に結びついていることとである。自然と人間の双方に共有される生そのものの悲劇性を議論の基底に据えることが、「エコ神学」の第二の課題である。

第二の課題から直ちに導き出される第三の課題は、自然を救済論の観点から理解することである。「というのも、もし自然の救済がなければ、人間の救済もないからである。なぜなら、人間は自然の内にあり、自然は人間の内にあるのだから」[28]。「自然の憧憬」を完成させるように運命づけられた人間が、それとは反対に自然との調和を破壊し続ける限り、自らの自然本性も回復することはできなくなり、滅びの束縛から解き放たれることはないということである。

以上、まとめておこう。ティリッヒの説教から取り出されるポイントは次の三点、第一に神的根拠の栄光としての自然を共感的に理解すること、第二に自然と人間を生の悲劇性において等価的に見ること、第三に自然の救済なしには人間の救済も決して望めないことを自覚することである。これらが「エコ神学」の基礎的な課題として銘記されねばならないと思う。

## ティリッヒの技術論

これまで深く考えることなく用いてきたエコロジー（ecology）という概念について、その意味内容を再確認することから始めてみたい。語源的に言えば、エコロジーの問題はエコノミー（economy）の問題と直結している。双方に共通するエコ（eco）は、家や共同体を意味するオイコス（oikos）に由来している。エコのロゴス（logos）であるエコロジーは家の論理や構造に関わり、エコのノモス（nomos）であるエコノミーは家の規則や規範に関わる。つまり、両者ともに家や共同体の管理規則、家政や共同体の秩序に関係しており、視点は共有されているということである。したがって、最近の電化製品に見られる宣伝文句のようであるが、「エコロジカルでエコノミカル」は正しい発想なのである。[29]「エコ神学」は積極的にエコノミー（経済の原義である経世済民）の観点を導入しなければならない。そうすれば、神学も有効性のある政策的提言を行うことができるようになるのではないだろうか。[30]では、エコロジーとエコノミーを結ぶものとは、あるいは自然に対する人間の関わり方を具体的に示すものとは、いったい何だろうか。端的に言えば、それは技術（technology）の問題と言えるだろう。ホワイトが注意喚起しながらも、その後の「神学の緑化」においてはほとんど注目されなかった事柄、つまり家の運営に直接的に関わる技術の在り方を神学的に問い直す作業である。ここで参照したいのが、ティリッヒの技術論[31]ということになる。この議論は、主にドレスデン高等技術学校在任中の論考である「技術のロゴスとミュートス」（一九二七年）、そして渡米後の『組織神学　第三巻』（一九六三年）を通して展開されている。それぞれの思想内容を概観していこう。

ティリッヒの基本的な理解によると、技術は解放者という位置付けである。例えば、機械的労働から、肉体的苦痛の圧迫から、自然過程の災禍から、自然に身を晒したままの原始の無防備状態から、物の不気味さ（Unheimlichen）や不可侵さ（Unantastbarkeit）から、人間を解き放ったのが技術である。しかし、技術の解放力は、人類の可能性の全てを遥かに凌駕する危うさも秘めている。このような技術の意味をさらに解釈するため、ティリッヒは技術の本質を直観し、技術をその他の意味領域の中に配列していく。これが論稿「技術のロゴスとミュートス」の主要なテーマとなる。

適切な手段によって何事かが上首尾に運ぶ場合、そこには必ず技術が存在する。ティリッヒは「技術的行為とは、目的に合わせた手段の調整である。したがって、目的が実現されるところでは常に、技術は要素として現前している。それゆえに、技術は普遍的である」[32]と述べている。この技術的行為を体現しているのが自然なのである。自然は自己の目標を達成するために驚嘆すべき手段を用いており（例えば、捕食植物の生態など）、その豊かさは技術的要素によって支えられている。自然が光と闇、熱気と冷気、温暖と乾燥の交替変化を創出し、それによって有機体に新陳代謝を行わせ、その中で消耗と産出を繰り返させるのも技術的な振る舞いであり、実はこのことが経済の技術における消費と生産の原型となっている。これに対して精神が作り出す技術は、以下のように分類される。

(1)「展開させる技術」(entfaltende Technik)

これは、精神が生きたありのままの形態に結びついて、それを破壊から守り、保存し、展開させる技術で、諸学の課題へと展開されていく。具体的に言えば、生物学的形態における育成、営養、治癒（農業から医学に至る学問領域）、心理的形態における治療、教育（精神療法から教育学に至る学問領域）、社会的形態における社会的諸機能、例えば、営養（経済学）、防御（戦略論）、交通（交通工学）、情報（ジャーナリズム）、行政（行政管理学）、保護（衛生学）、治療（社会福祉）、教育（社会教育学）などである。これは目的に合わせて手段を立てるので、自然の技術的行為に近いと言えるだろう。

(2)「実現させる技術」(verwirklichende Technik)

これは精神を客体化する技術である。技術が精神に新しい実在形式を与えようとする。例えば、音楽における楽器、造形芸術における素材、学問や詩作における書物などであるが、特にティリッヒは当時の先端である映画における映像技術に注目している。現在では、ＩＴ技術が当てはまるだろう。

(3)「変形させる技術」(umgestaltende Technik)

これは「展開させる技術」や「実現させる技術」を圧倒する技術である。「変形させる技術」の特徴は、目的によってのみ規定された事物を創出すること、この目的とは本来全く無関係であるはずの素材を使用すること、目的以外の他のものを展開せずに、むしろありのままの連関を破壊することである（例えば、工業資材。木を伐採して木材に、岩石を破砕して石材に）。「変形させる技術」が作り出す形成物は全て目的形成物であり、それらは三重の合理性、①完全な内的必然性（目的下で全体と部分が相互に完全に規定されていること、したがって余分なものは一切排除されていること）、②自然法則的な合理性、③経済的な合理性に貫かれて存在している。

ティリッヒが問題にしているのは、この「変形させる技術」である。この技術は最初に措定した目的を果たしてしまうと、目的のための手段に過ぎなかったものを目的化し、人類を無限の可能性へと誘う。効率的な合理性と経済的な必然性に由来する生産活動が原動力となり、「変形させる技術」は飛躍的に向上し、人類は常に新しいものを得ることができる。ところが、この技術の進歩は私たちの予想範囲を遥かに超え出ていく。それが私たちをどこへ連れていくのか、誰にも分からなくなってしまう。「変形させる技術」が持つ無限の可能性の誘惑に負けると、私たちの本来の意味も存在の必然性も次第に見失われていくようになると、ティリッヒは警告している。とりわけ、その構造は資本主義経済において顕著であると指摘されている。

技術の原動力は生産である。いかなる技術も経済的な必然性によって促進されている。もちろん技術は、経済的な必然性によってのみ促進されているのではない。それは固有の衝動、つまり、純粋な技術的創造意志の衝動を持っている。しかし、このことが純粋に展開されることは滅多にない。……通常、技術的創造意志は経済的衝動の中に埋没している。そして、いかなる経済も、資本主義経済のように多く、そのような衝動を与えるものはなかった。資本主義経済は技術に地球を支配する可能性を与えた。しかしながら、それは技術にとっては障害ですらある。それどころか、それ以上である。[33]

要するに、技術的行為に潜在する「合理性の暴力」が、資本主義の経済活動を通して自然秩序を歪め、結果的に人間疎外の状況を生んでいるという指摘である。精神が作り出した技術的形態は、むしろ人間精神を支配することになっていくという技術的形成の空虚化に、技術の問題があるというわけである。しかし、だから技術が悪であるという短絡的な結論にはならない。反省するべきは、技術の適切な使用を怠っている（正確に言えば、誤ったまま放置している）人間の在り方ということになり、それこそ神学の問題領域に他ならないとティリッヒは主張している。以下に引用するのは一九二〇年代の資本主義批判だが、実に先見性があると思う。

資本主義経済は、その固有の腐敗の陰影によって、技術を曇らせている。それは無数の事例において、権力集団の利益のために、合理的な改良あるいは新しい創造を妨げている。それは、機械が機械的な仕事を完全に引き受け、そのために機械は存在しているのであるが、それによって無数の人々を機械的な仕事の呪縛から奉仕と操縦の仕事へ解放することを妨げている。資本主義経済は機械の無限の可能性を商品の生産に向けるよう強制する。商品は、いかなる種類の内的必然性も持たず、利潤のために人為的に需要を生み出し、利潤のために粗悪な満足をその需要に与えるのである。機械の中には中立的な可能性が眠っている。経済がそれを悪しき現実化へと呼び覚ます。機械の可能性は良い現実化へと覚醒されることもあり得たであろうに。機械は中立である。したがって、精神と社会の荒廃を理由に技術を非難するあらゆる方法はほとんど妥当しない。技術は中立である。それは手段を準備する。確かに以下の一点が真実である。すなわち、技術の可能性の内に誘惑する力がある。誘惑は、諸々の可能性が現われ出るところには常にある。そして、私たちの誘惑は技術的可能性である。しかし、私たちが堕落していることは、技術を悪用しているこの経済について我々が黙認しているということに表れている。[34]

これまでの議論をまとめておこう。技術は一方で神的であり、創造的であり、人間を解放するものであるが、他方でデモーニッシュなものであり、破壊的であり、人間を隷属化するものである。ティリッヒは早くも一九二〇年代において、「技術の両義性」がもたらす自然秩序の歪曲を明確に予見していたことになる。この「技術の両義性」は、一九六〇年代の『組織神学　第三巻』でも引き続き取り上げられている。『組織神学　第三巻』では、技術は文化（精神の次元における生の自己創造性）の基礎的機能として位置付けられているが、その両義性については厳しく問い質されている。少し長くなるが、重要な指摘を含んでいるので、全文を引用したい。

道具がもたらす生産という解放的な力は、有機的なプロセス自体に含まれていない諸目的を実現する可能性に存する。有機的次元における保存と成長は、道具が道具として現われるところではどこでも、凌駕される。決定的な相違は以下の点にある。つまり、有機的プロセスの内的諸目的は、プロセスによって決定されるものだが、技術的生産の外的諸目的は決定されないものであるがゆえに、無限の可能性を表わしている。宇宙旅行は技術的目的であり、ともかくも技術的可能性であるが、それはある生物の有機的必要性によって決定されるというものではない。それは自由であり、選択の問題である。しかしながら、このことは一つの緊張をもたらす。つまり、そこから今日の文化の多くの衝突が生じるような。すなわち、技術的可能性の無限なる性格によって、手段と目的が転倒するということである。手段が可能性であるという理由だけで、手段が目的になり、目的の本来の意味は失われる。あらゆる可能性は現実化されるかもしれない。究極的目的の名による抵抗はすぐには現われない。手段の生産がそれ自体において目的になる。それは脅迫観念に捕らわれた話者の場合、話すことがそれ自体において目的となるようなものである。そのような歪曲は文化全体に影響し、そこにおいて手段の生産が目的となり、それを越えては何の目的も存在しないことになる。この問題は技術的文化において固有であるが、技術の重要性を否定するものではなく、その両義性を示すものである。[35]

要するに、有機的プロセスの内的目的がプロセス自体によって決定されているのに対して、技術的生産の外的目的は決定されておらず、無限の可能性（自由と選択）に開かれているということだが、このことが手段と目的の転倒を引き起こすことになってしまうのである。手段が可能であるというただそれだけの理由で、手段が目的化してしまうのである。そして、手段の生産が目的となり、技術は暴走するわけである。こうした「技術の両義性」という深刻なジレンマを今日の私たちの状況に引き寄せて例えるならば、原子力発電の功罪に表れていると言えないだろうか――それはまさに「現代のプロクルステス」[36]のようである――。しかし、この「技術の両義性」の源泉は「人間の両義性」に他ならない。ティリッヒ神学では、生は両義的であり、人間存在は本質的善性と実存的疎外から成り立つと考えられる。その両義性を「生の超越的統一」へと一義的に克服していく道こそ、「新しい存在」の創造であり「神律」（Theonomy）――霊的現臨（Spiritual Presence）のインパクトによる文化の変革――の実現であると提起されるのだが、ここでは概念を示すにとどめたい。いずれにせよ、ここで確認しておきたいのはティリッヒ思想から次のことが導き出されたことである。つまり、技術の問題ひいては経済の問題は、「エコ神学」の応用的な課題に組み込まれる必要があるということである。

## エコ神学の構想

「エコ神学」は環境倫理学の要請に応えるような議論を展開すべきである。環境倫理学では、基本的に「世界の有限性」（枯渇型資源への依存と廃棄物の累積を回避する義務）、「世代間倫理」（持続可能性を確保する義務）、「生物種の生存権」（人類の存在可能性の中で「生物多様性」を保存する義務）への適切かつ即時の対応を求めている。ティリッヒの思索から取り出して「エコ神学」の課題として位置付けた三つのポイントが、環境倫理学の要請に適合すると考えられる。つまり、「世界の有限性」を考える倫理的前提は、「自然の悲劇」を認識することによって基礎付けられる。「世代間倫理」の形成には、「自然の救済」という観点が不可欠であろう。「生物種の生存権」の根拠は、「自然の栄光」という神学的洞察に依存する。

「エコ神学」は、環境倫理の基底に据えるべき価値観を神学的伝統から提言しなければならない。さらに「エコ神学」は技術論を射程に入れることで、エコロジーとエコノミーを包摂する立場を打ち出さねばならない。有機的全体論の視点からも言えることだが、実在する全てのものは一つの家政を形成している。この「家」は神の被造物であり、人間の共同体であるのみならず、生きとし生けるものの生命の故郷であり、私たちを育む地球なのである。「エコ神学」は家政を取り仕切るための神学であり、それは人類と他の多様な生命体に対する正義、尊敬、配慮を重視する。「エコ神学」の試みとは、「神学の緑化」をより促すものであると同時に、時代状況に対する弁証学的な挑戦をも意味する。まさに、それは神学の面目躍如と言ったところであろう。ティリッヒが指し示したように、あらゆる被造物の呻きを聞き、自然と精神（人間）が和解する「新しい存在」を望み、「技術の両義性」を神律的に超克していく方途こそ、私たちが歩むべき未来への第一歩となるのではないだろうか。

## 注

1　ロデリック・ナッシュ著、松野弘訳（二〇一一年）『自然の権利—環境倫理の文明史—』ミネルヴァ書房、一三九頁を参照。

2　"The Historical Roots of Our Ecological Crisis, 1967", in: Lynn White (1968): *Machina ex Deo: Essays in the Dynamism of Western Culture*, The MIT Press: Cambridge. 邦訳は、リン・ホワイト著、青木靖三訳（一九九九年）『機械と神—生態学的危機の歴史的根源—』みすず書房。

3　ホワイト（一九九九年）、前掲書、九一頁。

4　哲学的応答としては、ジョン・パスモア著、間瀬啓允訳（一九七九年）『自然に対する人間の責任』岩波書店が参照されるべきであろう。パスモアによれば、自然は人間のために存在するという発想は、ユダヤ・キリスト教的伝統ではなく、むしろアリストテレスやストア派の思想に由来していると指摘されている。

5 最近の研究状況を概観するには、ディーター・ヘッセルとローズマリー・リューサーの編集した以下の論文集が便利。Dieter T. Hessel / Rosemary Radford Ruether, ed. (2000): *Christianity and Ecology, Seeking the Well-Being of Earth and Humans*, Harvard University Press.

6 村上陽一郎（一九九三年）「キリスト教と近代文明」（『現代思想』一九九三年六月号）青土社、一一頁。参考までに原文を挙げておく。"Thou shalt inherit the holy earth as a faithful steward conserving its resources and productivity from generation to generation. Thou shalt safeguard thy fields from soil erosion, thy living waters from drying up, thy forests from desolation, and protect thy hills from overgrazing by the herds, that thy descendants may have abundance forever. If any shall fail in this stewardship of the land, thy fruitful fields shall become sterile stony ground or wasting gullies, and thy descendants shall decrease and live in poverty or perish from off the face of the earth." cf. Walter C. Lowdermilk (1968): *Palestine, Land of Promise*, Greenwood: New York.

7 cf. Joseph Sittler (2000): *Evocations of Grace: The Writings of Joseph Sittler on Ecology, Theology, and Ethics*, Eerdmans Publishing; Joseph Sittler (2004): *Care of the Earth*, Fortress Publishers.

8 ホワイト（一九九九年）、前掲書、九六頁。

9 この点について、エリク・ドイル著、石井健吾訳（二〇〇〇年）『現代に生きる『太陽の賛歌』—フランシスコの環境の神学—』（現代カトリック思想叢書十六）サンパウロ、R・D・ソレル著、金田俊郎訳（二〇一五年）『アッシジのフランチェスコと自然—自然環境に対する西洋キリスト教的態度の伝統と革新—』教文館が詳しい。

10 例えば、ゲルハルト・リートケ著、安田治夫訳（一九八九年）『生態学的破局とキリスト教—魚の腹の中で—』（二一世紀キリスト教選書）新教出版社を参照。

11 デュボスの思想を概観するのに、以下の文献が便利。Carol L. Moberg (2005): *René Dubos, Friend of the Good Earth: Microbiologist, Medical Scientist, Environmentalist*, American Society for Microbiology.

12 cf. René Dubos (1970): *Reason Awake, Science for Man*, Columbia University Press.

13 J・B・カブ・Jr.著、郷義孝訳（一九九九年）『今からではもう遅すぎるか？—環境問題とキリスト教—』ヨルダン社、七九頁。カブの環境神学の概要については、宮平望（二〇〇四年）『現代アメリカ神学思想―平和・人権・環境の理念―』新教出版社、一九一―二四八頁を参照した。

14　キース・ヤンデル著、田中敦・渡辺正雄共訳（一九九四年）「プロテスタント神学と二十世紀の自然科学」、D・C・リンドバーグ、R・L・ナンバーズ編、渡辺正雄監訳『神と自然―歴史における科学とキリスト教―』みすず書房、五〇九―五一一頁。

15　Gordon D. Kaufman (2001): Reconceiving God and Humanity in Light of Today's Evolutionary-Ecological Consciousness, in: Raymond F. Bulman / Frederick J. Parrella, ed.: *Religion in the New Millennium: Theology in the Spirit of Paul Tillich*, Mercer University Press, pp.235-250.

16　H. Paul Santmire / John B. Cobb Jr. (2006): The World of Nature According to the Protestant Tradition, in: Roger S. Gottlieb: *The Oxford Handbook of Religion and Ecology*, Oxford University Press, pp.115-146 (esp. p.129).

17　John F. Haught (2009): Tillich in dialogue with natural science, in: Russell Re Manning, ed.: *The Cambridge Companion to Paul Tillich*, Cambridge University Press, pp.223-237.

18　Michael F. Drummy (2000): *Being and Earth: Paul Tillich's Theology of Nature*, University Press of America.

19　Jeremy D. Yunt (2009): *The Ecotheology of Paul Tillich: The Spiritual Roots of Environmental Ethics*, Barred Owel Books.

20　啓蒙主義についての基本的な理解は以下の通り。「啓蒙主義の原理は主観的、反省的、自己自身を絶対化する自我――自然との対立において自らを位置付けるもの――である」(Paul Tillich (1912): Mystik und Schuldbewußtsein in Schelling's Philosophischer Entwicklung, in: *Paul Tillich Main Works/ Hauptwerke*, Bd.1, De Gruyter-Evangelisches Verlagswerk: Berlin/ New York, S.54)。

21　ibid.

22　"Nature, also, Mourns for a Lost Good", in: Paul Tillich (1948): *The Shaking of the Foundations*, Charles Scribner's Sons: New York, pp.76-86.

23 被造物の呻きについて、以下の論考を参照されたい。月本昭男（二〇一四年）「自然の呻き」『この世界の成り立ちについて―太古の文書を読む―』ぷねうま舎、一二五―一四〇頁。

24 Paul Tillich（1948）: ibid., p.77.

25 ibid., p.79.

26 ibid., p.80.

27 ibid., p.81.

28 ibid., p.84.

29 この点で最近注目されているのが、哲学者ジョン・ラスキンの経済学批判である。詳しくは、伊藤邦武（二〇一一年）『経済学の哲学―一九世紀経済思想とラスキン―』中公新書を参照のこと。

30 エコロジーの分野において、政策提言力の見込めない議論は不毛であるのかもしれない。その点について言えば、本章にも不満が残る。しかし、エコロジーの問題には自然についての文化的構想が暗黙裡に含まれており、その方面への貢献ならば神学的な努力が可能である。このあたりのことについては、時間をかけて整理してみたいと思う。このような問題意識に至ったのは、ウルリッヒ・ベック著、島村賢一訳（二〇一〇年）『世界リスク社会論―テロ、戦争、自然破壊―』ちくま学芸文庫を読んだからである。

31 先行研究としては、前川佳徳（二〇〇〇年）「ティリッヒの技術論」『ティリッヒ研究』（現代キリスト教思想研究会）創刊号、七九―九三頁が希少である。

32 Paul Tillich（1927）: Logos und Mythos der Technik, in: *Paul Tillich Gesammelte Werke*, Bd.9, Evangelisches Verlag: Stuttgart, S.297.

33 ibid., S.303-304.

34 ibid., S.304.

35 Paul Tillich（1963）: *Systematic Theology*, vol.3, The University of Chicago Press, pp.61-62.

36 オルダス・ハクスリー著、黒原敏行訳（二〇一三年）『すばらしい新世界』光文社古典新訳文庫、三八二頁。

# 6　生命の価値

神の御業を見よ。
神が曲げたものを、誰が直しえようか。

コヘレトの言葉七章一三節

## 混迷する現代の生命観

生命は自分の力で獲得されたものではない。あくまでも、それは与えられたものである。授けられた命に感謝しながら生を全うする、これが人間の道理なのではないか。そのような意味で、人間の命は偶然的であり、生は運命的なのである。つまり、それらは人智を超えており、掌中に収めることはできず、決して思い通りにはならない――五蘊盛苦《ごうんじょうく》という仏教の洞察は正鵠を射ている――。予測不能にして圧倒的にもたらされる「被贈与性」にこそ命の尊厳と生の神秘が宿るのではないかと、筆者は考えている。したがって、生命は所有するものではなく贈与されたものとして捉えられるべきである。命は粗末にされてはならないし、生は蔑ろにされてはならない。本人によっても他人によっても、そうである。しかし、このようなシンプルな生命観は、現代社会において無力である。

かつては、命も生も天からの授かりものであると考えられたために、たとえ自分にとって不本意なことが起こったとしても、期待が裏切られるような事態になったとしても、半ば諦念（Resignation）の境地に立って、認容するしかなかった。しかし、是が非でも願いを叶えたい、望みを実現したいとする衝動は人間の中で根強くあり、それはまた様々な技術革新を引き起こす原動力となって、文明の形成を力強く牽引してきた。いわゆる欲望というものは文明の進展において潤滑油の役割を果たし、それなりになくてはならないものだが、無制限に垂れ流されたままだと、やがて暴走を引き起こすきっかけになる。

今や、私たちは生命を技術的にコントロールできる高みに立った。需要と供給の関係が成り立てば、生命といえども商取引の対象になり得る。欲望と技術が癒着し、これまでにできなかったことが可能になると、そこには大きな利害が生じる。利害への固執は、倫理など平気で踏み越える。はっきり言って、生命の操作をめぐる問題は、もはや倫理の射程圏から遠く離れており、単純にマーケットの課題となっている。いわゆる「人間部品産業《ヒューマンボディショップ》」は、その典型である。このような現状に対する倫理的判断は、どうなっているのだろうか。例えば、アンドリュー・キンブレルは次のように指摘している。

いわゆるバイオエシックス（生命倫理）を標榜する人たちでさえ、多くは生命の操作や売買の新展開に対して、それがどれほど疑わしいものであっても、ノーといえる強さをもちあわせていないように思える。そうした倫理信奉者たちは、ヒトの胚のクローン化や、ヒト遺伝子の動物への無制限の導入、胎児組織の規制なき利用といった、議論の余地がきわめて大きい先進技術にさえも賛成している。彼らは考えの及ばない問題をうまくやり過ごし、そのうち少し議論が可能になり、やがて「まあいいだろう」となって、ついには当たり前のものになるという一連の流れに手を貸しているように思える。私たちの倫理は急降下しているのである。[1]

確かに、技術の向上は私たちに便利さと快適さを与えてくれるが、それまで予想もしなかったような困難な問題も突きつけてくる。できないことができるようになったことで、私たちの悩みは確実に増した。これまでは考えなくてもよかったことを、切実に考えねばならなくなった――ある意味では、何とも贅沢な話ではないか――。ある聖句が、筆者の脳裏をよぎる。

知恵が深まれば悩みも深まり
知識が増せば痛みも増す。

（コヘレトの言葉一章一八節）

本章では、生命の価値が効率性と採算性で決められてよいのかどうか、改めて考えてみたい。生命倫理の議論は技術の進化と現実の変化に対して後追いでしかないのかもしれないが、それでも追いかけていくことに意味はあるだろう。[2] 人智の範囲内で自在に生命をコントロールできると考える現代人の過信が、人間の在り方そのものを変えていっている。これは、ただ傍観されてよい一過的な傾向ではない。無思慮に放置したままだと、やがて人間の社会を破壊し尽くすことになるだろう。以下では、そのような危険性について考察する。

## 生殖革命の進行

生命に関わる技術的躍進の事例として、生殖技術（Reproductive Technology）を取り上げてみよう。生殖技術とは、精子、卵子、受精卵を体外に採り出し、培養したり凍結保存したりする技術のことであり、人工授精[3]といった不妊治療や着床前診断（Preimplantation Genetic Diagnosis）といった胎児診断などを可能にする。もはや私たちは、妊娠するにあたり必ずしも性交を必要としない。実際のところ、精子の提供[4]と簡単な注入器（インターネットのサイトで販売されていて手軽に購入できる）があれば、人工授精は可能なのであり、敢えて不遜な表現を用いると、処女懐胎は実現できる。しかも、この技術は不妊治療のみを目的としておらず、例えば、家畜の種付け、養殖漁業、稀少動物の種の保存にも用いられており、私たちの問題意識とは裏腹に、日常的に実用化されている。

ところが、人間の誕生に関わる生殖技術は、これまでになかった困難な問題を引き起こしている。つまり、生殖技術は性と生殖を分離させることによって、社会的な家族関係を根底から変化させる状況を作ってしまったのである。例えば、母子関係を見てみよう。これから母親と呼ばれる存在は、卵子を提供した母親（遺伝的な意味での母）、妊娠し出産した母親（代理的な意味での母）、養育していく母親（社会的な意味での母）の三段階に分離される可能性がある。一人の子供に三人の母親がいても不思議ではなくなる。父子関係については、どうだろうか。精子を提供した父親（遺伝的な意味での父）、養育していく父親（社会的な意味での父）の二段階に分かれることがあり得る。一人の子供に二人の父親がいることになる。こうした事態は理解できるが、すんなり納得できるものではない。なぜなら、殊更に人間関係を複雑化し、家族関係を分解するからである。

ある女性Aは自分の母親Bに代理出産を依頼し、子供Cを授かることができた。この場合、CはAの子であると同時に、Bから生まれたことによってAの兄弟姉妹にもなる。Bからすれば、Cは自身の子であり孫にも相当する。Cが成長した時、どのような説得的な説明ができるのだろうか。ある女性Dは夫Eの父親Fから精子の提供を受けて出産した。生まれた子供Gの遺伝的な父親はFであり、育ての父親はEである。Eにとって、Gは自身の兄弟姉妹であり、養育するべき子でもある。Gが成長した時、自分の祖父Fの精子提供による出産であったと説明できるのか。実の祖父と実の母親の関係に対して、違和感がないとは言えないだろう。Gの自己理解の仕方も懸念されるし、Eの父親としての納得の仕方も厳しいものになるのではないか。また、代理母に妊娠と出産を依頼したものの、子供が生まれた後で、産みの母親の立場から親権を主張し、引き渡さないというトラブルもある。生まれてきた子供がダウン症であることが分かると、受け取りを拒否したというケースもある（依頼した夫婦は拒否していないと主張し、生まれた子供は代理母との間で争議の的となっている）。あるいは、人身売買を目的とした「赤ちゃん工場」が貧困国で摘発されるケースも多々ある。このような摘発は氷山の一角であり、大規模な人身売買のマーケットが広がっているという指摘もある。極貧の家庭において、両親がまだ幼い娘を代理母として業者に引き渡し、その見返りに僅かな報酬を得るという話は一般的に聞かれる。その見返りによって、家族が辛うじて養われているという側面もある。世の中、買い手がいれば、売り手も出てくる。どのようなものであっても、商売の対象になる。それは悲劇的であるが、歴史的にも現実的にも珍しくはない。また、財産を相続する跡取りがたくさん必要であるという理由から、一人の男性が複数の代理母と契約して、十数人の子供を得るという不可解なケースもある。筆者が驚愕したのは、受精卵を女性脳死患者の子宮に注入して子供を産ませるという極端な事例である。生まれつき子宮がない女性（ロキタンスキー症候群）に他人の子宮を生体移植し、出産が成功した例もある（スウェーデンのイエーテボリ大学付属病院）。性転換を希望する男性にも子宮を移植すれば出産できるようになるのか。その逆に、最近では陰茎の移植手術が成功した例もある（南アフリカのステレンボッシュ大学）。これらの事例は全て報道されており、その経緯についてはインターネットで検索すればすぐに分かる。

ロビン・ベーカーは、実に恐ろしい指摘を行っている。「精子卵子取引所の原型のような組織は、米国ではすでにインターネット上で稼働している。卵子や精子の注文を受け付け、代理母を斡旋する組織だ。つまり、コンピューター端末さえあれば世界中どこにいようと、こうした情報にアクセスできるのだ。生殖レストランが実現される日は遠くない。人々は食事のメニューやワインの銘柄を選ぶように、コーヒー片手の気軽さで、生殖方法を選択するだろう」[6]。このような生命をめぐる技術の発達と、その商業的な転用に対して、法律的な整備が追い付いていない現状の危うさを指摘しておきたい。この問題に関しては国内のみならず、グローバルに対応できるような法整備と、そのための合意形成が早急に求められる。筆者は、子供の誕生を切実に願い、不妊治療に努める人々の思いを尊重したい。そうした人々の子供に対する愛情も本物であると信じたい。しかしながら、あまりにも不自然な要求が複雑怪奇な人間模様を作りつつあることに疑問を感じている。果たして、何がどこまで許されるのか。

## 出生前診断の行方

次に、胎児診断についてであるが、出生前診断（Prenatal Diagnosis）という方法がある。これは超音波画像診断、羊水穿刺、絨毛採取などの検査によって、母体の中で生育している胎児の健康状態を知ることができるもので、分娩方法や出生後の医療的処置を適切に検討するために役立つ。これらは基本的に、妊娠二二週未満に検査結果が出ることを前提として行われるので（超音波検査は随時可能）、胎児の疾患が発見された場合、そのまま妊娠を継続するのか、あるいは中絶するのか、どちらかの判断材料になる。

この診断行為の意味するところは重大であって、障碍や治療困難な病気に対する私たちの意識を鋭く問うことはもちろん、子供の選別という優生学的な判断を助長することにつながるのではないかと危惧される。疾患が発見されても尊い命に他ならないのであり、決して放棄されてはならないというのが全くの正論であるとしても、筆者自身が当事者になった場合、その判断をめぐっておそらく焦心苦慮し、懊悩煩悶するであろう。倫理の議論の難しいところは、客観的には正論が言えたとしても、主体的な判断や現実的な対処をめぐっては、それほど模範的にはいかないところである。つまり、規範に対して歪みが生じる――頭では理解できていても、実際にはどうにもならないことがある――。

この歪みが人間的な、あまりにも人間的なペーソスを醸し出すのであろうか。そのような自覚が持たれずに行われる倫理談義は、どれほど立派な体裁を整えていようとも偽善的になることがあると、深く自戒を込めて主張しておきたい。

## 中絶する権利？

生殖医療の技術的な進歩、性道徳をめぐる認識の変化、女性の権利意識の向上などが、人工妊娠中絶（Induced abortion）の合法化に拍車をかけている。これまでは、人工妊娠中絶を合法化する理由として、妊婦の生命や健康が危険に晒された場合、子供が重度の障碍（先天性異常や遺伝性身体疾患など）を負って生まれることが予見された場合、レイプ犯罪によって妊娠させられた場合、養育するのが困難なほどに貧困である場合などが挙げられ、やむを得ない事情によって行われると理解されてきた。しかし今日では、妊娠初期の一定期間内であれば、理由を問われることなく人工妊娠中絶が可能となった。しかもそれが自己決定権に基づく当然の権利であると積極的に容認されることとなった。この成りゆきに対して、筆者は深い憂慮を覚える。

例えば、イギリスでは一九六七年に、フランスでは一九七五年に、イタリアでは一九七八年に、妊娠七〇～九〇日以内のどこかに枠を設けて、期限規則型の人工妊娠中絶が合法化されている。ここからは生命と見なされ、ここまでは生命と見なされない、言わば生命の線引きが行われている。そうした出生に関わる期限の算定とは、果していかなる妥当性を有するのか。このような形での人工妊娠中絶の自由化は、本当に許されるのだろうか。恣意的な理由であっても、その時の都合で身勝手に捨て去ってしまえる命とは、いったい何なのか――日本では人工妊娠中絶によって掻き出された妊娠十二週未満の胎児なるものは、単なる医療廃棄物（感染性廃棄物）として扱われる――。

一九九四年の国連人口・開発会議（カイロ）、さらに一九九五年の第四回世界女性会議（北京）において、「生と生殖に関する権利」（Reproductive Rights）が承認されている。これは、もともと女性の権利を侵害するような強制的な人口政策（人口爆発を抑止するための産児制限など）の是正をめぐる議論に端を発していたはずなのだが、子供を産むのか産まないのか、いつ産むのか、何人産むのかを自己決定できる自由が強調されたことにより、産むのか産まないのかは当然、女性の権利であるという主張を過度に擁護することにつながっている。命を育むという神聖なる責務（性なるもの＝聖なるもの＝生なるものの連鎖の神秘を畏れ敬う態度）[7]について、「私の自由だ」「私の権利だ」「私の勝手だ」と叫ばねばならない精神状況とは何なのか。新しい命について、要るとか要らないとか主張することが、自立した女性の解放にどのようにつながるのだろうか。女性にとっても、男性にとっても、不幸な時代なのではないか。神の永遠の計画において愛の秩序が最初に根をおろすところ[8]――それが女性に他ならないと言ってはいけないのだろうか。

## 臓器移植の正当性

世界初の心臓移植手術が南アフリカの医師によって行われたのが、一九六七年のことであった。それ以降、臓器移植（Organ Transplantation）の技術的展開には目覚ましいものがある。臓器移植とは、臓器の機能が不全状態に陥った場合、他の個体の臓器と入れ換える技術のことであり、異種間移植（ブタやヒヒなどの動物から人間へ）と同種間移植（人間から人間へ）に区分される。同種間移植は生体移植（腎臓、肝臓、肺など）と死体移植（腎臓、膵臓）によって行われてきたが、今日では、それらでは不可能だった臓器の移植もできるようになっている。それが脳死（Brain Death）判定による臓器移植である。語弊があるかもしれないが、臓器の移植をより推進するために、脳死という新しい死の判定が導入されたと言えるだろう。

思考・意識・感覚を統御する大脳、運動・平衡を統御する小脳、心拍・呼吸・体温調整といった生命活動一般を統御する脳幹のうち、大脳と小脳が完全に（あるいは著しく）機能停止した状態を植物状態と呼ぶ。植物状態では、脳の三部分のうち脳幹だけは機能しているので、生命活動は持続される。したがって、食物、栄養分、水分を与えれば、生存の状態は長期にわたり維持される。これに対して、大脳、小脳、脳幹の不可逆的な機能停止を脳死状態と呼ぶ。全脳の動きが途絶しているのであるから、いずれは確実に死に至るわけだが、人工呼吸器の装着によって数日間、心肺機能が維持される。移植の成否は臓器そのものの鮮度に影響を受けるところがある。つまり、心停止してしまった状態であると、臓器には酸素が不足して、障害が起こりやすくなる。要するに、移植することが難しくなる。しかし、脳死状態であれば、拍動中の心臓であっても摘出することができる。言わば、脳死状態での摘出は鮮度の高い臓器の提供に資するのである。

これは臓器提供を必要とする多くの患者を救う夢のような技術であり、今後のさらなる進展が期待されるところである。しかし、問題点も少なくない。そもそも、人間が死につつあるプロセスとしての脳死の状態と、既に死んでしまった死体の状態とは、全く別の事態なのではないか――いまだに息がある死体という考え方に対して、倫理はこれを許容できないはずである――。脳死者は数日間で心停止し確実に死に至ると考えられているが、それは絶対的に確定できることなのか。あるいは、臓器を提供するドナーの大半が生活上の困窮者であるという実態がある。つまり、富裕者が貧者から一方的に買い上げるという構図になっていないだろうか。臓器提供というある種の商取引では、ドナーとなる貧困者からの搾取という側面が認められないだろうか。もちろん、明確な禁止立法がなく、需要と供給の関係が成り立っており、対価が正当に支払われるのであれば、臓器の売買といえども何ら問題なく許されるという立場もある。生命功利主義（人間の究極的な目的は快楽の増進）、物的人体論（人体は利用・交換可能な物）、自己決定権（自分の臓器を売る権利）の観点から、人間の生存可能性をできる限り拡張するという意味において、臓器売買の正当性を主張することもできる。資源として価値あるものは全て商品になるのだから、テクノロジーとマーケットが人体の資源化と商品化を進めても何ら不思議ではない。例えば、粟屋剛は次のように指摘している。

> 過去、人間は動植物や自然環境を徹底的に改造、利用（ひいては商品化）してきた。いうまでもなく、その改造、利用の手段―強力な手段―はテクノロジーである。テクノロジーは広く欲望充足の手段である。かつて、テクノロジーの直接のターゲットは人間以外の自然環境や動植物だった。しかし、現在、人間そのものがそのターゲットになりつつある。[9]

機械の部品と人体の一部を交換可能な物として同定することには、いささかの抵抗感がある。脳死臓器移植の正当性と臓器商品化の妥当性について、人間存在の尊厳と臓器に伴うスピリチュアリティ（精神性、霊性）という視点から、批判もできるはずである。ところが、もし筆者に幼子がおり、生来の心臓疾患から余命いくばくもなく、早期に移植しなければ助からないと聞かされでもすれば、世界中にドナーを探し求めることだろう。たとえ莫大な借金をしてでも、鮮度の高い心臓を確保しようとするのではないか。

現時点において、筆者は脳死臓器移植に対して心情的に相容れないものがあるし、心臓死という伝統的な死の理解を踏み越えることにも違和感があるし、他人の臓器を買い取ってまで生きることが本当に適正と言えるのか分からない。一方の生存期間を延長するために、他方の生存期間を短縮してよいのかどうか、合点がいかない。臓器の取り扱いは人間の本質を変えるかもしれない大問題であるのに、倫理的判断の吟味が不十分なまま、医療の進展の名のもとに、技術と商業に引っ張られてしまっている拙速さについても懸念がある。だが、立ち位置によっては、臓器移植の正当性を積極的に主張することになるかもしれず、今はただ判断を留保するしかない。

## インフォームド・コンセントの陥穽

臓器移植や遺伝子組み換えといった先端医療技術の発展によって、人間は生命現象そのものを操作の対象としつつある。これからは延命操作によって、死のスケジュールまでも管理できるようになるのかもしれない。最近では、ＤＮＡ操作や脳内モルヒネ分泌操作による老化防止策の開発が医療産業によって行われていると聞いたことがある。

一方で、このように医療技術が高度に発展するほど、専門性も高くなっていく。医療技術は細分化され、人間の病は全体的・総合的にではなく、部分的・分析的に取り扱われる。その結果として、患者が単なる客観的な操作対象と見なされるようになるのではないかといった指摘もある。ステファン・ツヴァイクの言葉を借りれば、「治療医学の非人格化・完全な無生命化」という事態である。[10]浜田洵子は次のように注意喚起している。

大病院の診察体制なども、従来の内科、外科といった大まかな区分は現在では通用しないかのようになり、専門領域にしたがって細分化されているらしい。その結果、医師はすべて専門医になり、その分野でのエキスパートであればあるほど、自分の専門領域以外のことには手をつけず、それぞれの専門領域に紹介することになる。だが、現在の医学では明らかにならない痛みや苦しみもあるので、そのような場合には、どの専門医からも見放されることもある。[11]

現代の日本において死を迎える場所は、たいていの場合、病院であると決まっている。その意味で、病院は死を迎えるための場所になっている。病院で死を待つ場合、病名の告知というものが問題となる。というのも、病名次第で、ほとんどその人の命運が決まってしまうからである。治療方法から余命まで、病名が深く関わってくる。まさに、病名が人間を支配する。病名を明かされるのも不幸だが、明かされないままに死を迎えるのも幸せとは言えないだろう。こうした病名告知に関連して、インフォームド・コンセントの問題を取り上げてみたい。

中村雄二郎によれば、「アメリカにおいて〈informed consent〉とは、厳密にいえば、《医療のプロセスにおいて、選択肢となるさまざまな措置について、医師が自己の義務として情報を十分に患者に与え、その選択・決定を患者自身に委ねるような意志決定のシステム》」[12]と定義されている。患者の許可を得ることなく無断で処置を行う医師は、それが一般的に認められる合理的な処置であったとしても、またその医療上の措置によって患者が利益を得ている場合であったとしても、暴行を犯したと見なされる可能性がある。そのため、当事者間で権利と義務を確定しておかねばならない。これを可能とするのがインフォームド・コンセントの役割である。

インフォームド・コンセントの基本原則は、医療倫理の古典「ヒポクラテスの誓い」を起源としていると考えられる。「ヒポクラテスの誓い」には、「養生治療を施すにあたっては、能力と判断の及ぶかぎり患者の利益になることを考え、危害を加えたり不正をおこなう目的で治療することはしない」[13]という思想が表明されている。この考え方はインフォームド・コンセントの基本的な目的と類似している。そういった医療倫理の高い理想を伝統的に受け継いだものとしての、あるいは現代において患者と医師の間の権利と義務の確定に関わる重要な手続きとしてのインフォームド・コンセントであるから、その前提条件も複雑多岐にわたる。星野正一は、その条件を九つ挙げている。すなわち、①代理意思決定者への説明、②患者から医師への質問の自由、③患者が同意した医療の実施上の責任、④患者の選択権と同意拒否権、⑤患者の同意撤回権、⑥患者の診療拒否権、⑦医師を選ぶ患者の権利、⑧

患者の医療の選択権の制限、⑨真実を知る権利を放棄する自己決定権である。[14] これらの事柄が前提された上で、「患者の利益、医療目的の効果的な達成、自己の身体を処置する権利、個人の自由、自律、医師と患者との間の信頼性」[15]が可能になる。このような性格から、インフォームド・コンセントは単なる口頭で行う処方を意味するムンテラとは根本的に異なっていることが分かる。

患者の意思の確認とその決定事項の確認が、インフォームド・コンセントの要諦である。では、患者の意思決定とは何に対して行われるのか。医療技術について素人である患者が治療方針を選択し、決定することなど実際にできるのか。この点に関して、加藤尚武は次のように述べている。

インフォームド・コンセントで患者が選ぶのは、自分のＱＯＬ（生命の質）である。余後についての患者の期待を医師に伝え、医師の提案する治療方針に同意するというのが、患者の役割である。患者は患者でしか決められないことを決める。患者でなければ決められないことまで医師が決めるのをやめようというのがインフォームド・コンセントの基本線である。[16]

この指摘はインフォームド・コンセントの特徴を明確に示しているが、問題を提起する表現としても受けとめられる。つまり、「自分のＱＯＬ」を選ぶとは、どういうことを意味するのか。あるいは「患者でなければ決められないこと」とは何なのか。インフォームド・コンセントの趣旨は十分に理解されるものだが、実際にそれらのことが可能なのかという疑問がどうしても湧いてくる。病名の告知をめぐって、人は冷静に穏やかでいられるものではない。人は自らが病におかされて、精神的に不安定な状態にある場合、「自分のＱＯＬ」などといったある意味でバーチャルな概念に思いを馳せる余裕があるだろうか。そして、インフォームド・コンセントによって率先して治療方針を検討することができるのか。日頃から自らを律し、精神を鍛え、生き方を定めていたとしても、それは健康な状態の場合において有効なのであって、突如として訪れる死の予感の前には、無力であるように感じられる。

「病名告知」を「症状説明」と言い換えるような提案もあるが、それは単なる表現上のまやかしに過ぎないのではないか。大病を告知するということは、余命＝生存期間の告知であり、その意味では死の宣告である。こう考えると、「病名告知」を「症状説明」というような軽い言葉で言い換えても、あまり意味はないものと思われる。ここで、インフォームド・コンセントに対する疑惑が生じてくる。つまり、それは生死に関する決断を下すための患者自身の考え方の整理、あるいは死の受容をめぐる認識について、それほど具体的な指針を与えないのではないかということである。私たちはインフォームド・コンセントを受ける前に、死の事実を受け止める心構え、すなわち自らの死生観を問わなければならないのである。そういった心構えや死に方の自覚を養うことなしに、インフォームド・コンセントを受けたとしても、それは患者にとって苦痛以外の何ものでもないのではないか。

## 安楽なる死？　尊厳ある死？

ここでは、死の受容について考察するために、安楽死（euthanasia）と尊厳死（death with dignity）

の問題を取り上げたい。安楽死という考え方は、思想史的に言って、トマス・モアの『ユートピア』（一五一六年）や功利主義（utilitarianism）において肯定的に捉えられてきた。これは死期の切迫性を前提に、激しい肉体的苦痛を除去するためにモルヒネなどの鎮痛薬を継続的に投与した結果、付随的な効果として死期を早めてしまう「間接的安楽死」、殺害することによって病者の苦痛を除去する「積極的安楽死」、積極的な延命治療を差し控えることによって死期を早める「消極的安楽死」に分類される。それに対して尊厳死は、必ずしも死期の切迫性を前提せず、医療技術の客体にされないよう人工延命治療を拒否するところに特徴がある。

現在、日本では安楽死と尊厳死をめぐる議論が活発化しており、そのための制度化、法制化も進められている。そもそも、安楽死と尊厳死は同じ語源を持っている。中村雄二郎の解説を引用してみたい。

〈安楽死〉あるいは〈尊厳死〉のもともとの語源は、ギリシア語で〈よい＋死〉を意味するエウタナジア（ευθανασια）である。辞書上の意味は、《不治の病に罹った余命いくばくもない病人の苦しみがひどいとき、死をもたらすことが、思いやりのある正当な行為であるとする考え方》である。[17]

霜田求によれば、安楽死は「苦しまずに安らかな死を迎えさせること」[18]を意味する。現代においては、鎮痛療法が発達しているので、耐え難い肉体的苦痛でも一部の疾患を除いて、ほぼ除去することができるようになった。そのため、「積極的安楽死」は解消されている。霜田によれば、人工的な生命維持装置の発達により生み出された重い意識障害、すなわち「植物状態」という「非人格的生」を拒否する尊厳死が、安楽死という名称に取って代わり、中心的位置を占めるようになったとされる。尊厳死を法制化した初期のものは一九七六年の「カリフォルニア州自然死法」(Natural Death Act) であるが、その趣旨について、中村は次のように解説している。

末期状態のいたずらな〈生命引き延ばし〉は患者の尊厳を失わせ、不必要な痛みや苦しみをもたらすことがある。その点で、現代の医療技術が《自然の限界を超えて人間の生命を人為的に引き延ばす》ことは大いに問題である。また、末期状態での生命維持装置の保留・撤去については、なによりも、患者の《自発的かつ正常な精神》状態における意思表示を尊重すべきである。[19]

ここから、個々人の意思決定の尊重、不自然な強制延命への反対を読み取ることができる。重い意識障害者や回復の見込みのない患者に、当人の（一時的に示された）意思にしたがって生命維持装置を中止し、人格の尊厳を保持させながら死を迎えさせるというのが、尊厳死の基本的発想のようである。こう捉えると、安らかな死を迎えさせるという広義の意味において、尊厳死と安楽死はほとんど同じようである。尊厳死も安楽死も、いわゆる「死ぬ権利」に基づいた「人間らしい死に方」のように受け取れる。自発的かつ正常な精神において、その自由な意思を文書化し、リビングウィル[20]とすることで、あたかも「死ぬ権利」＝「死の自己決定権」が保障されているかのようである。しかしながら、そう簡単に安楽死と尊厳死を評価することは難しいと思われる。なぜなら、「自発的で正常な精神における自由な意思」など、人間にはそう簡単にはあり得ないだろうと推測されるからである。人間の意思というものは曖昧であり、その時々の状況に応じて変化する。そのような人間の心の移り変わりと、リビングウィルに示される意思の一時性は、どのように整合するのか。筆者は、この点に関して疑いを抱かざるを得ない。一度、文書化されてしまった意思が、その後の当人の自由な意思の働きを妨げることにならないだろうか。最悪の場合、そうなってしまったら、患者にとって生き地獄とはならないか。患者の生前の意思に関して、西部邁の指摘は興味深い。

「本人の事前承諾」ということについても事態はそれほど単純ではない。たとえば、脳死状態になれば延命装置をはずしてくれという自己承諾、これは大して当てにできない類のものだ。なぜなら、その自己承諾はまだ健康なうちに判断したものにすぎないからである。病気になり、症状がどんどん悪化していったとしよう。まだ意識はわずかに残っているという意味では脳死状態にはなっていない。患者の判断力や表現力はほぼ停止しかかっているのだが、そのときに脳裏をかけめぐる当人の思いをもし聞くことができたとしたら、ともかく延命させてくれと叫んでいるかもしれない。健康な状態においてなした自己の事前承諾が、不健康な状態においてまで通用するものかどうか。ともかくそういう意識のレベルの違いを度外視した、承諾文書を持ちだしてもしようがないのである。[21]

西部は、そもそも延命装置を外すことに、当人やその家族が積極的な意味で「安楽」を感じるわけがなく、人工的に死を早めること自体に積極的な意味での「尊厳性」があるわけがないと述べているが、この意見は正論であろう。また、死ぬ権利に基づく本人の意思の尊重という思想には、正常な精神における意思ということが前提されていると思われるが、これは危険な発想であると言えないだろうか。穿った見方かもしれないが、霜田も指摘しているように、「正常な意識」および「正常な精神活動」が失われてしまった生を「非人格的生」と見なし、また「生きるに値しない生」として拒否する思想が、尊厳死の裏側にあるように思われてならない。

ここで安楽死、および尊厳死に関する問題点を整理しておこう。先ず、事前の本人の意思ということに関しては、その意思確認の困難さが指摘できる。次に「非人格的生」ということに関しては、外部に発せられない人間の内部の意識が残存している可能性や、植物状態の患者と意思を疎通する可能性も期待されるのであり、医療側の努力による回復可能性も望まれるのであるから、「生きるに値しない生」あるいは「社会的に負担になる生」として切り捨てることはできないだろう。用心しなければならないのは、この発想が「滑り坂理論」（トム・ビーチャム）[22]と化して、優生思想に転落する可能性があることである。

「優生思想」（eugenics）とは、貧困層の人口膨張の危険性を説いたマルサスの『人口論』（一七七八年）から、マルスージアンにして進化論の提唱者であるチャールズ・ダーウィンの『種の起源』（一八五九年）を経て、ダーウィンの従弟で優生学の創始者であるフランシス・ゴルトンの『人間の能力とその発達の研究』（一八八三年）において展開された、文字通り「良い遺伝」（接頭語 eu は「良い」、

genicsは「生まれ、遺伝」を意味する）を信奉する思想のことである。その背景には、極端な遺伝子還元主義がある――この系統にあるのがリチャード・ドーキンスの「利己的遺伝子」説であろう――。また、それは人間および社会を自然淘汰、優勝劣敗というダーウィン的進化論と遺伝論で解釈しようとする社会ダーウィニズムと呼応する。そうして生み出されるのが、良い種だけを交配して残そうとする積極的優生思想と、望ましくない血統を計画的に断種する消極的優生思想である――詳論できないが、生殖管理による人種改良はもともとプラトンの思想に淵源すると指摘しておきたい――。このような発想は、ダーウィン説の信奉者トマス・ヘンリー・ハクスリーによって普及した。彼の考えでは、自然界では適性の劣る個体は消えていくが、人間の社会では不適応者も維持されている。これは自然に反しているのであり、劣等者は淘汰されねばならない。つまり、生物の遺伝構造の改良が、人類の進歩につながるという思想である。彼の孫であるジュリアン・ハクスリーは優生学的人工授精（Eutelegenesis）の提唱者であるとともに、大英優生学協会の会長職をも務めた。優良遺伝の選択出産によって、優れた遺伝形質を獲得することよりも、欠陥遺伝子保有者の断種と隔離が政策化され、これらを施行するために一九世紀の英米で医療施設が発展した。私たちにとっては奇異な思想であるが、しかし、競馬のサラブレット、農業の品種改良、出生前診断（選択的堕胎）は優生思想の実例である。

このような優生思想の一つの歴史的帰結は、ナチズムにおいて表出された。ナチスの時代に施行された T4-Aktion の事例[23]を取り上げてみたい。この作戦に至るプロセスでは、第一段階として、過剰な延命治療は死ぬ権利を著しく侵害するとして停止され、いわゆる「慈悲殺」が奨励される。第二段階として、重度障碍新生児の治療停止が行われる。第三段階として、高名な医師たちの提言書『価値無き生命の抹殺に関する規制の解除』（Die Freigabe der Vernichtung lebensunwerten Lebens）[24]に基づき、「その症状から厳密に判断して、治癒見込みのない患者に、人道的見地から慈悲死を与えよ」との勧告がなされる。最終段階として、障碍者の安楽死作戦、通称 T4-Aktion が遂行される。「劣等な生」の大量計画殺人である。このおぞましいプロセスを、前世紀の蛮行を、私たちは決して忘れてはならない。生命の扱いには、絶えず細心の注意が払われねばならない。

下り坂からたやすく転がり落ちていくモラルの脆さに対して重大な懸念を抱きつつ、また今日の杜撰とも言える医療行政の実態を考慮に入れると、安楽死や尊厳死の導入に対して諸手を挙げて賛同するわけにはいかない。それとともに、安楽死や尊厳死に対する自意識過剰に関しても容易に是認できない。西部の忠告は、その点で示唆的である。

どんな仕方での安楽死であろうとも、一般的にいえば、死ぬことの恐怖、死なれることの不安はなくなりはしない。少なくともそうして恐怖や不安が医学技術のみによって克服されるわけがない。それを「安楽死」と名づけることによって、いかにも自分や家族にとって安穏な死に方があるかのように印象づけようとするのは、たぶん現代人の気の弱さである。それが自己欺瞞であるとまではいわないが、自己慰撫にすぎないのだということをはっきりさせておくべきであろう。[25]

以上、安楽死と尊厳死の問題を扱ってきたが、その実効性にはどうしても疑問の余地が残る。人間は理性的であり、確固とした意思を持ち、生きんとする意欲を強く持っている。しかし、死に直面した時にどれだけ理性的な判断ができるか、意志に殉じることができるのか、予想することは極めて難しい。要するに、死は管理したり操作したりする対象にはならない。黙して、自然に委ねられるほか、仕方がない。これまで検討されたように、安楽死や尊厳死といった死の受容の方法は、一見するとヒューマニスティックな配慮に基づいているように思われるが、背後に隠されているかもしれない優生思想への警戒、ならびに個人の意思決定能力の限界という点から、それほど簡単に認められないのではないか。遠藤周作が生前、このように心情を吐露していたことが印象的である。

うまく年をとって従容として死んで行っても、じたばたして死んで行ってもいいと今の私は思うんです。理性では、みにくい死にざまはしないとして、それを実行しようとしても、意識下では人間はやはり死にたくないからです。神はそんな我々の心の底をみんなご存じのはずです。だから神の眼からみると同じなんです。じたばたして死ぬことを肯定してくれるものが宗教にはあると思うからです[26]。

誰しも望むであろう、泰然自若として、天寿を全うしたいと。できれば、きれいに死にたいと。しかし、実際は醜く死んでいくのだろう。精神科医キューブラー・ロスは死の心理的受容――否認→怒り→取引→抑鬱（準備的悲嘆）→死の受容――を主張しているが[27]、現実はそれほど段階的に整然と受け入れられないのではないか。人間には最後に、死の苦しみと狂いが待っているのだろう。人間は理性的に死ねないのだろう。このような理由から、死は一筋縄ではいかないのではないかと思う。つまり、安楽も尊厳もないような気がする。さらに、死を前にして自己決定権も何もあったものではないと思う。むしろ、ただひたすら一心に祈ることに尽きるのではないか。祈りつつ、全てを赦されることにおいて、最後の最後に、眠りにつく平安が与えられることを切に願う。

晩年、病魔に蝕まれたニーチェは、人間の治癒本能について述べている。彼は、それを「ロシア的宿命観」と呼んでいる。この「ロシア的宿命観」には、死に臨んだ人間が最後に思い至る境地のようなものが表現されているように思われる。ニーチェは病にあることを「何一つ振り切ることもできず、何一つかたづけてしまうこともできず、何一つ突き離すこともできず――何をしても傷ついてしまう」[28]状態と語り、それに対する「偉大な治療法」を「ロシア的宿命観」と呼んでいる。

> 行軍があまりにつらくてたまらなくなったロシアの兵隊のひとりがついに雪の中へ身を横たえてしまうあの無抵抗の宿命観だ。もはや何ごとも受けつけず、何ごとも引き受けず、何ものも自分の中へ受け入れない――とにかく、もはや反応ということを一切しないのである……この宿命観は必ずしも単に死への勇気を意味するものではない。この宿命観の偉大な理性はむしろ、最大の生命の危険状態にあってなおかつ生命維持のはたらきをするものであり、そのためにこの理性が考え出した妙案、それは、新陳代謝を低下させ、それをゆるやかにするということ、すなわち一種の冬眠への意志である。[29]

来るべき死の現実を予感した上で、淡々と生きるためには、終極には一切を委ねようとする思い切った覚悟とある種の居直りが必要なのではないだろうか。私たちの臨死の情景には、果して何が映っているのだろうか。

## 人工的人間の誕生

アンドリュー・ニコル監督の作品に『ガタカ』（一九九七年、アメリカ）という印象的な映画がある。ちなみにGattacaとはＤＮＡの基本塩基であるグアニン（guanine）、アデニン（adenine）、チミン（thymine）、シトシン（cytosine）の頭文字から取られた造語であるらしい。遺伝子工学が発達した近未来社会では、人間の才能は遺伝子の優劣においてのみ判断され、その将来の道筋もあらかじめ決定される。出生前に遺伝子操作が行われ、これによって誕生した人間は「適正者」であり、生まれながらに優れた知力と体力と容貌を備え、社会の指導層となる。自然出産によって誕生した人間は「不適正者」と呼ばれ、諸々の可能性を閉ざされて生きることになる。主人公ヴィンセント・アントン・フリーマンは出生時に寿命三〇年と診断された不適正者であり、将来への見込みがないものとして育てられた。自らも生来の劣等感に苛まれて生きていた。ところが、あることをきっかけにして上昇志向が芽生え、適正者ジェローム・ユージーン・モローの生体ＩＤを得ることによって適正者に成りすまし、念願のガタカ航空宇宙局に入り宇宙飛行士を目指す。もちろん、ヴィンセントの夢がスムーズに実現されるわけではなく、波乱の展開となる。この映画はスタイリッシュなイメージを特徴としているが、描かれている内容は遺伝子情報による厳格な差別の構造であり、おぞましい。社会が整然と区分されて構成されているある種の美しさと、一つの尺度（遺伝子の優劣）によってのみ人間を判断する社会の残酷さとのコントラストが鮮烈である。もちろん、これはフィクションなのだが、私たちの社会の方向性と全く相容れない話ではない。

一九九〇年に本格的に始動したいわゆる「ヒトゲノム計画」（Human Genome Project）[30]は、全シークエンスの解読を完了するまでに至った。今後は、ヒトゲノムのデータベース化も進むことが予想される。これによって、個人の自己決定による自発的な優生学的処置が行われるようになるかもしれないし（草の根優生学）、生得的な性質である人間の遺伝子情報に基づいた差別や抑圧が引き起こされる危険性もある。最も現実的であるのは、遺伝子技術と生殖技術を組み合わせて望み通りの子供を作ろうとするデザイナー・ベビーの構想であろう。私たちは受精卵の段階で遺伝子操作（「ゲノム編集」によるヒト受精卵の遺伝子操作）を行うことによって、親が希望する知能、体力、外見を備えた子供を作ることができる。あるいは、遺伝学や脳科学の成果を用いて、精神的にも身体的にも機能の増強（能力の更新）を図ることができる。これはエンハンスメント（Enhancement）と呼ばれる、ある種の人間改造である。こうした傾向について、ロビン・ベーカーは次のような警鐘を鳴らしている。

形質として発現していない劣性遺伝子を持つ人を、保因者《キャリア》という（病気などとして発現するのは優性遺伝子）。保因者自身は健康体であっても、劣性遺伝子を受け継いだ子孫が発病する恐れがある。我々は誰もが、こうした劣性遺伝子を保有している可能性があるが、現在はそのことが分からないだけである。しかし未来のテクノロジーは、遺伝情報を生殖相手選びの重要な判断基準にするかもしれない。遺伝子を判断基準にするのも、容姿を判断基準にするのも、優生学的という点では同じである。すでに、染色体異常のある胎児を中絶することは行われているが、これなどまさしく優生学的だ。精子銀行《バンク》が提供された精子を検査するのも同じことである。こうした中絶や精子の検査は、一般的に行われていることではない。しかし、多くの人々が指摘しているように、今日行われている優生学的措置の内容は、かつての米国やナチス・ドイツをはるかに上回るレベルのものである[31]。

エンハンスメントは増強、増進という意味であり、歯列矯正、視力矯正（レーシック）、美容整形、筋肉増強剤の使用、成長ホルモン剤の使用、向精神薬の使用ということにおいても適用される考え方である。人体改造と聞くと特異なものをイメージするが（例えば、ゴシック小説で有名なフランケンシュタインの「理想の人間」設計など）、実際は一般的に運用されている。マイケル・サンデルはエンハンスメントを可能にする遺伝子技術の功罪について、次のように述べている。

遺伝学の画期的な発展は、希望と窮状の両方をわれわれにもたらしている。その希望とは、われわれを苛む多くの疾病の治療や予防が間もなく可能になるかもしれないことである。他方、その窮状とは、筋肉や記憶や気分の改善《エンハンスメント》、子供の性別や身長その他の遺伝的形質の選択、身体能力や認知能力の改良、「健康以上」の状態になることなど、遺伝学上の新たな知識がわれわれ人間の本性の操作を可能にするかもしれないことである。多くの人々は、少なくともある種の遺伝子操作に対しては、心穏やかならざるものを感じている。[32]

遺伝子操作やクローニングによってデザインされた子供を生み出すことは、正しいことなのか。エンハンスメントによって意図的にパーフェクトな人間を作り出すことは、正しいことなのか。こうした問いに対して、どのように答えればよいのだろうか。サンデルは、人間には生来「自律の権利」があるという観点から、次のような見解を示している。

クローニングが不正であるのは、それが子どもの自律の権利を侵害するからだと主張する人がいる。親が子どもの遺伝子組成を事前に選択すると、生まれてくる子どもに対して、すでに亡くなってしまった人を投影した人生を託すことになるので、子ども自身の開かれた未来に対する権利が侵害されてしまうというのである。この自律を根拠とした反論は何もクローニングだけではなく、親が子どもの遺伝的性質を選択することを可能にするあらゆる生物工学的手段に対しても、適用することができる。この反論に従えば、遺伝子操作の問題点は、「デザイナー・チルドレン」が完全には自由でないというところにある。すなわち、たとえ子どもにとって望ましい遺伝子増強《エンハンスメント》（例えば、音楽の才能や運動能力の強化《エンハンスメント》）であっても、それはある特定の人生を歩むように子どもを差し向けることになる。こうして、子どもの自律は損なわれ、自らの人生計画を自分で選ぶ権利が侵害される。[33]

さらにサンデルは「被贈与性の倫理」を持ち出して過度なエンハンスメントを牽制し、プロテスタント神学者のウィリアム・メイ[34]が提唱する「招かれざるものへの寛大さ」に拠りつつ、以下のような主張を展開している。少し長くなるが、重要な示唆が含まれているので全て引用しておく。

被贈与性の倫理はスポーツでは落城の危機に瀕しているものの、子育てという営みの中では今なお命脈を保っている。だが被贈与性の倫理は、ここでもまた生物工学や遺伝子増強《エンハンスメント》によって追放されるという脅威に見舞われている。子どもを贈られもの（gift）として理解するということは、子どもをそのあるがままに受けとめるということであり、われわれによる設計の対象、意志の産物、野心のための道具として受け入れることではない。子どもが偶然持ち合わせた才能や属性によって、親の愛情が左右されることはない。確かにわれわれが友人や配偶者を選ぶときには、魅力的と感じられる性質に基づいて選択がおこなわれる側面もなくはない。だが、われわれが自分の子どもを選ぶということはない。子どもの性質は予測不可能であり、親がどれだけ念入りに事を進めようとも、自分の子どもがどんな子どもなのかについて完全に責任を取ることはできない。だからこそ、子どもの親であることは、他のどのような人間関係よりも、神学者ウィリアム・F・メイの言う「招かれざるものへの寛大さ（openness to the unbidden）」を教えてくれるのである。メイの含蓄に富んだ言葉が意味しているのは、支配や制御への衝動を抑制し、贈られものとしての生という感覚を呼び覚ますような、人柄や心持ちである。それは、われわれに以下の事柄を教えてくれる。すなわち、エンハンスメントに対するもっとも根源的な道徳的反論は、エンハンスメントの先にある人間の完全化よりも、エンハンスメントが体現したり促進したりする人間の性向に向けられている。問題となるのは、親が設計によって子どもの自律を奪うことではない（設計されなければ、子どもが自分の遺伝的形質を自ら選び取れるというわけでもなかろう）。むしろ、問題の所在は、設計をおこなう親の傲慢さ、生誕の神秘を支配しようとする親の衝動のうちに認められるのである。むろん、このような性向があるからといって、親が子どもに対して暴君のように振る舞うことにはならないのかもしれない。だが、こうした性向によって親と子の関係は汚され、招かれざるものへの寛大さを通じて育まれるはずの謙虚さや人間に対する幅広い共感能力が、親から奪い取られてしまうのである[35]。

遺伝子技術を発展させるバイオテクノロジーの研究は、私たちに素晴らしい未来を与えてくれるかもしれず、その劇的な可能性に賭けてみたい。そう願うことは必ずしも間違っていないと思う。ただし、そのためには、遺伝子技術がもたらす社会的な影響や、その倫理的な意味が絶えず問われねばならない。言わば、自省と自制が意識されねばならない。また、個人の最大のプライバシーとなる遺伝子情報の取り扱いについても、厳重な注意が求められるだろう。このような課題を考える上で参照に値するのは、アメリカの非営利市民団体ＣＲＧ（The Council for Responsible Genetics）が作成した「遺伝子権利章典」[36]である。重要な提言が含まれているので、内容を紹介しておこう。

一、すべての人は、地球の生物学的・遺伝的な多様性を保護する権利を有する。
二、すべての人は、人間、動物、植物、微生物およびそれらのすべての部分を含む生物が特許化できない世界を持つ権利を有する。
三、すべての人は、遺伝子組み換えされていない食料を手に入れる権利を有する。
四、すべての先住民族は、彼ら自身の生物資源を管理し、彼らの伝統的知識を保存し、科学上の利害関心、企業の利害関心および政府の利害関心による没収と略奪行為からこれらを保護する権利を有する。
五、すべての人は、彼らと彼らの子孫の遺伝子構成を損なう可能性のある毒素、他の汚染物質または活動から保護される権利を有する。
六、すべての人は、強制された不妊・断種から保護される権利、または選択された胚や胎児を中絶または操作することを目的とする強制的な遺伝子スクリーニングのような優生学的手段から保護される権利を有する。
七、すべての人は、彼らの自発的なインフォームド・コンセントなしに遺伝情報を得るために身体の試料を採取または保管されることを防ぐ権利を含む遺伝的プライバシーに対する権利を有する。
八、すべての人は、遺伝子差別を受けない権利を有する。
九、すべての人は、刑事手続きにおいて自らを守るためにＤＮＡ鑑定を受ける権利を有する。
十、すべての人は、遺伝子操作されずに身ごもられ、懐胎され、生まれる権利を有する。

果して、人間を決定するのは「生まれ nature」（遺伝）なのか、それとも「育ち nurture」（環境）なのか。筆者は遺伝形質の重要性を理解しつつも、能力の向上においては環境要因の影響も大きいと考える。いずれにせよ、自己決定権に潜在する個人の欲望（欲得）に基づく優生学的処置は慎重に検討されねばならない（一定の制限が設けられるべきである）。一般的な意味において、個人のひたむきな努力が実る世の中でなければならない。人間の改造を強引に続けていくと、やがて「現代のキマイラ」を生み出すことになるにちがいない。

## 生命への畏敬

これまでの議論をまとめるためには、以下のキンブレルからの引用が妥当であろう。

私たちは人間の臓器や組織、遺伝子に手を加え、それをほかの動物に移植することで、人間とそれ以外の動物との境界を曖昧なものにしている。生命を操作し、特許化し、クローン化することで、生命と機械との境界を消しつつある。胎児や新たな定義に基づく「脳死者」から幹細胞のような人体組織をより効率的に「収穫」しようと急ぐあまり、従来の生と死の概念を混乱に陥れている。体外受精、卵子や精子の提供、代理母契約による不妊治療を追求した結果、誰が母親で誰が父親かを定める明確なラインは、もはや存在しなくなっている。胎児の遺伝的な「異常」を診断することで、優生学的な判断を振りかざし、生きるに値する生命の条件を決めつけている。

動物やヒトの遺伝子、細胞、胚などの生命の一部を特許化し、共通財産であるはずの生命を企業の所有する商品に変えている。人体部品の市場を開拓し、出産をめぐる契約を認めることで、生物学的な奴隷制度を生み出し、経済的に選択権を奪われた人びとを、かけがえのないものを売らせる行為へと走らせている。かつては「神聖なもの」とされた人間のからだそのものが、生物産業時代の原材料へと急速に変化しつつある。人体はいまや商品になってしまったのである。[37]

筆者は、このような傾向を助長している価値観が近代的な自己決定権にあると考えており、その行き過ぎについて批判的に述べてきた。例えば、秋葉悦子は、自己決定権を最高原理とする「個人主義生命倫理」に対して、ヒポクラテスに起源を有する伝統的な生命観、人格の尊厳を最高原理とする「人格主義生命倫理」が求められるべきであると主張している。[38]それは実在論とトマス主義カトリック倫理学に依拠した「存在論的人格主義」を基調とし、人格を精神と身体の合一と捉えて、精神の具現化として身体の価値を説く立場であり傾聴に値する。

このような問題意識を持って、積極的な議論を展開しているのがバチカンである。例えば、教理省が『中絶に関する宣言』（一九七四年）、『初期の人の生命の尊重と生殖の尊厳』（一九八七年）、『人格の尊厳―生命倫理のいくつかの問題について―』（二〇〇八年）を、生命アカデミーが『クローニングに関する考察』（一九九七年）、『ES細胞の作成と科学的・治療的使用に関する宣言』（二〇〇〇年）、『国際的な議論におけるクローニングの禁止（科学的、倫理的、法的側面）』（二〇〇三年）、『着床前の段階のヒト胚（科学的側面および生命倫理学的考察）』（二〇〇六年）を、国務省が『ヒトクローン個体産生禁止に関する国際協議に向けて』(二〇〇四年) を相次いで出している。とりわけ画期的と評価された口ーマ教皇ヨハネ・パウロ二世の回勅『いのちの福音』(一九九五年)[39]では、最も基本的な原則として「卵子が受精したときから、新たな人の生命が始まる」ことが確認されている。その中で、現代遺伝学はこの不変の事実に貴重な確証を与えたものとして評価されている。また、人は「身体と精神の全体であり統合」であり、身体的に新たに存在し始めた初期胚には、すでに spiritual soul が宿っていると主張されている。したがって、バチカンの公式見解では、人は受精の時から「人格」として扱われるべきであり、また「不可侵の生きる権利」が認められなければならない。その観点から、生殖目的クローニングの是非は厳しく問われることになる。二〇〇四年九月二七日に発表された「人クローン個体産生禁止に関する国際協議に向けて―人クローン作成に関する聖座の見解―」[40]では、そのことが顕著になっているので、関連するところを抜粋し以下に引用しておきたい。

一　聖座は、人類に恩恵をもたらす科学研究を支持し推進することが必要であると確信している。したがって、聖座は、病気の治癒と、すべての人の生活の質の改善を目指して医学・生物学の分野で行われる探究を心から奨励する。ただしそれは、こうした探究が人間の尊厳を尊重する限りにおいてである。このような尊重は、人間の尊厳に反するいかなる研究も倫理的に受け入れないことを求める。

六　生殖目的クローニングを国際的に禁止する必要については、科学者、哲学者、政治家、人道家の合意がある。生物学的観点からみると、クローニングによって作成したヒト胚を出生させることは、人類という種を危険にさらす。無性生殖は、通常の遺伝子において各個人のために独自の自分のゲノムを作り上げるために行われる、遺伝子の「混ぜ合わせ」を行わないために、遺伝子型をある特定の配置に恣意的に固定する。そこから、人類の遺伝子給源に、悪い遺伝的影響がもたらされることが予想される。それはまた、クローン個体を、けっしてさらしてはならない危険にさらすことになる。人間論的な観点からみても、大多数の人が、クローニングが人間の尊厳に反することを認めている。実際、クローニングは、人間のいのちを生み出すとはいっても、それは純粋に畜産学のレベルでの実験操作によって行われる。この人は、他の人間の「コピー（複製）」（たとえたんなる生物学的コピーであっても）としてこの世に生まれてくる。たとえその人が存在論的に独自で、尊重すべき存在であっても、クローン人間を世に生み出す方法によって、その人は、同じ人間ではなく、人間の製作物として見られる。独自の個人ではなく、誰かの代わりとして見られる。その人自身のためのものではなく、誰か別の人の道具として見られる。そして、人類の歴史の中で起こるかけがえのない出来事ではなく、交換可能な消費の対象としてみなされることになる。したがって、クローニングは、本質的に、人間の人格の尊厳を軽視するものである。

テクノロジーがマーケットに翻弄され、下り坂から転げ落ちて、なし崩し的に人間の改造を進めたり、生命や人体を杜撰に扱ったりしないようにするためには、「人格の尊厳」という人類の道標を見失わないようにしなければならない。さらに、生かされて生きるという人間存在の本源的な謙虚さにも、立ち返る必要があると思う。ここで、アルベルト・シュヴァイツァーの「生命への畏敬」（Ehrfurcht vor dem Leben）概念が手助けになる。引用しよう。

「生命への畏敬」とは何か、そしてそれはいかにしてわれわれのうちに生じるのか？……実際、意識の最も直接的な事実は、内容をもっている。思うとは、何事かを思うことである。人間の意識の最も直接的な事実は、「わたしは、生きようとする生命にとりかこまれて、生きようとする生命である」ということである。自分および自分のまわりの世界について考えるあらゆる瞬間に、人間は自分を、生への意志にとりかこまれた生への意志として把握するのである。[41]

生命への畏敬は、生命活動そのものが最も直接的な事実であるという自覚に由来する。その事実は空間的にも時間的にも直観される。すなわち、自己は生きようとする他者の生命の意志に取り囲まれる空間において、生命活動を成り立たせているのである。そして、自己の生命は他者の生命から生まれ出て、次には他者の生命を自己の内から生まれ出でさせるという時間においてある。要するに、私たちの生命は、生命現象の全体的な流れの内なる一つの生命なのである。この流れからは誰も孤立できない。端的には、私は生命の連鎖のただ中にいるのである。したがって私は生命活動全体へと奉仕し、それと結びつく責任がある。金子昭の解釈によれば、シュヴァイツァーの言う Leben は単に生物学的な生命だけを指しているのではなく、有機的・意志的本質を持った世界そのものを表現しているとされる（生の哲学）[42]。また、vor dem Leben の定冠詞が与格であることに注目すると、日本語では「生命への」と訳してはいるが、厳密には「生命を前にした」「生命の前にあって」と解されるべきであるとされる。[43] 筆者も、この解釈は妥当であると考える。

私たちはありのままに与えられた命に対して感謝して喜び、讃美し、先ずは敬意を払わねばならない。命への敬意なしに、他者への尊重はあり得ない。他者への尊重なしに、倫理はあり得ない。生かされて生きることを現前に自覚した時、圧倒的な生命の連鎖のただ中にいることを意識した時、私たちはおのずと厳粛な態度になるはずである。そして生きていることがより深く自覚されればされるほど、これまで存在していなかったことが、これから存在しなくなってしまうことが、すなわち死滅への恐怖が湧き上がってくるはずである。生命の有限性＝死の確実性に恐怖してはじめて、本当に生きていることが畏れ多いものとなる。生きるという大きな営み（自他共存）への献身があって、倫理は成り立つのである。筆者は「生命への畏敬」という概念を、以上のように捉えたい。そして、こうした発想による生命操作技術への掣肘に望みを託したいと思う。「避妊カフェテリア」や「生殖レストラン」が軒を連ねるような社会には、なってほしくない。

## 注

1　アンドリュー・キンブレル著、福岡伸一訳（二〇一一年）『すばらしい人間部品産業』講談社、一六頁。

2　生命倫理学（Bioethics）という言葉は、アメリカの生化学者ファン・レンセラー・ポッターが初めて用いたとされる。もともとは人口問題、食糧問題、環境汚染問題などを視野に入れた環境倫理学に近い内容が想定されており、医療倫理の問題系に特化されていくのは一九七〇年代のアメリカにおいてであったと言われる（背景にあるのは一九七三年の「患者の権利章典」、一九七四年の「国家研究法」、一九七六年の「自然死法」など）。生命倫理学の定義について、トーマス・シュランメの見解を引いておこう。「……「生命倫理学（Bioethik）」という術語は一義的に用いられてはいない。その接頭語は広く見渡せば生命医学（Biomedizin）や生命工学（Biotechnologie）にかかっているし、倫理学（Ethik）のほうは道徳的諸問題に関する理論的あるいは哲学的研究を意味している。だからといって、倫理学が伝統的に哲学の一分野であるという理由だけで、生命倫理学に従事できるのは哲学者だけである、ということにはならない。倫理学の領域に特別に課せられているのは人間の諸行為の方針を根拠づけることである。したがって、「生命倫理学」とは生命医学や生命工学における道徳的諸問題の反省であり、そこにおける行為の指針と根拠のある判断の考察である、と特徴づけられる」（トーマス・シュランメ著、村上喜良訳（二〇〇四年）『はじめての生命倫理』勁草書房、三頁）。まさに本章では、人間的行為の指針とその判断の根拠をめぐって、反省的に考察が行われる。

3　人工授精とは、精液を人為的に生殖器へ注入することによって妊娠を可能にする生殖技術のことである。一般的に、この方法が用いられるのは、精子の運動性や数に問題がある場合、性交障害がある場合、女性生殖器の狭窄がある場合などとされる。

4　精子の提供は、配偶者間人工授精（AIH: Artificial Insemination by Husband）と非配偶者間人工授精（AID: Artificial Insemination by Donor）に区別される。後者の場合には、代理母出産と同様の倫理的な問題が生じる。あるいは、精子提供の商業化という問題も起こる。ハーマン・ミュラーによって提唱された精子バンクは、その代表と言えるだろう。この施設では、ドナーから採取した精子が液体窒素で凍結され、格納保存されている。希望者は、リストから選んで精子を買うことができる。これが引き起こすのは、デザイナー・ベビーの問題である。

5　例えば、スコット・カーニー著、二宮千寿子訳（二〇一二年）『レッドマーケット―人体部品産業の真実―』講談社を参照。また、デービッド・マタス、デービッド・キルガー共著、桜田直美訳（二〇一三年）『中国臓器狩り』アスペクトや、デービッド・マタス、トルステン・トレイ共著、謝冠園監修（二〇一三年）『中国の移植犯罪―国家による臓器狩り―』自由社も驚くべき内容である。

6　ロビン・ベーカー著、村上彩訳（二〇〇〇年）『セックス・イン・ザ・フューチャー―生殖技術と家族の行方―』紀伊國屋書店、二三〇頁。

7　この見立てには人類史的な背景がある。例えば、リーアン・アイスラー著、浅野敏夫訳（一九九八年）『聖なる快楽―性、神話、身体の政治―』（叢書ウニベルシタス五九六）法政大学出版局、八三―一一三頁を参照のこと。

8　この表現はローマ教皇ヨハネ・パウロ二世の使徒的書簡に由来する。ヨハネ・パウロ二世著、初見まり子・松本三朗共訳（二〇一四年）『使徒的書簡　女性の尊厳と使命』（ペトロ文庫）カトリック中央協議会を参照。

9 粟屋剛（一九九九年）『人体部品ビジネス―「臓器」商品化時代の現実―』講談社選書メチエ、七頁。

10 拙著（二〇一四年）「癒し」『増補版　キリスト教思想断想』ナカニシヤ出版、一〇五―一二二頁を参照。

11 浜田洵子（一九九二年）「実存思想と生命倫理」『理想』第六五〇号、一一〇頁。

12 中村雄二郎（一九九七年）『術語集Ⅱ』岩波新書、二八頁。

13 谷本光男（一九九一年）「インフォームド・コンセント」『龍谷大学論集』（龍谷哲学会）第七号、一頁。

14 星野一正（一九九七年）『インフォームド・コンセント―日本に馴染む六つの提言―』（丸善ライブラリー二三二）丸善、四六頁以下。

15 谷本光男（一九九一年）、前掲論文、七頁。

16 加藤尚武（一九九六年）『現代を読み解く倫理学―応用倫理学のすすめⅡ―』（丸善ライブラリー一九六）丸善、一四一―一五頁。

17 中村雄二郎（一九九七年）、前掲書、二〇頁。

18 霜田求「死をめぐる問い」、石崎嘉彦・山内廣隆編（一九九七年）『人間論の二一世紀的課題―応用倫理学の試練―』ナカニシヤ出版、一九八―一九九頁を参照。

19 中村雄二郎（一九九七年）、前掲書、二〇頁。

20 一般財団法人日本尊厳死協会の勧める「生前遺言」のこと。ちなみに、この協会の会員数は二〇一五年五月の時点で約一二万人とされている。

21 西部邁（一九九七年）『死生論』角川春樹事務所、六三頁。

22 詳しくはトム・ビーチャム（一九八八年）「レイチェルスの安楽死論に応えて」、H・T・エンゲルハート、H・ヨナス他著、加藤尚武・飯田亘之編『バイオエシックスの基礎―欧米の「生命倫理」論―』東海大学出版会、一一八頁を参照されたい。

23 小俣和一郎（一九九五年）『ナチス　もう一つの大罪―「安楽死」とドイツ精神医学―』人文書院、同（一九九七年）

『精神医学とナチズム―裁かれるユング、ハイデガー―』講談社現代新書を参照されたい。また、澤田愛子（二〇〇六年）「ナチズムと医師の犯罪―生命の守り手が抹殺者となるとき―」『宗教研究』（日本宗教学会）第三四九号、一三五―一六〇頁も参照。

24　K・ビンディング、A・ホッヘ共著、森下直貴・佐野誠共訳（二〇〇一年）『「生きるに値しない命」とは誰のことか―ナチス安楽死思想の原典を読む―』窓社を参照。

25　西部邁（一九九七年）、前掲書、六三頁。

26　遠藤周作（一九九六年）『死について考える』光文社、三二―三三頁。

27　エリザベス・キューブラー・ロス著、鈴木晶訳（二〇〇一年）『死ぬ瞬間―死とその過程について―』中公文庫を参照されたい。

28　ニーチェ著、川原栄峰訳（一九九四年）『この人を見よ　自伝集』（ニーチェ全集一五）ちくま学芸文庫、三四頁。

29　前掲書、三四―三五頁。

30　人間のDNA配列を全て解読しようとするプロジェクトのこと。ヒトゲノムは三〇億もの塩基から構成されている。DNAは四つの塩基の二重螺旋であり、これが身体のあらゆる細胞の核に含まれる四六本の染色体を構成する。こうしたヒトゲノムを織りなす約三〇億の塩基対を全て特定するという膨大な作業計画が進行し、ヒト解剖学最後のフロンティアとも言われている。一九九〇年に始動し、二〇〇〇年にドラフトシークエンス（最初の概略版塩基配列）が完成し、二〇〇三年に全シークエンスの解読が完了し、DNA塩基の配列決定が完成している。現在は、重要遺伝子の場所と機能の特定作業が続けられている。以下、ベーカーからの引用によって補足しておこう。「ヒトゲノムには約一〇万個の遺伝子が含まれ、それらの遺伝子は各個人を作り上げ、おのおのが一生を送るために必要な情報を備えている。各遺伝子は、二三組の染色体（二二組の常染色体と一組の性染色体）に配分されている。各染色体には長いDNA分子が含まれ、それらはさまざまな種類のアミノ酸、ひいてはタンパク質と結びついている。DNAはヌクレオチドと呼ばれるA、C、G、Tの四つの塩基でできており、ひも状に長くよじれたDNA中に、糸に通されたビーズのように遺伝子が散在している。人間の染色体には、約三〇億個のヌクレオチドが含まれている。ヒトゲノム・プロジェクトの目標はこれらの塩基配列を正しく決定することであり、それによって多くの遺伝病の原因解明の手がかりが得られると期待されている。DNAはらせん状のはしごに似ており、そのはしごの踏み板に相当するのがそれぞれの塩基のペアである。もし、一人の人間の体に含まれているDNAをすべてつなぎ合わせたら、その長さは地球と月との距離の八千倍に達する。最新の分子生物学では、六百万個以上の遺伝子を含むほどの多量のDNAの中から、おそらく千から二千個の塩基でできたたった一個の遺伝子を取り出すこともできる」（ロビン・ベーカー著（二〇〇〇年）、前掲書、二二二頁）。

31 ロビン・ベーカー（二〇〇〇年）、前掲書、二二〇―二二一頁。なお、現在の研究では約二万二千の遺伝子が存在するとされている。

32 マイケル・サンデル著、林芳紀・伊吹友秀共訳（二〇一〇年）『完全な人間を目指さなくてもよい理由―遺伝子操作とエンハンスメントの倫理―』ナカニシヤ出版、八頁。

33 前掲書、九頁。

34 ウィリアム・メイの考え方については、土井健司（二〇一〇年）「第七章　忘却されし者へ眼差しを―バイオエシックス・人間愛・キリスト教―」、小松美彦・香川知晶編『メタバイオエシックスの構築へ―生命倫理を問いなおす―』NTT出版、特に一九〇―一九二頁を参照されたい。

35 マイケル・サンデル（二〇一〇年）、前掲書、四九―五〇頁。

36 この「遺伝子権利章典」が作成された意図は、次のように説明されている。「私たちの生命と健康は、生物的・社会的世界の内部にある複雑に入り組んだ関係に依存している。すべての公共的な政策はこの関係の保護を目的にしなければならない。商業、政府、科学および医学の諸機関は、遺伝子操作が生命の網にどのような影響を及ぼすことになるか全くわからないにもかかわらず、遺伝子操作を推進している。遺伝子組み換え生物は、いったん環境に入れば、取り除くことはできず、人類と生命圏全体に新たなリスクを及ぼす。人間の遺伝子操作は、個々人と彼らの子孫の健康に新たな脅威を作り出し、人権、プライバシーおよび人間の尊厳を危険にさらす。遺伝子、生命の他の構成要素および遺伝子組み換え生物それ自体は、急速に特許化されて商業の対象となっている。この生命の商業化は、病気を治し飢える人を養うという約束の美名の下に行われている。あらゆる国と地域の人々は、遺伝子革命の社会的・生物的な意味を評価し、その応用を民主的な方向に導くことに参加する権利を有する。それゆえ、私たち人間の権利と人格的完全性と地球の生物学的完全性を保護するために、私たちはこの遺伝子権利章典を提案する」（シェルドン・クリムスキー、ピーター・ショレット編著、長島功訳（二〇一二年）『遺伝子操作時代の権利と自由―なぜ遺伝子権利章典が必要か―』緑風出版、三九五―三九六頁）。

37　アンドリュー・キンブレル（二〇一一年）、前掲書、一四頁。

38　秋葉悦子（二〇一〇年）『INITIUM VITAE―「人」の始まりをめぐる真理の考察―』毎日アースデイ、同（二〇一四年）『人格主義生命倫理学―死にゆく者、生まれてくる者、医職の尊厳の尊重に向けて―』（長崎純心レクチャーズ第一四回）創文社を参照。

39　ヨハネ・パウロ二世著、裏辻洋二訳（二〇〇八年）『回勅　いのちの福音』（ペトロ文庫）カトリック中央協議会。

40　「人クローン個体産生禁止に関する国際協議に向けて―人クローン作成に関する聖座の見解―」（http://www.cbcj.catholic.jp/jpn/doc/pontifical/clone/clone.htm）より転載（最終確認は二〇一五年五月一日）。

41　アルベルト・シュヴァイツァー著、竹山道雄訳（一九六一年）『わが生活と思想より』（シュヴァイツァー選集二）白水社、一六八頁。

42　金子昭（一九九五年）『シュヴァイツァー―その倫理的神秘主義の構造と展開―』白馬社、二六四―二六五頁を参照。

43　前掲書、二七四―二七五頁を参照。

## 【参考文献】

粟屋剛（一九九九年）『人体部品ビジネス―「臓器」商品化時代の現実―』講談社選書メチエ。

ジョン・カブJr.著、延原時行訳（二〇〇〇年）『生きる権利　死ぬ権利』日本基督教団出版局。

ロビン・ベーカー著、村上彩訳（二〇〇〇年）『セックス・イン・ザ・フューチャー―生殖技術と家族の行方―』紀伊國屋書店。

フランシス・フクヤマ著、鈴木淑美訳（二〇〇二年）『人間の終わり―バイオテクノロジーはなぜ危険か―』ダイヤモンド社。

市野川容孝編（二〇〇二年）『生命倫理とは何か』平凡社。

トーマス・シュランメ著、村上喜良訳（二〇〇四年）『はじめての生命倫理』勁草書房。

秋葉悦子（二〇〇五年）『ヴァチカン・アカデミーの生命倫理─ヒト胚の尊厳をめぐって─』知泉書館。

池田清彦（二〇〇六年）『脳死臓器移植は正しいか』角川ソフィア文庫。

香西豊子（二〇〇七年）『流通する「人体」─献体・献血・臓器提供の歴史─』勁草書房。

村上喜良（二〇〇八年）『基礎から学ぶ生命倫理学』勁草書房。

アルバート・R・ジョンセン著、細見博志訳（二〇〇九年）『生命倫理学の誕生』勁草書房。

秋葉悦子（二〇一〇年）『INITIUM VITAE─「人」の始まりをめぐる真理の考察─』毎日アースディ。

マイケル・サンデル著、林芳紀・伊吹友秀共訳（二〇一〇年）『完全な人間を目指さなくてもよい理由─遺伝子操作とエンハンスメントの倫理─』ナカニシヤ出版。

今井道夫（二〇一一年）『生命倫理学入門　第三版』産業図書。

玉井真理子・大谷いづみ編（二〇一一年）『はじめて出会う生命倫理』有斐閣。

アクセル・カーン著、林昌宏訳（二〇一一年）『モラルのある人は、そんなことはしない─科学の進歩と倫理のはざま─』トランスビュー。

アンドリュー・キンブレル著、福岡伸一訳（二〇一一年）『すばらしい人間部品産業』講談社。

スコット・カーニー著、二宮千寿子訳（二〇一二年）『レッドマーケット─人体部品産業の真実─』講談社。

秋葉悦子（二〇一四年）『人格主義生命倫理学─死にゆく者、生まれてくる者、医職の尊厳の尊重に向けて─』（長崎純心レクチャーズ第一四回）創文社。

黒崎剛・野村俊明編（二〇一四年）『生命倫理の教科書』ミネルヴァ書房。

E・スグレッチャ著、秋葉悦子訳（二〇一五年）『人格主義生命倫理学総論─諸々の基礎と生物医学倫理学─』知泉書館。

岩崎大（二〇一五年）『死生学─死の隠蔽から自己確信へ─』春風社。

# 7　自殺の権利

## 自殺大国

警察庁生活安全局生活安全企画課「平成二五年中における自殺の概要資料」[1]によると、日本の自殺者の総数は二七、二八三人に上る。減少傾向にあると言われるものの、日本が自殺大国であることには変わりないだろう。こうした日本の実状に対して、筆者の教え子である一人のコートジボアール人が驚愕していたことを思い出す。日本は世界有数の豊かで恵まれた経済大国だと知って憧れて留学してきたが、この自殺者数の多さは何と不幸なことか、なぜ早急に対策を講じて助けようとしないのか、本当に日本は豊かな国と言えるのかと詰問され、筆者は即答することもできず、当惑するだけであった。筆者もまた、我が国の過酷な状況に対して一人の傍観者に過ぎないと痛感させられたし、問題意識もお粗末であると反省せざるを得なかった。

日本政府は自殺者の増加に歯止めをかけるため、二〇〇六年の自殺対策基本法、二〇〇七年の自殺総合対策大綱（閣議決定）によって、自殺予防の取り組みを本格化させている。[2]また二〇一一年八月には、文部科学省が小中高校に自殺予防教育を導入するよう決定した。極めて惨たらしい「いじめ自殺」への対策は急務である。また、教育の場で生命の尊厳を説くことは妥当であるが、期待されるほどの効果は出ていないのが実状であるので、今後は峻厳なる死の様相、脆く儚い生の実相を教えることが肝要であり、そのためにはデス・エデュケーションとの連携も求められるだろう。いわゆる自殺予防──ここで想定しているのは intervention（危機介入）や postvention（事後対応）の前段階である prevention（事前対応）──のためには、自殺の危険因子[3]が周囲の人間によって早期かつ的確に把握されることが重要であり、職場における意識向上や学校における注意喚起が強く求められる。その意味において、自殺予防に関する政策的な取り組みが促進されるとともに、広く社会全体が自殺の問題を認知し、放置せず、また黙殺せず、真摯に対応する必要がある。

しかし、その認知は興味本位なものであってはならない。かつて、自殺マニュアル[4]がベストセラーとなったが、その売り文句は、その気になればいつでも死ねるという安心感を与えることにあるという。事実、このマニュアルに誘発されたと見られる自殺の事例も指摘され、社会問題化したこともある（現在、その該当書は成人指定を受けている）。昨今では、自殺のコスト[5]が論じられて、自殺という行為の費用対効果が値踏みされている。自殺にはコストがかかるので（例えば、遺族にとっての事後の補償や保険金の不払いなど）、思い止まるようにというメッセージを読み取ることもできるが、しかし議論の仕方としては腑に落ちないことが多い。また、情報伝達技術の加速度的な進歩が、新しい問題を生み出している。例えば、パソコンで検索すれば、いわゆる自殺サイトにアクセスでき（中には詳しい方法の提示や場所の案内まで！）、そこでは自殺する仲間を容易に得ることができる（集団自殺）。あるいは、有名人の自殺について必要以上の過剰な報道が繰り返しなされることにより、自殺へと誘導されることもある（連鎖自殺）。自殺のクラスターと呼ばれる群発自殺は、文明の病理としか言いようがない。軽薄な時代において、命の重さもいっそう軽くなっているように悲嘆せざるを得ない。

## 自殺の思想性

自殺という行為は長らく、精神医学の分野において身体的・精神的病理の現象として理解されてきた。精神医学者J・E・D・エスキロールが端的に「自殺は精神病」と定義したように、自殺は常軌を逸した行動であるとして病理的範疇に分類された。それを社会現象として究明されるべきテーマと位置付けたのが、エミール・デュルケームの『自殺論』（一八九七年）であった。デュルケームは、社会や集団の条件と結びついて生じる自殺の傾向を統計学的に分析した。その結果、得られたのが「自己本位的自殺」[6]、「集団本位的自殺」[7]、「アノミー的自殺」[8]の三類型である。これ以降、自殺は医療化（メディカリゼーション）の対象となり、さらに深層心理学や生命倫理学において検討される課題となった。以上のような問題状況を踏まえつつ、思想的な観点から自殺という事柄について考えてみたい。

差し当たりここでは、人間は精神であると定義したい。精神としての人間のみが思考し、苦悶し、自殺する。動物が悩み苦しみ、遺書を残して、首を吊ったケースを寡聞にして知らない。苦悩とは、人間に特有の精神の証である。自殺とは、自分自身の死に極限まで向き合うことであり、逆に言えば自分自身の生を極限まで突き詰めることであり、それは徹底的な自己省察に他ならない。それは精神としての人間にしかできないことである。それゆえに、自殺という事柄を人間の思想の問題として捉えることができる。

一般的に、自殺は奨励される行為とは言えない。禁止を唱えるのが常識的である。だが、思想史においては自殺を容認する立場もあり得る。容認と言っても、自殺の遂行を積極的に肯定する立場もあれば、自殺者やその遺族の心情を慮って不当に断罪しないために自殺を擁護する立場もある。両者には自殺の理解をめぐる差異が存在しており、注意しておく必要があるが、今回は深入りしない。いずれにせよ、ここでは自殺の肯定という発想について考察する。[9]

## 自殺擁護論

プラトンとアリストテレスは自殺を明確に否定しているが、一定の理由で擁護する余地も残している。プラトンの『パイドン』では、自分の名誉を守るため、あるいは耐え難い苦痛から逃れるため、自殺が許される場合もあると記されている。これは前章で述べたような今日のＱＯＬに関わる安楽死や尊厳死の問題とも無関係ではない。『人間らしい死に方』の著者で外科医のシャーウィン・ヌーランドも、同様の理由で自殺という死に方を許容している。

自身の生命を奪うというのは、ほぼ例外なしに、してはいけないことである。しかし、そうとも言えない状況が二つある。その二つというのは、自分の手足も自由にならない老人が耐えがたいほど衰弱した場合と、致命的な病気で最後の恐ろしい破壊が進む場合である。[10]

自己意識が明晰な状態のままで、耐え難い老醜や苦痛を自殺によって回避する選択肢は、もしかすると人間にとって、ある意味での救いになるのかもしれない。例えば、末期の脳腫瘍により余命六カ月の宣告を受けたアメリカ人女性（ブリタニー・メイナード、享年二九歳）が、「死ぬ権利」を認めているオレゴン州にて、尊厳死を予告した通り自ら命を絶ったことは記憶に新しい（二〇一四年一一月）。アリストテレスの『ニコマコス倫理学』では、死を選ぶことによって人間の徳性が称揚される場合、自殺は栄誉であると見なされる。この点は日本人の死生観に通じるところがあると思われるが、それに関しては後述する。次に扱いたいのは、ヘレニズム文化圏で見られるラディカルな自殺観である。

ストア派のセネカは「自殺は人間の特権である」と主張した。合理的習慣を重視するストア派は、「不幸せならば死に急げ」と説き、自殺は称賛されるべき行為であると見なした。「生きている限り死は存在しない」と言い放つエピクロス派は、死ぬことの恐怖を「魂の病」と一蹴し、「自発的な死」(autothanatos) を積極的に認めた。ショーペンハウアーも引用しているが、古代ローマの博物学者プリニウスは『博物誌』の中で「自然が人間に与えてくれたあらゆる賜物のなかで、時宜をえた死というこことにまさる何物もないのだということ。そしてその場合にも特に最上のことは、誰もが自分自身で死の時を選ぶことができるということなのだということ」[11]を「魂の良薬」として銘記するように述べ、さらに「神は人間に対しては、かくも多くの苦難に充ちた人生における最上の賜物として、自殺の能力を賦与してくれた」[12]とまで主張している。これらの議論はやむにやまれぬ自殺を擁護するというよりも、ある意味で英雄的な自殺の称揚と捉えることができ、いささか極端な理解であると言わねばならない。

## 意志的な死

モーリス・パンゲは自殺肯定の文化的モデルを日本に見出している。フランシスコ・ザビエル、ヴォルテール、モンテスキューなど、日本人の切腹という慣習をめぐるヨーロッパ人の偏見は根深いものがあるが、その払拭を意図して著されたのがパンゲの『自死の日本史』である。そこで彼は日本的な死の観念を「意志的な死」(mors voluntaria) として論じ、「日本人の行動にあっては、しばしば、死というこの究極の行為に、苦くはあっても、理性と熟慮にもとづく意志決定が結び付いているからであり、生きるための理由と死ぬための理由とが冷静に測られている」[13]と分析する。パンゲによれば、日本の文化における切腹という死の作法、捨身、心中、殉死など、意志的に選び取られてきた死を通して、日本精神が表出されていると解釈される。それは死ぬことによって生きようとする厳粛な生の姿に他ならない(もちろん、この考え方がイデオロギー化する危険性には注意しなければならないが)。とりわけ、パンゲが注目するのは「三島的行為」である。三島の死については夥しい研究史の蓄積があり、相当の考察を要するので、本書では詳細に立ち入ることを断念するが、自殺の肯定という議論の中でパンゲがどのように扱っているのかを紹介しておきたい。少し長くなってしまうが、重要な指摘がなされているので全文を引用したい。

自殺という現象は今後も多少の変化はあっても、日本でもヨーロッパでも、その暗い役割を演じ続けてゆくことであろう。しかし、日本に住む人々が死に対して投げかけて来た特有のまなざしに含まれるある種の精神の昂揚、その火が三島という人間において再び点じられ、その発する光のあまりの強烈さゆえに、それはその最後の燃えあがりになるほかはない。三島は死を欲した。いやそれだけではない。彼は〈意志的な死〉を欲したのだ。彼の自己意識は、そのことにおいて、何世紀にもわたる日本人の意識の反映であろうとする。一個の独自存在たる彼は、今をもって存在することをやめるという意志の純粋決定に同化することによって、より広い時間のなかに融けて行こうとする。一個の命がそこで終わる。それはひとつの歴史が生み出した命であった。だからその命の終焉はその歴史の終焉でもあった。三島というこの沈みゆく太陽の鮮血色に輝く一瞬の光芒のなかに、〈意志的な死〉をめぐる日本の伝統が一瞬のうちに燃えあがり、消えてゆくのだった。この死は多分、現実と想像とが合流するその境において、おのが狂乱を生きるべく運命づけられた一個の人間の、比類なき行為であっただろう。パリサイ人らの偽善を好む者たちがそこに狂気と無意味とをしか見ようとしないのは彼らの勝手である。だがこの狂気はそのあるがままの姿において承認されなければならない。人間の歴史は、生命と生命維持の手段とを生み出すばかりではない。それらを用い費やすのも人間の歴史なのだが、そこには節目ごとに歴史の身振いとでも言うべきものが存在し、個々の人間はいずれその身振いを感じないわけにはいかないのである。歴史が戦慄するその場所において、恐怖でもあり神秘である、人間のうちにあって人間を超えるものが噴出してくるのである。三島は確かに一個の人間に過ぎない。だがこの独自性は、個々の孤独がそうであるのと同じように、そのままで普遍的なものなのである。日本人であろうと日本人でなかろうと、三島一個の死はわれわれを襲い、われわれを捉え、われわれをうなずかせる。死が意志に向って投げ続ける挑戦はあるいは眠りこみ、忘れられるときがあるかも知れない。しかしこの挑戦がひとつの状況に出会い目を覚ますとき、人の躓きとなるべき死という虚無がその鋭い刃をもって現われ、存在がその濃密な謎をもって立ち現われてくるだろう。そのときにこそ異常なまでに過激であったひとつの行為が、みずからに死を与えることができる人間というものの比類なき至上性のもっともすぐれた例証となることであろう。[14]

パンゲは、自分自身に死を与え得る「意志的な死」こそ、人間存在の比類なき至上性であると解釈している。つまり、生きる尊厳は、ただ生きることにあらず、意志的に死ぬという果敢な行為によっても担保され得ると主張しているのである。あるいは、死ぬ自由も人間性の証左であると言えるのかもしれない。例えば、それに関連して想起されるのが、ジャン・アメリーの思想である。彼はアウシュヴィッツなどの強制収容所に収監され、個人の人間性が剥奪された殺戮の嵐を目の当たりにした。そのような極限状態の中では、自殺が人間性を回復する方法であった。アメリー自身も晩年に自らの命を断っているが、それ以前に著書『自らに手をくだし』の中で、次のように語っている。

わかるのは、自死はなるほどあるものからの自由を約束しても、論理の命じる通り、あるものへの自由は約束しない、しかし自死は単なる人間性の尊厳への肯定にとどまるものでなくてそれ以上のもの、何が何でも生きようとする盲目的な自然の支配に対する断乎たる抵抗だ、ということだ。自死は私たちが到達し得る自由の最終の究極的な形態だ。[15]

アメリーは自死を「自由意志による死」と言い換えて、それを最高に主体的な行為と見なす。アメリーによれば、自由意志による死こそ、個人の自由と尊厳を究極的に肯定することに他ならない。アメリーの思想が非人間的な限界状況から発していることを差し引いて考えたとしても、その問題提起は鋭いと言わなければならない。今日、私たちは安楽死や尊厳死の問題に直面している。自分自身の苦痛を長引かせる延命治療を拒否する権利は、あるのか否か。自分が望んだ時に死んでいく自由は、あるのか否か。「時に適って死ね」とニーチェは言った。これは一人一人に突きつけられた問題であり、避けることはできない。私たちは好むと好まざるとにかかわらず、生を忌避する自由や死を選ぶ権利について自問しなければならない。例えば、寺山修司は次のように述べている。

「人間いかに死ぬべきか」と思ったら、まずその尊厳を守り、方法化し、殺されるという受け身の死を排さなければならない。そして、死ぬ自由くらいは自分自身で創造したい、と思うのだ。[16]

より具体的な事例では（最近に話題となったが）、須原一秀が完遂した「哲学的事業」[17]としての自殺というケースも存在する。近代の自己決定論において、全ては人間の自由裁量に委ねられるべきという考え方があるが、そうすると自殺は端的に「死ぬ自由」の問題になり、それは「死ぬ権利」の主張につながる。

## 死ぬ権利？

以上、自殺を肯定する立場は、議論として十分にあり得ようし、また実際の行動として成し遂げられることもあり得る、ということが分かった。死ぬことによって生きるという大義も、自然の生存欲求に抗ってこそ到達できる高次の人間的自由も、理解できなくはない。しかし、筆者は大いなる戸惑いを覚える。自殺者やその遺族または自殺未遂者への配慮から、既になされてしまった自殺を擁護することにはやぶさかではないが、これからなされようとする自殺を知って放置することは、やはりできないだろう。仮に「死ぬ権利」が認められる時代が来たとしても、その行使に対して「生きる責任」の放棄ではないかという反論も当然ながら成り立つであろうし、自ら死ぬことを人間に許された権利と表現できるのかという根本的な疑問も残る。例えば、その点を鋭く突いたのが、ガブリエル・マルセルである。マルセルは次のように言っている。

> 私は私の生命を持つ、私は一つの生命を持つと結論づけることは正当でないにしても、私は私の命であると断言することも形而上学的にみて誤りでありうるのはどうしてか、を理解することはむずかしい。……今はもう私の身体については言わず、私の生命について言うのであるが、私は、もう決してそれを自由にすることができないような条件の下に自分をおくのでない限り、絶

対的な意味で、それを自由にすることはできない。それは取りかえしのつかない時である。そして、自殺、あるいは生命を犠牲にすることについて非常にはっきりしているこのことは、実際には、どんな行為についても真実である。[18]

要するに、自己の生命を犠牲にする自由などなく、まして「死ぬ権利」など権利として成り立たないのである。また、マルセルは自殺と自己犠牲の相違を希望の有無に見出している。

しかし、取りかえしがつかないという観念は、ほり下げて豊かにする必要があるだろう。それをしなければ、自殺と犠牲とのちがいは不可解で思量できないままになる。このちがいは全く、希望ということの中にかかっている。希望なしには犠牲は存在しないし、またありえない。希望を除外するような犠牲は、自殺に外ならないであろう。[19]

果たして、自殺という行為は、主体にとって何ごとかをなし得るのだろうか。ショーペンハウアーの次の警句が、筆者には重たく響いているが、如何だろうか。

自殺はまた一種の実験――人間が自然に向って投げかけてそれへの解答を強要しようとしているような一種の問題、とも看做されえよう。即ちそれは、現存在と人間の認識とが死によってどのような変容を蒙るか、という実験である。しかしこの実験は手際が悪い、――何故というに、肝腎の解答をききとるべきはずの意識の同一性を、この実験は殺してしまうのだから。[20]

自殺学の権威エドウィン・シュナイドマンは、「人間が魂と来世という思想を捨て去ることができた時、その時初めて、人間にとって自殺が可能となった」[21]と述べ、自殺の世俗化（脱宗教化）という見解を提示している。この指摘は、世俗化された現代社会における宗教の役割を再考する上で重要である。果たして、宗教に自殺の抑止力を求めることはできるのだろうか。そのような力は宗教的表象に残されているのだろうか。[22]

## 注

1　https://www.npa.go.jp/safetylife/seianki/jisatsu/H25/H25_jisatunojoukyou_01.pdf（最終確認は二〇一五年五月一日）を参照。この点については、斎藤貴男（二〇〇九年）『強いられる死―自殺者三万人強の実相―』角川書店が詳しい。

2　厚生労働省中央労働災害防止協会「職場における自殺の予防と対応」では、自殺予防の十箇条として、①鬱病の症状に気をつける、②原因不明の身体の不調が長引く、③酒量が増す、④安全や健康が保てない、⑤仕事の負担が急に増える、大きな失敗をする、職を失う、⑥職場や家庭でサポートが得られない、⑦本人にとって価値あるものを失う、⑧重症の身体の病気にかかる、⑨自殺を口にする、⑩自殺未遂に及ぶ、が挙げられている。http://www.mhlw.go.jp/bunya/roudoukijun/anzeneisei12/pdf/03.pdf（最終確認は二〇一五年五月一日）を参照。

3　高橋祥友（二〇〇六年）『新訂増補　自殺の危険―臨床的評価と危機介入―』金剛出版では、①自殺未遂歴、②精神障害の既往（鬱病、統合失調症、パーソナリティ障害、アルコール依存症、薬物乱用）、③サポートの不足（未婚、離婚、配偶者との死別、職場での孤立）、④性別（自殺既遂者は女性より男性が多く、自殺未遂者は男性より女性が多い）、⑤

年齢（年齢が高くなるとともに自殺率も上昇）、⑥喪失体験（経済的損失、地位の失墜、病気や怪我、業績不振、予想外の失敗）、⑦性格（未熟・依存的、衝動的、極端な完全主義、孤立・抑鬱的、反社会的）、⑧他者の死の影響（精神的に重要なつながりのあった人が突然不幸な形で死亡）、⑨事故傾性（事故を防ぐのに必要な措置を不注意にも取らない、慢性疾患への予防や医学的な助言を無視）、⑩児童虐待（小児期の心理的・身体的・性的虐待）が挙げられている。同（一九九七年）『自殺の心理学』講談社現代新書も参照されたい。

4 鶴見済（一九九三年）『完全自殺マニュアル』太田出版を参照のこと。

5 雨宮処凛（二〇〇二年）『自殺のコスト』太田出版を参照のこと。

6 社会との紐帯が切れた場合、自己本位的な自殺が発生する。「その特徴は、行動への活力を弱める憂鬱なもの思わしさにある。事業、公職、有益な仕事、そして家庭の義務ですら、かれを、ただ無関心とよそよそしい感情にいざなうばかりである」（エミール・デュルケーム著、宮島喬訳（一九八五年）『自殺論』中公文庫、三四七頁）。「個人が孤立するのは、個人を他者にむすびつけていた絆が弛緩したか、または断ち切られたためであり、また、個人と社会の接点において、社会が十分強固に統合されていないためである。人びとの意識を切り離し、たがいによそよそしくさせているこの空隙は、まさに社会組織の弛緩のまねいた結果にほかならない」（前掲書、三五二頁）。

7 伝統的な社会との絆が強固であるために、因襲的な死を強いられる場合がある。「集団本位主義が先鋭な状態にあるときには、その行動もなにかいっそう情熱的で無反省的な性格をおびる。そのばあい人を死へ駆りたてるものは、信仰や霊感の激発である。その霊感じたいは、死が最愛の神と結びつくための手段と解されているか、あるいは人間の敵と信じられている恐ろしい魔力を和らげるための贖罪的犠牲と解されているかによって、歓喜すべきものにもなれば、陰鬱なものにもなる。……以上の特徴は、わずかな侮辱によって名誉がそこなわれたからといって、また自分の勇気の証のためといって死をえらぶ、あの未開人や兵士のより単純な自殺にもうかがわれる」（前掲書、三五四―三五五頁）。

8 自己本位でも集団本位でもない無秩序型の自殺もある。「アノミーは、たとえ前進的なものであろうと、退行的なものであろうと、適当な限度をこえて欲求を解放し、幻想への扉をひらき、したがって幻滅への道を用意する。慣れしたしんできた地位から急に没落した者は、自分の意のままになると信じていたその地位が遠のいていくのを感じ、おもわず怒りにとらわれるが、当然その怒りは、真実にせよ思いちがいにせよ、かれが自分の没落の原因だとおもっているものにたいして向けられる。かりにその災難の責任が自分自身にあるとみとめれば、かれはみずからを恨むであろう。さもなければ、他人に恨みをいだくことになろう。前者のばあいには、自殺しか起こりえまい。しかし、後者のばあいには、自殺にさきだって、殺人かまたはなにか別の暴力の表示が行なわれる可能性がある」（前掲書、三五七頁）。

9　代表的な論者の一人はジョン・ダンであろう。ジョン・ダン著、E・W・サリヴァン編、吉田幸子・久野幸子・岡村眞紀子・齊藤美和共訳（二〇〇八年）『自殺論』英宝社を参照。なお、彼の自殺擁護論については、拙著（二〇一四年）「自殺」『増補版　キリスト教思想断想』ナカニシヤ出版、二一四―二一五頁で論じたことがある。

10　シャーウィン・ヌーランド著、鈴木主税訳（一九九五年）『人間らしい死にかた―人生の最終章を考える―』河出書房新社、二一二頁。

11　ショウペンハウエル著、斎藤信治訳（一九七九年）『自殺について』岩波文庫、七五―七六頁。

12　前掲書、七六頁。

13　モーリス・パンゲ著、竹内信夫訳（二〇一一年）『自死の日本史』講談社学術文庫、九頁。

14　前掲書、六三九―六四〇頁。

15　ジャン・アメリー著、大河内了義訳（一九八七年）『自らに手をくだし―自死について―』（叢書ウニベルシタス二〇七）法政大学出版局、一七〇頁。

16　寺山修司（一九九四年）『青少年のための自殺学入門』河出文庫、四七頁。

17　須原一秀（二〇〇九年）『自死という生き方―覚悟して逝った哲学者―』双葉新書。

18　ガブリエル・マルセル著、渡辺秀・広瀬京一郎共訳（一九七一年）「存在と所有　第一部」『存在と所有・現存と不滅』（マルセル著作集二）春秋社、八七頁。

19　前掲書、八七頁。

20　ショウペンハウエル（一九七九年）、前掲書、八一頁。

21　エドウィン・シュナイドマン著、白井徳満・白井幸子共訳（一九九三年）『自殺とは何か』誠信書房、一九頁。

22　この点で、筆者が注目しているのは、宗教的な表象である「地獄の恐怖」を通した教育効果である。詳しくは拙著（二〇一四年）「地獄」『増補版　キリスト教思想断想』ナカニシヤ出版、一六五―一九九頁を参照されたい。

# 8　葬送の倫理

Sunt aliquid Manes: letum non omnia finit.

## 変貌する現代の死生観

冒頭に掲げた言葉は、古代ローマの叙情詩人プロペルティウスが亡き恋人キュンティアを偲び、詠んだものとして知られている。その大意は「確かに霊魂は存在する。死によってすべてが終わるのではない」ということであろう。私たちは、この言葉をどのように受けとめればよいのだろうか。死後の生が果てしなく続くということだろうか[1]。今ここに生きる私たちにとって、そんなことは分かるはずもない。ただ、確実に言えることは、亡くなった人を手厚く葬り、悼み、弔い続けるならば、私たちと死者の関係は保たれるということである。つまり、死者の想いは、生存している人間の中へとリアルに甦ってくるということである。そのような意味において、死によって全てがおしまいになるとは言えないであろう。死せる者と生ける者は語り合うことができる。そして、いったんは失われてしまった絆を取り戻すことができる。そうした対話の発端は、葬送に始まる。

亀井勝一郎は「死とは、厳粛に考えるならば、我ら人間がそれへ向って成熟して行かねばならぬ一種の「完成」とも言えます。一人間の完成は死。生とは未完の死」[2]と述べた。ならば、一人の人間の生涯は、葬送において極まると言えよう。葬りという行為は、生と死の境界を顕わにする。それは死の事実を介して、生の真実を物語る。それによって、去りゆくまでは確かに存在していた人間の証が、私たちの胸中に改めて深く刻み込まれる。

いったい人類は、これまでどれほど多くの死者を葬ってきたのであろうか。統計的には表し得ないが、葬りの歴史は間違いなく、人類の歴史とともに古かろう。それは歴史的な意味においてのみならず、人間性に深く関わっているという根源的な意味においても古いと言えよう。葬りは死んだ者のために執り行われる儀式であるが、同時にそれは他者の死を媒介させることによって自己自身の死を省察させるとともに、故人の喪失を広く認知させることによって社会構造を再編させる働きも持っている。つまり、それは故人の喪失に関わる個人的・主体的応答と社会的・客観的対応を融合して、その以後に営まれるであろう遺された者の生を円滑に進めていくプロセスの端緒となる。

しばしば社会科学的な考察によって指摘されることだが、現代の日本においては、血縁関係や地縁関係さらに社縁関係が希薄化し、「無縁社会」[3]と呼ばれる状況が到来しつつある。また、未婚化ないし非婚化の傾向が強まり、いわゆる「家族難民」が増大し、将来的には年間の孤独死が二〇万人におよぶという試算もなされている。[4]別の表現を借りれば、「終活難民」の急増も予見されている。[5]そうなると、誰にも看取られないし、誰にも葬ってもらえない。誰も末期に立ち会ってはくれない。こうした理由から、今後は行政サービスの一環として、単身者の安否確認や遺体処理を行う「埋葬課」のような部署の設置も必要ではないかという議論が巻き起こっている。日本各地では「墓じまい」（廃墓）が余儀なくされたり（これは既に代行業者によってビジネス化されている）、墓守の不在から無縁の墓が増えたり、墓石が不法投棄されたりしている（墓石の墓場と呼ぶべきだろうか）。あげくに「葬式無用論」や「0《ゼロ》葬」がまかり通り、「直葬」のニーズが高まっている。「直葬」とは言葉通り、遺体を病院から火葬場へ直送することに他ならない。葬送の簡略化は単に金銭的な問題（例えば、葬儀の執行をめぐる過度の商業主義に対する批判という場合もあるし、また経済的困窮のため葬儀に要する費用を捻出できないという場合もある）にとどまらず、死生観や葬送習俗をめぐる現代人の意識変化にも起因していると考えられる（遺骨は法律的には産業廃棄物として扱われる）。実際、葬儀の段取りが煩わしいという意見も少なくない。[6]また現実には、在宅死した肉親を弔わず、朽ち果てていく状態を放置し続け、腐敗臭に耐えてなお不正に年金を受給しようとするような文字通りの人でなしも存在する。

　このような状況に鑑みると、日本社会において、人間を人間たらしめる何か決定的なものが損なわれつつあるのではないかと憂慮せざるを得なくなる。その根本的な反省も込めて、本章では改めて葬りの意味を考えてみたい。先の東日本大震災では、日本人の遺体に対する真摯な向き合い方や、故人に対する丁重な弔い方が図らずも注目されることとなり、葬るという行為の意味を問い直させる契機となったことも覚えておきたいと思う。

## 死者に対する儀礼としての葬り

死とは、生において決して経験することのできない事実である。エピクロスを引くまでもなく、[7]人は自らの死を経験した時には既に生きていない。それゆえに、自分自身による自分自身の死の認証は不可能である。死とは常に他者の死に投影されて観念化されるのであり、そうすることによってしか、自らの死についても思い巡らせることはできない。さらに、人は死んだ後でも生きている人と何らかの関わり方を持続すると考えられ、死者の存在が有意味化される。それによって、葬りの意義が示されることになる。死者の存在が不在という在り方によって明確かつ強固に認識されるにつれて、葬りという行為が価値を帯びるのである。もういなくなってしまったからこそ、かえってそこにいたことが今になって強く意識されるようなプレゼンスの示し方もあり得る。不在という在り方は、理論理性によって把捉されず、「構想力」の領域において求められるものであろう。人間には、対象が現前していなくても、直観のうちにそれを表象する能力がある。死者の不在は、単なる生の絶無として片づけられるものではない。それは紡がれた追想の中で鮮烈な余韻を残し、私たちのイマジネーションに滞留する。

ところで、死者の概念が有意味である根拠は、生きている人間の記憶にあると考えられる。この記憶が曖昧であれば、死者の概念も揺らぎはじめ、やがて意味をなさなくなる。この記憶が忘却されれば、死者の存在理由も失われる。死者と生者を結ぶ記憶を紡ぐ作業、それが葬りというセレモニーの本質であろう。そして、葬送後に繰り返し行われる追悼の儀式が、死者と生者の関係の持続性を担保する。ノルベルト・オーラーは、次のように主張している。

死者が世代を越えて心から偲ばれているさまを見てきた生者は、死という不可解なものをより泰然と待ち受けることができた。死後も自分は忘れられることがないであろう、生者たちの共同体は自分のこともせめて年一回、命日には思い出してくれるであろうという期待を持って生き、そして死んだことだろう。追想は現前化を意味する。空間を分かち、時間に隔てられたものが、眼前に出現するのだ。[8]

私たちは多くの人々を葬り、やがて、その私たちが葬られることになる。だが、そのことの顛末を私たちは決して自分自身で見届けることができない。ただ、生き残った者に託すのみである。託されて見届けた者が、自らも次代に託すことを許され、葬られて、見送られる。この繰り返しが、世代間にわたる共同の作業としての葬礼の在り様である。

このように人類が編み出した文化的な戦略によって、「死後忘れ去られる恐怖」（ロバート・ウィルキンズ）[9]は払拭されてきたと考えられよう。むろん、究極的には、ほとんどの人間がいずれは完全に忘れ去られるであろうが、代々にわたり葬り続けていく継承の共同体（すなわち歴史と伝統）において、あるいは祈り深き心情の連鎖において、死者は悠久に在り続けることであろう。三木清は「伝統の問題は死者の生命の問題である」[10]と主張し、次のように問いかけている。「死の問題は伝統の問題につながっている。死者が蘇りまた生きながらえることを信じないで、伝統を信じることができるであろうか」[11]。死者の生が積み重ねられるところに、歴史が形作られる。そして、死に切った過去を虚無と見なさず真理と捉えるところに、伝統が成り立ってくる。そのような歴史と伝統の上にあって、私たちの生が許されている。

　さて、ダグラス・デイヴィスが「死の歴史の内部における一つの共通要素は、死骸は除去されなければならない、死者はある種の注意と扱いを要求している、という事実である」[12]と述べているように、物理的に考えれば、遺骸は放置されると異臭を放ちながら腐敗していくので、適切かつ迅速に処理される必要がある。したがって葬りの第一義は、遺体処理にある（要するに、物理的な必要性が儀式性、宗教性、思想性に先行するということ）。しかしながら、デイヴィスの指摘にもあるように、葬りには、そのような物理的な処置を超えた精神的な意味合いがある。宗教学の知見を借りれば、葬りの意義を照らし出す死者という概念の発見は、霊魂の観念と深く関わっていることが分かる。霊魂 spirituality はラテン語の spiritus に由来するが、その語源はヘブライ語のルーアッハ（רוּחַ_rûaḥ）やギリシャ語のプネウマ（πνεῦμα）に遡る。spirituality には様々な意味があるが、その内の一つは「息」である。まさに、死とは息絶えることである。古代人は死者の呼吸停止をもって肉体から離脱した霊魂をイメージし、その先の旅程を創造的に空想した。霊魂の道行きが、宗教思想において他界観[13]を発展させることにつながる。そして、霊魂観と他界観が、葬りという儀式の思想的基盤となっていく。不滅の霊魂という想定は、故人の冥福や永生を願うものであると同時に、いやそれ以上に、生きている自分自身の死に対する不安や恐怖を和らげるものであると考えられよう。厳粛な態度で手厚く葬ることは、故人に対する弔意や感謝の表明であると同時に、いやそれ以上に、死霊の祟りの回避という意味合いが強かったものと推察できよう。例えば、池上良正が指摘しているように、恨みや羨みを抱いた恐るべき死者の霊威への対処法として発展したのが、日本人の「祀り、祓い、浄霊、鎮魂、弔い、供養、追悼、慰霊」[14]であった。死者に対する生者の情緒作用は、死者と生者の敵対的関係を反映した恐怖と、死者と生者の友好的関係を反映した哀惜に区分される。前者の場合、死者の蘇りという恐怖や、生前の仕打ちに対する報復（祟り）の恐怖が際立ってくるので、それらを鎮める目的で葬りがなされる。後者の場合は、純然たる悲しみ、故人への敬意や愛情に起因する哀惜が際立ってくるので、それらを証する目的で葬りがなされる。ただし、葬りの意図を生者の情緒的反応に限定して汲み取ろうとするのは十分とは言えない。人類学や社会学が明らかにしてきたように、葬りの機能的側面にも留意する必要がある。この点について、引き続き論じていこう。

一般的に、人間は「社会的動物」として規定されることがあるが、死者儀礼はそのような人間の本性（nature）に由来すると考えられる。例えば、ロベール・エルツは葬儀を社会構造の再統合であると主張している。[15] 文化人類学の視点では、葬りは死者のための供養であるとともに、生者が死者を受容するプロセスでもあると解釈される。アルノール・ヴァン・ジェネップは、葬りを「通過儀礼」（rites of passage）の一種であると捉えている。[16] 通過儀礼とは、一生のうちに社会の構成員として通過すべき儀礼、ある一つの状態から他の状態へと通過していくことに関わる儀礼を指す（例えば、誕生、入信、婚約、結婚、病気治癒、死など）。葬りとは、死者を生から分離することに始まり、冥府の世界へと編入することに至る一つの過渡と見なされる。ジェネップの議論によれば、服喪とは、遺された生者のための過渡であると考えられる。遺族は先ず「分離」の儀礼（最初の遺体処理）によって過渡に入る。次に、彼らは「境界時」の儀礼（血縁者を失うことで変わってしまった、あるいは構成員の損失によって打撃を与えられた社会的関係を再秩序化する集会）を通過する。最後に、この期間の終わりに「再統合」の儀礼（埋葬のため墓地への葬列を行って、死者を祖先たちの組織体の中へと整序する。そして、祖先たちの世界と生者の世界の正しい関係を再構築する）を催して、彼らは一般社会に戻ってくる。実は、このような遺族の過渡は死者の過渡と表裏一体である。遺族の過渡期の終わりは死者の過渡期の終わりであり、葬りという通過儀礼を通してのみ、死者が生者の世界から死者の世界へと統合される。フィリップ・アリエスの言葉を借りれば、そのようにして死を飼いならして[17]、死者を（此岸においても彼岸においても）葬り尽くすことが、社会的安定につながると考えられる。

これらとは別の視点で、例えば哲学的に考えれば、葬りは死を直視させ、自らの終わり方をも反省的に予期させる。つまり、死者儀礼は自己省察を不可避とする。それは、故人に対する個人の心情的判断、あるいは喪失に対する共同体の社会的認知とは、また別のレベルの問題（その後の生き方に関わる実存的な危機）となるであろう。いわゆる主体性の吟味に跳ね返ってくるような、葬りの反省的作用を考えてみる必要がある。その点で、久野昭の指摘が興味深い。

私たちは日常生活のなかで、自分にかかわりのない者の死を単なる自然の現象としてみすごすことになれている。いや、自分にかかわりのある者の死に際しても、その死を単なる自然的現象として割りきろうとし、社会的な約束事に従って、その葬儀に列席し、遺族にむかって、通り一遍の悔みのことばを述べる場合がある。それもひとつの葬送にはちがいない。しかし、そんなところに葬送の倫理があるであろうか[18]。

久野は葬送の倫理という事柄を明確に規定しているわけではないが、示唆的な問題提起を行っていると思う。つまり、葬りにおいて問われているのは、葬る側の在り方、換言すれば主体性の問題であるということである。この点を考慮に入れつつ、さらに葬りの意味を探っていきたい。

## 葬りの意味の形而上学

これまでの考察により、葬るという行為には、個人的にも社会的にも認められる（求められる）普遍的な理由があることが分かった。ここではさらに、葬ることの意味そのものを掘り下げて考えてみよう。そこで手がかりにしたいのが、パウル・ティリッヒの「意味の形而上学」（Sinnmetaphysik）という考え方である。本章の趣旨から離れることをおそれるので、ここでは専門的な議論[19]を差し控えることにするが、「意味の形而上学」とは、ティリッヒの一九二〇年代の理論的枠組みであり、意味の構成要素を分析するために役立つものである。単純化して説明すると、意味とは意味の「形式」（Form）、意味の「内容」（Inhalt）、意味の「内実」（Gehalt）から構成されている。例えば、「イエスの十字架」を主題とする絵画作品の場合、「形式」は構図、色彩、線の配置、「内容」はイエスの磔刑のシーン、「内実」は作品を超越して現臨する究極的意味を指す（この題材ではキリストの復活とそれへの参与）。つまり、制約的な意味の「形式」と意味の「内容」に対して、意味の「内実」は無制約的なものである。要するに意味の「内実」とは、一定の時代や文化圏での意味創造の全体に対する根本的態度、究極的解釈、最深の実在把握（形而上学的な力）のことと理解できる。

この枠組みを用いて、葬りの意味を分析すると、次のようになるのではないか。葬りの意味の「形式」は具体的な葬制（狭義の葬制、つまり遺体処理）に、葬りの意味の「内容」は個別的で特殊的な葬儀（いわゆる私たちが出席する葬式）になると解釈できる。つまり、葬りの意味の「内容」、すなわちセレモニーとしての葬儀に反映されるのは、それぞれの文化的な伝統および霊魂観と他界観に関わる狭義の宗教（既成の教団組織や制度といった何らかの実体によって規定される宗教）なのである。それに対して、葬りの意味の「内実」は狭義の宗教を超えたところにあるもの、より普遍性の高いものである。筆者は、この意味の「内実」に反映させた「葬送倫理」を構想したいと考えているが、葬りの意味を構成するそれぞれの要素について、さらに説明を加えていきたい。

葬制とは、具体的な葬り方（遺体処理の方法）を指しており、これは直接的には気候や風土に影響されることが多いが、その選択をめぐっては宗教的、社会的、政治的、経済的側面も深く関係する。[20]周知のように、葬制は乾燥葬と湿葬に大別される。[21]遺体を乾燥させて処理する乾燥葬には、火葬（cremation）、風葬（aerial burial）、樹上葬（tree burial）、ミイラ葬（mummy burial）がある。例えば、火葬は現代の日本においては一般的であり、仏教文化圏やヒンドゥー教文化圏（輪廻転生に肉体は不要）でも容認されているが、キリスト教文化圏（肉体の復活という教義に違反）、イスラーム文化圏（死者に対する侮辱）、儒教文化圏（肉親の肉体の焼却は親不孝）においては忌避される。遺体を湿らせて腐敗させ自然に帰す湿葬には、土葬（burial）、水葬（burial at sea）、舟葬（boat burial）がある。その他、チベットやインド（パールーシー教）で見られる鳥葬（sky burial）、自然界に散骨した後で墓石の代わりに植樹する樹木葬（eco burial）などがある。火葬が主流である日本でも、かつては土葬が基本であり、沖縄や奄美大島では風葬、出羽三山ではミイラ葬、島根では水葬が見られ、地域差も少なくない。

葬儀は伝統的儀礼の体系として成り立っており、文化的、民族的、宗教的要素が多様に織り込まれている。各宗教の死生観や他界観に基づく確立された典礼としての葬儀[22]はもちろんのこと、東南アジアのトラジャやイバンの独特な葬送習慣[23]から、今日に見られる無宗教的な自然葬や、アメリカで発達したエンバーミング（遺体保存術）まで、葬りの形は多岐にわたっている。葬儀の観光資源化、個人主義化、サービス産業化など、葬りの形は従来の宗教学的なアプローチではカバーできないほどの広がりを見せており、学際的な研究の取り組みが不可欠となっている（例えば、社会学、心理学、経済学、観光学などの観点は必要であろう）。そのこと以上に指摘しておきたいのは、狭義の宗教は葬りの意味の「内容」の一つであって全てではないという点である。つまり、葬りの普遍性は必ずしも実定的な宗教に求められないのであり、分かりやすく言えば、特定の宗教や信仰を持たなくても葬式は執り行われるのである。例えば、仮に強度の無神論者であったとしても、または霊魂の存在を認めない唯物論者であったとしても、何らかの葬式を挙げるのが通例ではないか（いわゆる無宗教的な葬式が普通に行われている）。私見によれば、全ての人間に求められる葬りの無制約的な要請は、一般的に予想されるところの狭義の宗教には由来しないと考えられる。宗教なしでも成り立つ葬りの意味を考える上で重要となるのが、次に述べる葬りの意味の「内実」に他ならない。

死霊鎮撫（死穢を忌避する、死霊を畏怖する）や礼拝供養（故人の冥福を祈る、故人へ感謝の気持ちを捧げる、故人への罪障感を代償する）といった葬送習俗を基礎付けてきた観念（宗教的伝統）は、必ずしも葬りの普遍性を担保していないと言わざるを得ない。むしろ、葬儀は宗教の有無にかかわらず、信仰の有無にかかわらず、社会（集団、組織）において決して任意というわけにはいかず、人間に課せられた義務として考えられなければならない。この義務の無制約的な要請こそ葬りの意味の「内実」と言うべきであり、筆者はここに「葬送倫理」を位置付けてみたいと思う。「葬送倫理」とは、現在世代と過去世代の間を取り結ぶ世代間的な倫理であり、自己の存在認証に不可欠な現在世代の来歴に関わるものである。ハンス・ヨナスの提唱する「世代間倫理」が現在世代から未来世代への「責任」として考えられた倫理であるのに対して、ここで構想されている「葬送倫理」は逆のベクトル、つまり現在世代から過去世代への「配慮」を要求し、その上で、先行した過去世代から後続する未来世代への受け渡しを現在において担う「責務」として考えられた倫理である。この発想は、対等な者同士の双方向的なルールとして取り決められる倫理の水平的思考と異なっている。「葬送倫理」の特徴は、不在によって明らかとなる存在（死者）、つまり今は失われた過去世代へ向けられた（翻って未来世代へと託される）倫理の垂直的思考にある。以下では、この「葬送倫理」について、さらに考察を進めていく。

## 葬送倫理という発想

「葬送倫理」の発想を説明するために、少し長くなるが、波平恵美子の主張を引用したい。

死者儀礼は、宗教的傾向を極めて小さくしながらも遂行されている。僧侶や神父・牧師など宗教リーダーの参加や指導を全く排した死者儀礼の、それなりの様式も日本で定着しつつある。一方、日本の葬式の多くは仏式で行なわれるが、参加者のほとんどは仏教の教義に無知で無関心であり、果してこのような儀礼を「仏教儀礼」と呼びうるかと問うこともできる。すでに世俗的で無宗教な内容の葬式も営まれているであろう。それにもかかわらず、葬式を遂行しないと遺族は強く批判される。それは「無信仰」であるゆえの非難なのか。少なくとも日本ではそうではなく、死者の存在を無視することへの非難である。つまり生と死とを明確に分けることや、生の領域から死の領域へ、今まさに移行しようとする存在はもっとも注意を払うべきものであり、そのことに死者の遺族が無関心であることへの非難なのである。その非難を成り立たせている基盤は、生を死に映して見ること、「私」という存在を「あなた（たち）」の中に映して見ることに価値を置く文化である。[24]

この波平の指摘から、日本社会においては個別の宗教から脱却しても葬りは成り立つこと、死者への無関心が社会的に指弾されること、他者の死を介して自らの人生を観想することが文化的価値として定立されることなどが理解される。死者への無関心に対する世間の糾弾という側面から、葬りが義務化される理由を導き出すことができる。しかし、それだけで十分であるとは言えない。義務化を求める社会性のみならず、その責任を負う主体性が問われなければならないからである。世俗化の中にあっても求められる葬送義務の根拠について、より明瞭な説明が必要であろう。私見によれば、その根拠こそ「葬送倫理」に他ならない。「葬送倫理」の核心に位置するものは、他者の死と重ね合わせて自己の死に向き合う主体性の「覚悟」である。あるいは、ハイデッガー的な表現を用いれば、それは「現存在」の「全体性」を成就するために、その都度、自分の死をあらかじめ先回りして、その可能性と立ち向かう「先駆的決意性」を促すものであろう。また、それはティリッヒの概念を借りれば、自らの生の始まりと生の終わりへの「究極的関心」に裏付けられたものであると考えられる。「葬送倫理」とは無制約的な要請であり、現在において先行世代と後続世代を結節するとともに、生の根源に迫らせようとすることで主体性を錬成し、世代間の応答という責任を負わせることで社会的な秩序を形成し、人間を人間たらしめる条件となるものである。ここで、久野昭の意見を参照しておきたい。

……現世の生が死をくぐりぬけることによって到達する常世の表象には、さまざまな宗教的観念が入ってきている。とりわけ仏教が受容され民間に定着していった過程で、浄土信仰のはたした役割はかなり大きかったであろう。そして、葬送儀礼自体がそのような来世観念と密接に結びついていることは、いまさら言うまでもない。だが、みずからも死すべき人間が死んだ人間を葬送するのに、必ずしも壮麗な教義を要するであろうか。たとえば死者の再生ということにしても、その再生の願いが教義学的に正当化されるに先立って、もっと死の根源的な不安と結びついたところで、あるいは現身をいつ死が襲うかきめられないという死の無規定性の不条理にかかわる気持と結びついたところで、発想されたはずなのである。現世→死→来世という図式が教義的に外から与えられたものにとどまる限り、この発想自体に含まれていた倫理的な性格はもはや影をひそめる。形骸化してしまった葬送儀礼にふたたび倫理的な内容を盛るためには、葬送にあたって、死の不安を、また、むしろ死の理不尽に対する人間的ないきどおりを抱くところから出発すべきではないか。その上での死者の再生でなければなるまい。[25]

まさしく、死の不安と不条理に面して主体性が剥き出しにされるような実存的な衝撃があってはじめて、葬送はより高次の倫理的な色彩を帯びるのである。「葬送倫理」における我がことのように真摯に他者を葬るという論点を、さらに展開したい。

葬りは「死の擬似体験」と表現されることがある。波平の見解によれば、「死者儀礼は、死んだ人にとって社会的にも心理的にも強く結び合っていた人々によって遂行されること、また人間の生命や生存の由来を強く認識させる形式をとることが多いことからして、参加遂行する人々に、自分に将来必ず起る死の擬似体験の機会を与えているとも考えられる。死んでしまった人間が生き返って死を語ることはできない。死のうとしている人は自分の死を実況中継風に、周囲の人々に語りつつ死ぬことはできない。死は常に、生きていて、死を体験したことのない人々によって考えられたり語られたりする」[26]と説明される。要するに、私たちは他者を葬ることによって、自らの死を擬似的に体験するというわけである。これまでも繰り返し述べてきたように、このような形でしか死を見つめる心は養われないであろう。こうした問題を突き詰めて考えた哲学者の一人に、ウラジミール・ジャンケレヴィッチがいる。

ジャンケレヴィッチによれば、死は「第一人称態の死」「第二人称態の死」「第三人称態の死」に分類される。端的に言えば、「第一人称態の死」は自分自身の死を、「第二人称態の死」はあなたの死を、

「第三人称態の死」は報道などで始終よく目にする死を表す。私たちの世界は「第三人称態の死」に取り囲まれている。ニュース、新聞、インターネットなどを通して、この種の死を見聞きしない日は一日たりともないであろう。私たちは日々、地震、津波、洪水、台風、山火事などの自然災害、あるいは事故や事件に巻き込まれた被害者たちの死を目の当たりにしている。しかし、私たちはそれらの死に対して、その都度、真剣に向き合うことはない（少しばかり同情する程度であろう）。たとえ凄惨な死に対して悲しみを覚えたとしても、不条理な死に対して哀れみを感じたとしても、それらの情動は瞬間的に去りゆくことであろう。見知らぬ者の死の一つ一つに立ち止まっていられないのが、この現実の在り様である。数量化できる死を客観的に眺めている限り、死は私たちにとって切実な問題にはなり得ない。ならば、いつどのようにして死の問題は切実になるのか。それは、この私たち自身に死が差し迫ってきた時である。実際に恐怖を体験しなければ、死は自己の問題として取り込まれてこない。それが「第一人称態の死」と呼ばれるものである。ジャンケレヴィッチは次のように述べている。

> 第三人称が平静の原理なら、第一人称は疑いもなく苦悶の源泉だ。わたしは追いつめられた。第一人称では、死はわたしのすべてにおいて、つまりわたしの虚無において（虚無が〝すべて〟の無であるということが真実なら）、わたしに親密に関連する一つの神秘だ。わたしはこの問題に対して距離を保つことができず、密接に粘着する。わたしのこと《メア・レス・アギテュール》が問題なのだ！　わたしが問題なのだ。死が個人的にわたしの名で呼ぶわたし、他人を指さし、袖を引き、隣人のほうに横目をつかういとまを与えぬわたしだ。[27]

ところが、この「第一人称態の死」は私たち自身の死にちがいないが、私たちに密着しすぎて（換言すれば、死が私たちそのものになる）、死を問題化することにつながらない（問題化はある種の客観化であり、主体と対象の間には適度の距離が必要である）。むしろ「第一人称態の死」は私たちを緊迫させ、煩悶させ、絶望させ、正常な感覚を失わせ、おそらく狂気へと誘うであろう。「第一人称態の死」がもたらすインパクトは苛烈すぎて、死の観想には決してそぐわない。ジャンケレヴィッチによれば、私たちにとって真に身につまされる死とは、あなたの死をおいて他にはないのである。これが「第二人称態の死」である。

第三人称の無名性と第一人称の悲劇の主体性との間に、第二人称という、中間的でいわば特権的な場合がある。遠くて関心をそそらぬ他者の死と、そのままわれわれの存在である自分自身の死との間に、近親の死という親近さが存在する。たしかに〝あなた〟は第一の他のもの、直接に他である他、〝わたし〟との接点にあるわたしならざるもの、他者性の親近の限界を表象する。そこで、親しい存在の死は、ほとんどわれわれの死のようなもの、われわれの死とほとんど同じだけ胸を引き裂くものだ。[28]

この「第二人称態の死」に直面して、私たちは死との適切な距離感を得て、死に対する適度な切迫感を覚えて、真剣に死を考えることができるようになる。そして、そのような機会をダイレクトに与えるものが、まさに葬りなのである。

「第二人称態の死」を媒介して、擬似的に死を体験するという形で、倫理的な主体性が先鋭化されてくる。他者の葬りは、その都度、自らの死の先取りであり、このことが自らの生の基盤を認証する作業となる。それゆえに私たちは全て等しく、葬ることを義務として要請される。私たちに命をつないで過ぎ去って行った者に対する葬送という厳粛な儀礼は、過去世代によって生かされて今を生きる現在世代から湧き上がってくる「責任感情」に裏付けられねば、倫理的なものとはならない。死者への敬意と葬送への責任が、人間性を証する（アンティゴネーの行為を想起せよ）[29]。人間が人間である限り、葬りは丁重かつ荘厳になされるであろう。このような「葬送倫理」が葬送習俗の形骸化を防止し、葬るという行為の意味を充溢させると主張したい。

## 葬送倫理と死者崇拝

ここでは、「葬送倫理」についてさらに理解を深めるため、死者崇拝との関連性を取り上げてみたい。周知のように、オーギュスト・コントは実証主義による社会秩序の構築をめざし、死者崇拝を中心に組み立てた「人類教」を構想している[30]。コントによれば、「人類」の中核をなすのは、私たちにとって愛の対象となり得る身近な死者である。死者と生者の関係は、愛と尊敬を基礎とした礼拝において成立し、そこでは対象の理想化が起こり、死者の欠点は忘れられ、その長所しか思い出されなくなる。理想化された死者の記憶が生者において保ち続けられることにより、生者の生き方そのものも理想化の影響作用を受けて高められ、結果的に道徳性が涵養されることになり、そのおかげで社会生活を再構築することが可能となる。もはや、死別の悲嘆からの回復を図る喪明けは必要とされず、生者は永遠の喪において死者を生かし続けることになる。その際、記憶の保持と強化を助けるのが死者に纏わる具体的な「もの」であり、その点で「人類教」の性格はフェティシズム（物神崇拝）[31]と考えられる。過去、現在、未来において最も具体的である過去の記憶が、人類と歴史を構成する。歴史の基礎は、生者の生長の論理においてではなく、死者の生命の論理において求められるべきである。こうした過去の絶対化（過去は既に死であるという意味において、現在を生きる生者にとって絶対的なものであるという理解）という点で、三木清の指摘が重要である。

> 過去は何よりもまず死せるものとして絶対的なものである。この絶対的なものは、ただ絶対的な死であるか、それとも絶対的な生命であるか。死せるものは今生きているもののように生長することもなければ老衰することもない。そこで死者の生命が信ぜられるならば、それは絶対的な生命でなければならぬ。この絶対的な生命は真理にほかならない。[32]

死者の生命に真理性を見出すこと、人類と歴史を形成するために世代間にわたる記憶を継承すること、これらは「葬送倫理」によって意図される内容と合致する。また、コントが示唆しているように、追悼の行為は必ずしも特定の宗教のスタイルによらずとも、死者に対する生者の愛と尊敬に支えられているという点も「葬送倫理」の発想と相容れるように思われる。こうしたことから「葬送倫理」は、死者崇拝の慣習において実証性を獲得できるのではないだろうか。

アリエスによれば、「死者崇拝はキリスト教大宗派によって特別扱いされなかっただけではなく、教団の会衆が減る時に、躍進しもしている。神が死んだ時、死者崇拝が真正の唯一の宗教になる可能性がある」[33]と指摘されている。アリエスの主張は、伊達聖伸による「人類教とは、神を退位させ、死者を崇拝する宗教なのである」[34]という見解とも符合していて興味深い（神なき時代の宗教の存立可能性を、狭義の宗教を超えた広義の宗教[35]、ないし「葬送倫理」に求めるという方向性については、別の機会に改めて本格的に論じる予定である）。もちろん歴史的な事象としてコントの「人類教」が実現されることはなかったが、そこで示唆された死者崇拝の思想性を「葬送倫理」において引き継ぐことができると考えられる。

ところで、死者崇拝のフェティシズムについて若干の補足をするため、納骨礼拝堂の事例を扱いたい。死者の記憶を担保する「もの」とは何か。故人を偲ぶ具体的な思い出の品物や、故人が遺した業績など、いろいろと考えられるだろうが、それらは個人の記憶に限定される。より普遍性の高い記憶を留める「もの」は公共的な場所なのではないか。筆者は、その典型を納骨礼拝堂に求めたい。死者の記憶を実体化するのが墓の役割であり、死者との対話を演出するのが礼拝堂の役割であるが、その二つを合わせた施設が納骨礼拝堂と呼ばれるものである。そこでは、死者の骸そのものが死者の記憶を担保する「もの」となっている。もはや故人の個別性は解消され、積み上げられた死者の骸は人類そのものを表象しているかのようである。そのような施設の代表例として、通称「骸骨寺」と呼ばれるローマの納骨礼拝堂を取り上げてみたい。

アンデルセンの『即興詩人』にも登場するトリトーネの噴水が威容を誇るバルベリーニ広場から、

瀟洒な建物と街路樹が美しいヴェネト通りを上がったところに、それはある。「骸骨寺」とは、正式にはカプチン・フランシスコ修道会（Ordo Fratrum Minorum Capuccinorum）の拠点であるサンタ・マリア・インマコラータ・コンチェツィオーネ教会（Santa Maria Immacolata Concezione）の地下礼拝堂を指す[36]。もとは一六二六年にカプチン派の枢機卿アントニオ・バルベリーニの依頼でA・カソーニが建立した教会であるが、ここの地下墓所には約四千体のカプチン派修道僧の骨が保存されている。一七〜一八世紀の思潮において、死者に一種の人格を認める医学的立場（ポール・ザキア、クリスチャン・フリードリッヒ・ガルマンなど）が存在し、アリエスによれば、「死体が消え去るはずがない、そこには何かが残存している、それは保存せねばならぬ、それを陳列し、それを見るのは好ましいことだという確信」[37]があったという。さらにアリエスから引用を続けよう。

この保存という考えは、すでに見た通り、解剖家、遺体化粧師、学者的であれ、自由思想家的であれ、死体を取り扱う人たちには無縁なものではなかった。それは、はるかにより一般的かつ全般的な仕方で、埋葬後の死体の変化についての信仰に関わるものだった。その頃から一つの考え方が現われる。もはや死体を永久に遺棄したりせず、それとの物質的接触を保とうというのがそれである。人は、さまざまな状態を経る死体を見守り、その変化に介入し、それを地中から引き出し、ミイラか骸骨という最終的な姿でそれを示したいと考える。[38]

この「骸骨寺」には文字通り、人骨によって装飾された空間[39]が広がっている。筆者が実際に訪れて見た印象であるが、おびただしい骸骨の群を前にして恐怖心が込み上げてくるとともに、それでいて私たちを不思議と魅了するような圧倒的な存在感が醸し出されている。言わば、死の世界への畏敬と魅惑のアンビバレントな感覚が呼び起こされ、まさに聖なるものの現臨を体感できる場となっている。それとともに、死せる生命の躍動に触れることにより、時空を超えて過去と現在が重なり合い、歴史のただ中に生きていることが実感され、生ける生命の担い手としての自己自身の省察を余儀なくされた。

　納骨礼拝堂において骸骨が装飾されて保存された理由について、ポール・クドゥナリスは次のように解説している。

> 　納骨堂を考察するにあたり、派手な飾り付けをどのように解釈するかという問題は避けて通れない。一番典型的な解釈がメメント・モリ（死を想起させるもの）で、納骨堂を訪れた者に、自分もまたいずれ死ぬという事実を心に銘記させるためだという。キリスト教神学においてメメント・モリの図像は、この世の栄誉や社会的地位にかかわりなく、死は私たち全員を等しくさもしい物質へと変えるという教訓を伝えるもので、それゆえ現世の虚栄心を捨て、罪を悔い改めねばならないとされた。納骨堂はまさにそうした役割を果たしていた。[40]

　そう言えば「骸骨寺」にも、次のような文言が刻まれていた。「私たちはあなた方と同じように生きていた。あなた方も私たちと同じようになるであろう」（Noi eravamo come voi, Voi sarete come noi)。死者そのものの姿は、死者の記憶を呼び起こす「もの」であり、また生者の生き方を問い質す「もの」になり、「葬送倫理」の実効性を高める「もの」として、重要であると言えよう。

アラン（エミール・シャルティエ）は『幸福論』の中で「死者崇拝」の項目を立て、「死者の崇拝は美しい慣習である」[41]と述べている。アランは、「死者は死んではいない。このことは、わたしたちが生きていることから、じゅうぶん明らかである。死者は考え、語り、行動する。かれらは助言し、意欲し、同意し、非難することができる。すべてこれは真実なのだ。しかし、それには耳をかたむけることが必要である。すべてこれはわたしたちの心のうちにある。わたしたちの心のうちにじゅうぶん生きているのだ」[42]と語っている。死者の声への聴従という謙虚な姿勢も、私たちの倫理的な生き方を強めるのに必要であろう（そういった意味で、チェスタトンの言う「死者の民主主義」は示唆に富んでいる）。また、「葬送倫理」を育むためには、死者との語らいを媒介する「もの」が必要であり、より永続的に在り続ける「もの」として納骨礼拝堂、あるいは一般的な墓の有用性も再確認されねばならない。本節を締め括るに際して、アランの次の言葉を引用したい。

死者は生きようと欲している。あなたがたの心のうちに生きようと欲している。死者の欲したものをあなたがたの生命が豊かに発展させることを、死者は欲している。かくして、墓はわたしたちを生命へ送り返すのだ。[43]

## 葬るという人間の責務

これまでの考察をまとめておこう。「葬送倫理」に伴う過去と未来に対する責任感情は、現在を真摯に生きるという主体性の確立に決定的な位置を占め、人間を人間たらしめるものである。葬りの習慣が崩壊すれば、真っ当な人間性もまた喪失されるであろう。葬りの場において、生きゆく者と死にゆく者が交差する。それは生の現場であるにちがいないが、最も死の様相に、生命の空無に肉薄する時となろう。葬りは、生死の接点である。この接点があればこそ、私たちは連綿と重なり合う生死の際限ない繋がりを認識できるのではないか。メトカーフとハンティントンは、次のように述べている。

死はひとつの過渡である。しかし、それは長期に点在する過渡の連鎖の一番最後のものにすぎない。死の瞬間は来世と結びついているだけでなく、生きること、歳をとること、子孫を産むこと、といった諸々の過程とも結びついている。死は生と関係している。すなわち、死者の晩年の生や、彼なり彼女なりが生み出して後に残した生と関係している。生身の人間を死者から分かつ境界線のどちら側にも永遠の連鎖がある。生は次の世代へと継続し、多くの社会で死をめぐる儀礼の際に中心におかれて強調されるのも、この連続性である。[44]

そうした世代間の継続性を再認識することが葬りであり、それは生きる者の倫理的義務であると強調しておきたい。ハンス・ヨナスは死について興味深いことを語っている。

極端なことを言えば、もし死がなくなれば、生殖もなくならなければならない。というのは、生殖は生命の死に対する答えだからである。そうなれば、世界は老人だけのものになり、若者はいないことになろう。すでに顔見知りの人たちばかりの世界で、以前はいなかった者に驚かされることもない。だが、いつかわれわれが死ぬという無情の摂理の中には、おそらく次のことが知恵として含まれている。すなわち、われわれが死すべきことは、若者の初々しさ、直接さ、そして熱意の中にある永遠に新たなる約束を、われわれにしてくれる。それとともに、他者性それ自体がたえず流れ込んでくる。この他者性の流入の代わりになるものは、経験が伸びてその蓄積が増大してゆくことの中には見つからない。経験が蓄積しても、世界を初めて新しい目で見るという類例のない特権を取り返してはくれない。プラトンが哲学の始まりであるとした「驚き」を、子どもの持つ好奇心を再び体験させてはくれない。子どもの好奇心は、大人の知的衝動に移行するまで生き延びることはごくまれだし、大人になってから麻痺するより前に消えてしまう。こうした「たえずまた始まる」ということは、「たえずまた終わる」ことを代償としてのみ得られる。「たえずまた始まる」ことは、人類にとっての希望であり、退屈な日常茶飯事に沈み込むことから人類を保護する好機、人類が生命の自発性を守る好機であろう[45]。

私たちは、たえずまた始める義務を負っており、そのために、たえずまた終わらせる責任がある。葬りは不在という在り方で存在する死者を憶えて、その特有の〈存在の声〉を聴くことである。これは生かされた者の務めであるのみならず、私たちの生きる勇気をも鼓舞することにつながる。世界は対立葛藤に苛まれているが、葬るということにおいては連帯できるであろう。その意味において、葬りは数少ない人類の共通性であるとは言えないだろうか。葬るということが責務として負えなくなる時、人間らしい社会は消失されているであろう。

しかし、これからの日本社会においては、その責務の担い手が減少していくと想定されるのであり、世俗化の極まりにおいては、死者の生命に真理を見出す感性の減退もまた予想されるのであり、結果として、歴史から乖離し伝統から断絶させられたディストピアの到来が予見されるのである。孤独死した死体を行政的な処分の対象にしたり、病院で亡くなった家族を火葬場へ直送したり、できるだけ手間暇をかけないで葬りを簡略化し、墓も位牌も遺影も何も残さないでいることが、ごく普通になるような時代が来るのかもしれない（私たちの社会は着実にそのような方向へと進んでいる）。最近、ゆうパックを使った「送骨サービス」が実施されているのも驚きである。こうした点に関連して、トーマス・ロングは次のように警鐘を鳴らしている。

わたしたちは今、危険な賭をしているのだ。わたしは確信しているが、歴史の中でわたしたちの時代である今、わたしたちは死者に対する心遣いをする（あるいはしない）そのやり方が激変している時を過ごしているのである。そしてそのことは必然的に、わたしたちが生きている者に対する心遣いをする（あるいはしない）そのやり方が激変していることのしるしなのである。率直に言えば、死んだ者の体を、ふさわしい敬意をもって扱うことを忘れてしまった社会は、まだ生きている者たちの体をないがしろにしたり、痛めつけさえしたりする傾向のある社会なのだ。

死者がどこへ行くのかについて、何も確かな希望を持っていない社会は、子供たちの手を取って、希望に満ちた将来へと導いていけるという確信のない社会なのである。[46]

だからこそ「葬送倫理」の探求が、死を見つめて生の尊厳に目覚める機縁を結ぶよう願ってやまない。古代の死者典礼に「生命は奪われるのではなく、変容させられるのである」（Vita mutatur, non tollitur）という祈りの言葉がある。死者は物質的な生命を失うが、葬りにおいて精神的な生命を得る。その変容を担うのは、生きている私たちの責任ある態度なのである。私たちがなす葬送と追悼は、死者の生命を変容させることができる。その都度、死者は甦ってきて、生者に活力を与える。死者の想いが私たちを生かし活かすのである。滅び去った死者たちの幾重にもわたる犠牲のおかげで、私たちの現在があり、さらなる未来が切り開かれていく。この聖なる感覚が枯渇していくことを、筆者は恐れる。「葬送倫理」は生者に対して次のように命じる。死者を讃えて、祈りを捧げよ、と。

## 注

1　最近、死後生の存在が脳神経外科医によって論じられ、注目されている。エベン・アレグザンダー著、白川貴子訳（二〇一三年）『プルーフ・オブ・ヘブン―脳神経外科医が見た死後の世界―』早川書房を参照のこと。

2　亀井勝一郎（一九九八年）『愛の無常について』ハルキ文庫、三九頁。

3　この表現は、NHKスペシャル取材班（二〇一二年）『無縁社会』文春文庫に由来する。これに関連して、結城康博（二〇一四年）『孤独死のリアル』講談社現代新書も参照のこと。

4　この点については、山田昌弘（二〇一四年）『「家族」難民―生涯未婚率二五%社会の衝撃―』朝日新聞出版を参照されたい。

5　この点については、星野哲（二〇一四年）『終活難民―あなたは誰に送ってもらえますか―』平凡社新書を参照されたい。

6　このような傾向は現代の日本に顕著なのではなく、ヨーロッパ思想史の視座に立てば、近代の個人主義にまで遡り得るという指摘がある。「紀元前から人々は、この世で生を共にした人に葬式を出し、「最後の敬意」を表してきた。しかし今では誰からも悼まれず、悲しまれず、参列者もなくそそくさと墓地に埋葬されてしまう死者が増えてきている。尊厳のない死、尊厳のない埋葬がたびたび批判の的となっているが、これらは中世後期以来の個人尊重の風潮がもたらした、招かれざる結果といえるかもしれない。個々人を共同体に結びつける絆はゆるんでしまったのである」（ノルベルト・オーラー著、一條麻美子訳（二〇〇五年）『中世の死―生と死の境界から死後の世界まで―』（叢書ウニベルシタス八二一）法政大学出版局、二一一―二一二頁）。この指摘は興味深いが、ここでは深追いできないので他日に期する。

7　エピクロスは『メノイケウス宛の手紙』で次のように語っている。「死は、もろもろの悪いもののうちでもっとも恐ろしいものとされているが、実は、われわれにとって何ものでもないのである。なぜかと言えば、われわれが現に生きて存在しているときには、死はわれわれのところには存在せず、また、死が実際にわれわれのところにやってきたときには、われわれはもはや存在していないからである。したがって、死は、生きている人びとにとっても、また、死んでしまった人々にとっても、何ものでもないのである。……死はわれわれにとって何ものでもないと考えることに慣れるべきである。というのは、善いものと悪いものとはすべて感覚に属するが、死とはまさにその感覚が失われることにほかならないからである」（岩崎允胤（二〇〇七年）『ヘレニズムの思想家』講談社学術文庫、一七五頁）。

8　オーラー（二〇〇五年）、前掲書、五七―五八頁。

9　補足的な説明のため、ウィルキンズから引用しておこう。「死後も人々の記憶にとどまりたいという欲求、逆にいえば、死後忘れられてしまうことに対する恐怖は、人間をとりわけ不安にさせる要素の一つだ。いまから一世紀もたてば人々から忘れられてしまうと想像して不安にならない人間がいるだろうか？　自分はもとから存在していなかったかのようになってしまうのだ。我々のほとんどは、そうした考えに強い不安を抱く。だが、これまでの人間の歴史で、すでに何十億もの人々がこの世から去り、彼らは悲しまれず、記憶にも残らず、人々から忘れ去られてしまっている。

そしてまた、この先数え切れないほどの人間がそうなっていくはずだ」（R・ウィルキンズ著、斉藤隆央訳（一九九七年）『死の物語―恐怖と妄想の歴史―』原書房、二一四頁）。

10 三木清（一九五四年）『人生論ノート』新潮文庫、一三頁。

11 前掲書、一一頁。

12 D・J・デイヴィス著、森泉弘次訳（二〇〇七年）『死の文化史』（コンパクト・ヒストリー）教文館、八六頁。

13 この点については、H・オオバヤシ編、安藤泰至訳（一九九五年）『死と来世の系譜』時事通信社、梅原伸太郎（一九九五年）『「他界」論―死生観の比較宗教学―』春秋社を参照されたい。

14 池上良正（二〇〇三年）『死者の救済史―供養と憑依の宗教学―』角川書店、一五頁。

15 R・エルツ著、吉田禎吾・内藤莞爾共訳（二〇〇一年）「死の宗教社会学」『右手の優越―宗教的両極性の研究―』ちくま学芸文庫を参照されたい。

16 詳しくは、A・V・ジェネップ著、秋山さと子・弥永信美共訳（一九九九年）『通過儀礼』新思索社を参照されたい。

17 「飼いならされた死」は中世初期のヨーロッパに顕著な死生観を表すものだが、その詳しい議論については、フィリップ・アリエス著、伊藤晃・成瀬駒男共訳（一九八三年）『死と歴史―西欧中世から現代へ―』みすず書房、同著、成瀬駒男訳（一九九〇年）『死を前にした人間』みすず書房を参照されたい。

18 久野昭（一九六九年）『葬送の倫理』紀伊國屋新書、一一七頁。

19 ティリッヒによれば、形而上学の根本課題とは、意識の無制約的なものへの志向性が意味現実を構成する必然的な機能であると示すことに他ならない。そのことから「意味の形而上学」と呼ばれる理論的枠組みが考案された。なお「意味の形而上学」を理解するために、その読解が必須となる前期ティリッヒの一九二三年に書かれた『対象と方法に従った諸学の体系』が、最近になって邦訳された。パウル・ティリッヒ著、清水正・濱崎雅孝共訳（二〇一二年）『諸学の体系―学問論復興のために―』（叢書ウニベルシタス九七〇）法政大学出版局を参照されたい。

20 葬制の起源を歴史民族学的に説明した研究として、大林太良（一九九七年）『葬制の起源』中公文庫を挙げておく。

21 松濤弘道監修（二〇〇九年）『世界の葬送』イカロス出版、一〇―三一頁を参照。

22　この点については、前掲書、三三―四六頁、森茂（二〇〇九年）『世界の葬送・墓地―法とその背景―』法律文化社、一六―四三頁を参照されたい。
23　トラジャとイバンの実地調査を踏まえた詳細な研究が存在する。内堀基光・山下晋司共著（二〇〇九年）『死の人類学』講談社学術文庫を参照されたい。
24　波平恵美子（一九九三年）「弔い―死者儀礼に表現される死の観念―」『死の科学と宗教』（岩波講座　宗教と科学七）岩波書店、一二四―一二五頁。
25　久野昭（一九六九年）、前掲書、一二七頁。
26　波平恵美子（一九九三年）、前掲書、一〇二頁。
27　ジャンケレヴィッチ著、仲澤紀雄訳（一九七八年）『死』みすず書房、二五頁。
28　前掲書、二六頁。
29　ソポクレース著、中務哲郎訳（二〇一四年）『アンティゴネー』岩波文庫を参照のこと。
30　以下の記述は、伊達聖伸（二〇〇八年）「死者をいかに生かし続けるか―オーギュスト・コントにおける死者崇拝の構造―」『死生学研究』一〇号、一一九―一四二頁所収の論稿に拠るところが大きい。
31　例えば、「もの」について、森一郎の見解を引照しておきたい。「自然の猛威に逆らって人間が営々と築き、共同の住まいとしている世界は、個人のいのちを超えて存続する。そうした世界の永続性を支えるのは、まずもって個々の人工物である。共同世界は、物的世界に制約されている。さらに、その世界にひょっこり生まれてきては、各自の生を営み、死んで去っていく人間は、めぐり合った者同士で同世代をなすとともに、先行世代および後継世代との連携をなす。人間世界の存続は、同時的かつ継起的な世代間共同事業の賜物なのである。物たちのもとで人びとともに生きることが、そのまま、「死を超えるもの」にふれる営為でもあるのだ」（森一郎（二〇一三年）『死を超えるもの―三・一一以後の哲学の可能性―』東京大学出版会、一―二頁）。
32　三木清（一九五四年）、前掲書、一三―一四頁。
33　フィリップ・アリエス著、成瀬駒男訳（一九九〇年）『死を前にした人間』みすず書房、四八五頁。

34 伊達聖伸（二〇〇八年）、前掲書、一二二頁。

35 広義の宗教とは、通常、私たちが宗教という言葉で理解しているもの以上の意味を持っている。ティリッヒの用語で「深みの次元」に譬えられる宗教は、私たちにとって無制約的に関わるものであり、人間の精神活動全般に作用し、社会の至るところ（政治、経済、文化、芸術、道徳）に潜在する。

36 筆者が二〇一三年二月に訪問したところ、以前とは異なり、地下礼拝堂は教会内に併設されたカプチン博物館（The Capuchin Museum）の一部として整備されていた。要するに、博物館の展示の順路にしたがって案内されるという手順であった。まさしく、死者そのものが観光資源化された一例であると言えよう（ちなみに入場料は六ユーロだった）。書物において、この骸骨寺に初めて言及したのは、マルキ・ド・サドであったらしい。詳しくは、マルキ・ド・サド著、谷口勇訳（一九九五年）『イタリア紀行Ⅰ』ユーシープランニング、二四三―二四五頁を参照されたい。また、骸骨寺の成立事情については、弓削達（一九九二年）『ローマ』（世界の都市の物語五）文藝春秋、一八―二二頁、あるいはRinaldo Cordovani (2012): The Cemetery Crypt, in: *The Capuchin Museum*, Gangemi Editore: Roma, pp.147-159に解説がある。ただし、骸骨寺の死者崇拝とカプチン派の教義にどのような関係性があるのか明らかにされているとは思われないので、今後も追跡調査していきたい。

37 フィリップ・アリエス著、成瀬駒男訳（一九九〇年）『死を前にした人間』みすず書房、三三三頁。

38 前掲書、三三三頁。

39 アリエスの描写が適当であるので、引用しておきたい。「……壁面と天井を覆う形で、ロカイユ式装飾に様変わりした骨の山があり、そこでは骨が小石や貝殻の代わりをつとめている。バルベリーニ家の三人の子供のそれのように、いくつかの骸骨がみごとに再構成されている。そのほかは、それぞれの骨がその形に従って用いられている。骨盤の骨はばら模様の形に並べられ、頭蓋骨は柱を形造り、恥骨や四肢は壁龕《へきがん》の円天井を支え、椎骨は花飾り模様を描くか、吊り燭台を形造るかした。作品は一八世紀の一修道士のものとされる。当時保存所はもはや骨置場であるだけでなく、スペクタクルの舞台装置であった。そこでは人骨が、バロックまたはロココの芸術の、よじれた形をさまざまに作り出した」（前掲書、三三五頁）。

40　ポール・クドゥナリス著、千葉喜久枝訳（二〇一三年）『死の帝国　写真図説・奇想の納骨堂』創元社、一五頁。クドゥナリスの解説を続けて引用しておこう。「納骨堂は聖別された土地に建てられ、骨自体神聖なものと見なされていた。キリスト再臨（Parousia）のあかつきには骸骨はよみがえり、神の栄光に覆われると信じられていたからだ。したがって、我々にはいささか恐ろしげで不気味な死の象徴も、かつてはそうではなかった。例えば髑髏と二本の交差した骨の表象は、死すべき運命だけでなく復活の約束も表していた。それゆえ、納骨所で交わされた対話の内容も肉体の死と魂の生についてであった。例えばサンタ・マリア・デッラ・コンチェツィオーネの壁には、小さな骨で細密にかたどられた時計と砂時計のモティーフが見られる。こうしたシンボルは見る者に、いずれ最期の時が訪れるのは避けられないにせよ、それは同時に新たな始まりであると思わせてくれる。この地下納骨堂の壁に刻まれた、同時代の有名な格言にあるように、「死は時の門を閉じ、永遠の門を開く」のだ。いわゆるメメント・モリは同時にメメント・ヴィタエ（生を想え）の表現形式でもあるのだ」（前掲書、一六頁）。

41　アラン著、白井健三郎訳（一九九三年）『幸福論』集英社文庫、一九二頁。

42　前掲書、一九三頁。

43　前掲書、一九四頁。

44　P・メトカーフ、R・ハンティントン共著、池上良正・池上冨美子共訳（一九九六年）『死の儀礼―葬送習俗の人類学的研究―』研究社、一五二頁。

45　ハンス・ヨナス著、加藤尚武監訳（二〇〇〇年）『責任という原理―科学技術文明のための倫理学の試み―』東信堂、三四頁。

46　トーマス・ロング著、吉村和雄訳（二〇一三年）『歌いつつ聖徒らと共に―キリスト者の死と教会の葬儀―』日本キリスト教団出版局、三一―三二頁。

**【参考文献】**

久野昭（一九六九年）『葬送の倫理』紀伊國屋新書。

ジャンケレヴィッチ著、仲澤紀雄訳（一九七八年）『死』みすず書房。

フィリップ・アリエス著、伊藤晃・成瀬駒男共訳（一九八三年）『死と歴史─西欧中世から現代へ─』みすず書房。

ジョン・マクマナーズ著、小西嘉幸・中原章雄・鈴木田研二共訳（一九八九年）『死と啓蒙─十八世紀フランスにおける死生観の変遷─』平凡社。

フィリップ・アリエス著、成瀬駒男訳（一九九〇年）『死を前にした人間』みすず書房。

フィリップ・アリエス著、福井憲彦訳（一九九〇年）『図説　死の文化史─ひとは死をどのように生きたか─』日本エディタースクール出版部。

波平恵美子（一九九三年）「弔い─死者儀礼に表現される死の観念─」『死の科学と宗教』（岩波講座　宗教と科学七）岩波書店、九七─一二七頁所収。

H・オオバヤシ編、安藤泰至訳（一九九五年）『死と来世の系譜』時事通信社。

梅原伸太郎（一九九五年）『「他界」論─死生観の比較宗教学』春秋社。

ミシェル・ヴォヴェル著、池上俊一監修（一九九六年）『死の歴史─死はどのように受けいれられてきたのか─』（「知の再発見」双書）創元社。

P・メトカーフ、R・ハンティントン共著、池上良正・池上冨美子共訳（一九九六年）『死の儀礼─葬送習俗の人類学的研究─』研究社。

大林太良（一九九七年）『葬制の起源』中公文庫。

脇本平也（一九九七年）『死の比較宗教学』（叢書　現代の宗教三）岩波書店。

R・ウィルキンズ著、斉藤隆央訳（一九九七年）『死の物語─恐怖と妄想の歴史─』原書房。

ジョン・ボウカー著、石川都訳（一九九八年）『死の比較宗教学』玉川大学出版部。

A・V・ジェネップ著、秋山さと子・弥永信美共訳（一九九九年）『通過儀礼』新思索社。

池上良正（二〇〇三年）『死者の救済史─供養と憑依の宗教学─』角川書店。

新谷尚紀・関沢まゆみ共著（二〇〇五年）『民俗小事典　死と葬送』吉川弘文堂。

ノルベルト・オーラー著、一條麻美子訳（二〇〇五年）『中世の死―生と死の境界から死後の世界まで―』（叢書ウニベルシタス八二一）法政大学出版局。

吉原浩人（二〇〇六年）『東洋における死の思想』春秋社。

D・J・デイヴィス著、森泉弘次訳（二〇〇七年）『死の文化史』（コンパクト・ヒストリー）教文館。

伊達聖伸（二〇〇八年）「死者をいかに生かし続けるか―オーギュスト・コントにおける死者崇拝の構造―」『死生学研究』一〇号、一一九―一四二頁所収。

フィリップ・シャルリエ著、吉田春美訳（二〇〇八年）『死体が語る歴史―古病理学が明かす世界―』河出書房新社。

内堀基光・山下晋司共著（二〇〇九年）『死の人類学』講談社学術文庫。

新谷尚紀（二〇〇九年）『お葬式―死と慰霊の日本史―』吉川弘文館。

松濤弘道監修（二〇〇九年）『世界の葬送』イカロス出版。

森茂（二〇〇九年）『世界の葬送・墓地―法とその背景―』法律文化社。

ジャン＝クロード・シュミット著、小林宜子訳（二〇一〇年）『中世の幽霊―西欧社会における生者と死者―』みすず書房。

松濤弘道（二〇一〇年）『改訂増補　世界葬祭事典』雄山閣。

井上亮（二〇一三年）『天皇と葬儀―日本人の死生観―』新潮選書。

森一郎（二〇一三年）『死を超えるもの―三・一一以後の哲学の可能性―』東京大学出版会。

ポール・クドゥナリス著、千葉喜久枝訳（二〇一三年）『死の帝国　写真図説・奇想の納骨堂』創元社。

トーマス・ロング著、吉村和雄訳（二〇一三年）『歌いつつ聖徒らと共に―キリスト者の死と教会の葬儀―』日本キリスト教団出版局。

近藤剛編（二〇一四年）『現代の死と葬りを考える―学際的アプローチ―』（神戸国際大学経済文化研究所叢書　一七）ミネルヴァ書房。

デボラ・ノイス著、千葉茂樹訳、荒俣宏監修（二〇一四年）『「死」の百科事典』あすなろ書房。

サラ・マレー著、椰野みさと訳（二〇一四年）『死者を弔うということ―世界の各地に葬送のかたちを訪ねる―』草思社。

# 9　崇高の宗教

人間の理性で行き尽くせると
期待するのは狂気の沙汰だ。
人間には分限がある、『何か』という以上は問わぬことだ。[1]

ダンテ・アリギエーリ

## バークの宗教論

神寂びた伝来の叡智を、私たちは再び発見しなければならない。そのためには、歴史に対する愛着と敬意が求められる。現下に差し迫った危機を克服するためには、真摯な歴史的洞察に基づく思慮深い行動が必要である。現在の土台である過去を照顧する者のみが、未来への展望を開くことができる。慎慮に満ちた精神（倫理の根底）が回復されない限り、荒れ狂う魂を鎮めることはできないだろう。

本章では、イギリス保守主義の泰斗と目されるエドマンド・バーク（一七二九―九七年）の宗教理解を取り上げる。一般的にバークと言えば、その政治思想が注目されるわけだが、彼の著作には随所に宗教的な言明が見受けられる。しかも彼の政治思想を特徴付けている人間観、国家観、法観念の根[2]

底には、彼自身の宗教理解が確固として存在すると考えられる。セシル卿[3]やハーンショウ[4]が指摘するように、保守主義の宗教的性格（例えば、国家の宗教的基盤や正統的権威の神的起源を主張する点など）は、よく知られたことであるが、バークの場合、それは際立っている。アンソニー・クイントンの評価では、バークは「宗教的保守主義」の代表格に位置付けられている。[5]ラッセル・カークは保守主義の規準（canon）として、第一に「神の意志が良心ばかりでなく社会を支配しているという信念」（Belief that a divine intent rules society as well as conscience）[6]を挙げているが、まさしく、この信念はバークの思想的営為を貫徹していると言える。

バークはアイルランド生まれではあるが、敬虔なアングリカンとして知られている。父親（ダブリンの法律家リチャード・バーク）の宗旨に従って、終生、アングリカニズムを奉じた。また、カトリック信者であった母（メアリ）と妻（ジェーン・ニュージェント）の影響もあって、カトリシズムに対しても親近感を持っていた。端的には、彼の信仰はアングリカンにおけるハイ・チャーチに属すると言えるだろう。一八世紀を覆い尽くした啓蒙主義と合理主義による宗教批判ないし信仰蔑視の風潮に対して、敬虔なバークは臆することなく啓示宗教への信仰を堅持することができたし、歴史に対する神の支配をも信じることができた。

バークは「歴史は神慮（providence）の顕現」であると強調する。そして、人格を陶冶する道徳意識の根源に、真正の自由（秩序と結び付いた制約を伴った自由）と真正の平等（神の前の平等、義務を果たす平等）を実現する社会形成の根底に、神の意志が働いていると主張する。従って、世の統治（government）の正統なる根拠は、時を閲《けみ》して人々の心情に浸透していった宗教の権威によるのであり、権力を信託するのは人民ではなく神でなければならないと考える。ジョセフ・パッピンが「バークは自らの知性と感情の双方を通じて神の実在を断言している」[7]と指摘するように、神への篤き信仰が彼の思想形成に少なからず影響を及ぼしている。では、バーク思想において、宗教は如何に理解されているのだろうか。

本章では、以上のような問題意識を持って、具体的なテキストに即して、バークの宗教理解に迫りたいと思う。主に、彼の処女作である『自然社会の擁護』、文壇へのデビュー作となった『崇高と美の観念の起源』、政治家バークの不朽の名作である『フランス革命の省察』を取り上げ、各著作における宗教理解を順次、考察していきたい。

## 理神論への批判

バークの著述活動には、概して明確な論敵が想定されているが、そのスタイルは匿名で出版された処女作『自然社会の擁護』（一七五六年）から見受けられる。この著作の執筆動機[8]は当時に刊行されたボリングブルック子爵ヘンリ・セントジョン（Bolingbroke, Viscount Henry St. John）の著作集と、英訳されたルソーの『人間不平等起源論』への反駁にある。バークの著作のタイトルは『自然社会の擁護』となっているが、彼の意図は全く逆である。バークは、ボリングブルックやルソーが主張する「自然社会」を論破するために、敢えて論敵のロジックを用いて、その問題点を暴こうとしている。これは実にアイロニカルな、一八世紀イギリスの政治諷刺の手法である。

「自然社会」とは、何らかの人為的な制度によるのではなく、自然の欲望と本能に基づく社会のことである。一八世紀の自由思想家や啓蒙主義者は、眼前にある文明社会の腐敗や堕落を糾弾するあまり、それまでの社会システムを支えてきた伝統的な啓示宗教や人為的な政治制度を悉く粉砕し、無垢で素朴な自然への回帰を訴える。「自然へ帰れ」と絶叫し、文明社会よりも自然社会を讃美する自然社会論に対して、バークは徹底的に抗戦しようとする。バークによれば、自然社会は未開の野蛮な状態に過ぎない。あるがままに任せて人間の欲望を解き放ってしまうと、それは際限なく肥大していき、ついには人類が手に入れたものを全て失ってしまう事態に陥る。たしかに現存する秩序は不完全であるのかもしれないが、それは先人たちの努力と苦心の末に積み重ねられてきた智慧と制度によるものであって、啓蒙主義的理性によって安易に破棄されてはならないものである。社会は歴史と経験に即して形成されている有機体（organism）であり、人為的な制度によって教化されていく文明社会こそ擁護しなければならない。これが『自然社会の擁護』におけるバークの基調である（社会有機体論）。とりわけ、人為的な制度である道徳や法律を根拠付けているものとして、宗教の役割が重視されている。歴史の中に働く神慮を感じて神を畏れ敬うという宗教心が、人間の健全なる人格を形成し、道徳性の向上を可能とするのである。

ところが、啓蒙主義的理性によって攻撃の矢面に立たされたのが、まさに宗教に他ならない。「宗教のあらゆる形態が厄介な仕方で攻撃され、あらゆる徳性と全ての統治の基礎が強い作為と非常な巧妙さによって掘り崩されてしまう」[9]と、バークは警告する。宗教は不合理な迷信として排斥され、一連の「キリスト教の合理化」という議論から理神論が派生され、果ては無神論が帰結されるようになる。これに対して、バークは「彼らは神慮を論破し、神は正義でも善でもないと主張することによって、私たちの敬神と、私たちの神に対する信頼を増大させようとでも思っているのか」[10]と皮肉っている。

理神論は、自然宗教に基づいて啓示宗教の不合理さを糾弾する。このような合理主義の論証が正当化されて、他にも援用されるとするならば、現実に存在している全ての人為的制度も不合理であると断ぜられて、転覆されるべきものとなる。「宗教の破壊に用いられたのと同じ装置が政府の転覆に用いられても同じように成功するだろう」[11]というのはバークの名言であるが、これは図らずも後年のフランス革命において歴史的に実現することとなる。秩序の維持、義務の履行、道徳の遵守といった社会を形成する基礎的要件が、いちいち論《あげつら》われて、その存在理由を各人に明証していかねばならないとすると、ほとんど際限のない不毛な論争が続けられることになり、そのうちに社会的な制度は信頼性と耐久性を失って疲弊し、文化的な営為も意義を失って否定されるにちがいない。そのようにして全てがリセットされた結果、社会をゼロベースから構築できるといった誇大妄想——いわゆるデカルト的な幾何学的精神、あるいは設計主義的合理主義（constructivist rationalism）——が現われて、現実にある秩序を破壊し尽くすことだろう。二一世紀に生きる私たちは、そのことを世界史の悲劇の中で実検してきたし、現在も大なり小なり目撃しているではないか。バークは言う。

編者［バークのこと：引用者補足］は次のことを確信している。自分自身の弱さの意識から、創造におけるその従属的地位の意識から、ある主題をめぐって想像力を野放しにすることが極度に危険であるという意識から何の拘束も受けない精神は、最も優れて最も尊敬すべきもの全てを極めてまことしやかに攻撃するだろう。つまり、創造そのものを批判することも難しくはないだろう。[12]

だから、私たちは自然の欲望の肥大化を警戒し、人間精神の暴走を抑制し、そのために神慮という人間の歴史の原点に立ち戻らなければならない。バークによれば、人間の幸福と道徳の実践と真理の認識は相互に連関しており、それぞれが支え合う関係にある。この関係は神慮によって定められたものであるので、人間の知力などでは勝手に変更できない。この定められた関係が、あらゆることに関して私たちの推論を正しく方向付ける手段となる。啓蒙主義的理性が企てた自然社会論に反して、バークは次のように主張する。

しかしながら、私たちは、何が敬虔で、正義で、公平で、誠実であるかについては、どのような政治的技巧でも博識な詭弁でも胸中から完全に追い出すことのできない観念、格率、原則を、神慮によって我々の中に植え付けられてきたのである。これらによって私たちは、宗教と社会のそれぞれの人為的な様態を判断するし、そうでなければ判断などできないし、またそれらの様態がこの基準に近づくのかそれとも遠ざかるのかに応じて、それらについて判定するのである。[13]

バークの『自然社会の擁護』の意義について、中野好之は以下のように評価している。正鵠を射た指摘なので、少し長くなるが引用しておく。

あらゆる個人が自己の理性の弱点もしくは位階の従属的地位の自覚による抑制を抜きにして、一切の主題に関する放恣な想像力の行使を許される事態になるならば、歴史の伝承が一致してこの上なく神聖で崇高なものと敬愛してきた一切のものは、合理主義的批判の手による破壊にさらされよう。バークの著作に多少とも接した人間には容易に看取されるように、この主張は彼のこの処女作から最晩年の著作までを一貫する最も基本的な確信に他ならない。当初は著者の意図がどれほど世間に誤解されたにせよ、後世の読者によってこの処女作は、西ヨーロッパの伝統的なキリスト教の文明と秩序への敵に反対する保守主義哲学者バークの長い生涯を通ずる闘争の開始を世に告げる最初のラッパの響として重要である[14]。

以上の議論をまとめておこう。『自然社会の擁護』におけるバークの意図は、当時、流行していた理神論の弊害を糺し、伝統的な啓示宗教の社会的意義を改めて主張することにあったと言える。そのような宗教心を育む人間心理の分析が、次に取り上げる『崇高と美の観念の起源』においてなされている。

## 「崇高」としての宗教

古典主義的な理解では、美は均整のとれた調和に基づくものである。従って、美学では客観的な美の規定が追求されてきた。それに対して、バークは主観的な美の体験に注目する。彼は日常ありふれた経験を感覚的、心理的、生理的に観察し洞察することから、美の観念を再検討しようと試みた。それが『崇高と美の観念の起源』（一七五七年）に結実する。一般的に、ここで展開されるバークの議論は、①偽ロンギノスの『崇高について』[15]以来、修辞学のテーマであった「崇高」（sublime）——修辞的文体としての「崇高体」——を主観的な美の体験に位置付けたものとして、②美の観念を理性から感性の領域へ移した点でカントの『判断力批判』（一七九〇年）の議論——第一部「美的判断力批判」の「崇高の分析論」（Analytik des Erhabenen）[16]——に先行するものとして、③レッシング、ヘルダー、メンデルスゾーンに影響を与えたものとして知られている。しかし本章では、崇高の概念史的分析に詳しく立ち入らず、またバークとカントの関係性[17]についても深追いしない。

バークによれば、美と崇高を生み出すのは人間の情念である。美は、快に起源を持ち、人間を社交性（social nature）へ導く社会的な情念に関係している。崇高は、苦と恐怖に直面して、自己を保存（self-preservation）しようとする利己的な情念に関係している。

単純に苦もしくは快であれ、あるいはそれらの変形であれ、心に強力な印象を与えることができる観念の大部分は、ほとんど自己保存と社交という二つの項目に還元されるかもしれない。私たちのあらゆる情念は、どちらかの目的のうち、いずれかに応答するよう作られている。自己保存に関わる情念は、たいていが苦か危険になる。苦、病気、死の観念は、心を恐怖の強い情緒で満たす。しかし、生や健康は、私たちを快に影響される状態に置くとしても、単純な喜悦によってそのような印象を作り出すわけではない。従って、個人の保存に関係する情念は、主として苦と危険になるのであり、それらはあらゆる情念の中で最も強力なものである。[18]

本章の関心から注目したいのは崇高の作用であり、それが宗教理解においてどのように反映されるのかである。崇高について、バークは次のように説明している。

どのような仕方であれ、苦と危険の観念を引き起こすのに適したもの、言い換えれば、どのような種類であれ、恐ろしさを与えるもの、あるいは恐ろしい対象と関わり、もしくは恐怖に似た形で作用するものは何でも、崇高の源泉になる。つまり、それは心が感じることのできる最も強い情緒を生み出すのである。[19]

では、私たちが崇高を最も深刻に感じるのは、どのような時だろうか。バークによれば、それは私たちを圧倒して凌駕するような恐ろしい対象に直面した瞬間である。例えば、恐怖（terror）、不気味な暗さ（obscurity）、計り知れないほど巨大な力（power）、空虚、闇、孤独、沈黙といった欠如（privation）、人間の手には負えない広大さ（vastness）、つかみどころのない無限さ（infinity）などでである。バークの考え方で興味深いのは、人間は怯えることによって崇高を感じるという点である。崇高に由来する近寄り難き高貴なるものへの尊敬の念は、必ずしも私たちにとって親しさや有益さから生まれるものではなく、限りなく私たちを萎縮させる圧倒的な恐さから出てくるという。それは生理学上、最も原始的で動物的な感情である。バークによれば、崇高は私たちを根底から恐れさせて、自己保存という根本的な情念を揺り動かし脅かす。しかし、観念的に脅かされることが人間の本性を、つまり自己を保持せんとする衝動を目覚めさせる。約言すれば、自我の脅威が自我の覚醒を促すと言えるだろうか。崇高は人間を卑小なものとし孤絶させるが、かえって自我の最深部を明るみに出し、自己保存の欲求を発奮させることにつながる。人間は崇高の脅威に耐えることによって、自己主張に転じる。その時、自らの存在は確証され、自らの尊厳が認識される。そして、猛威を振るう自然の驚異や、人生を翻弄する運命の力から解放される喜悦（delight）を覚えるのである。[20] 補足しておくと、自らの存在が実際に危険に晒された場合ではなく、あくまでも観念的な恐れ――快い恐怖（agreeable horror）――を抱いた時に、崇高は喜悦をもたらすのである。さらに言えば、崇高の快に相当する喜悦が惹起されるには、恐怖をもたらす対象と観察する主体に一定の距離が置かれていなければならない。

このような崇高を体験するのは、具体的に言えば、私たちが無限なる宇宙空間、雄大な自然の情景、荘厳な大伽藍や大聖堂、優美で華麗な芸術作品などから感銘を受けた時であるが、最も強力な源泉は宗教心が発露される時、さらに言えば、神の力に打たれた時である（ここでバークが引き合いに出しているのはヨブ記の神であり、詩編における神の御業である）。バークの記述を読み解いていくと、最も恭しい崇高は、人間が持っている神の観念と結び付いていることが分かる。要するに、最大の恐怖は神から[21]、従って、最大の崇高は神から来る。神の属性には力、叡智、正義、善などがあるが、人間の想像力においては他の属性に増して、神の力が格段に強く訴えかけてくる。「神の手の内に、四方を遍く囲まれているような、非常に巨大な全能の力の対象を沈思するうちに、私たちは自らの本性の微小さへと縮み上がり、ある意味で、神の前で滅ぼされてしまうのである」[22]。神から慈愛を賜ろうとも、圧倒的な神の力の前で自ずと然るべく生じてくる根源的な恐さを、人間は完全に払拭できないのである。その心情をバークは巧みに表現している。「たとえ私たちが歓喜するとしても、それは戦慄しながらである」[23]。このことは、オットーの「ヌミノーゼ」――「魅惑するものであるとともに畏怖の念を呼び起こすものである神秘」（mysterium fascinans et tremendum）――[24]を連想させる。また、宗教の主情主義的解釈という側面から、シュライアマハーの宗教論[25]とも比較できるかもしれない。ここで筆者は、バークの議論を宗教本質論において検討する可能性があることを示唆しておきたい。

　バークの崇高論を私たちの問題関心に引き寄せて解釈すれば、崇高は神という絶対者の前で人間を単独者と化し、根源的な内省を迫るものと言えよう。崇高を生み出す原初的な恐怖は、宗教的には神に対する畏敬の念となって、人々の心情に深く浸透し、健全な人間性を育む。それによって、人間とは有限、可謬、不完全の存在に過ぎないという自覚が芽生える。その自覚を有することが、節度を持った人間の証となる。バークの保守主義は、こうした人間理解の上に立脚している。ある程度の（観念的な）恐れが、人間に厳しさを課するのである。神への恐れと畏れがなければ、人間性は緊張感を失って弛緩するだろう。その結果、道徳を遵守することも、秩序を維持することも、社会を成立させることもできなくなるだろう。[26] すなわち、崇高としての宗教感情が、社会の道徳的秩序を支える柱となるのである。

## 「偏見」としての宗教

バークの名を不朽のものとした保守主義の古典『フランス革命の省察』（一七九〇年）においても、要所で宗教に関する記述が見られる。本書の目的は、表面的には、ロンドン革命協会のプライス博士（ユニテリアンの牧師）が『祖国愛について』（一七八九年）で主張したフランス革命讃美の教説[27]を撃破すること、より本質的には、フランス革命の狂騒を冷徹に分析して、革命を主導したルソーやヴォルテール、あるいはダランベール、ディドロ、エルヴェシウスらの「野蛮な哲学」（barbarous philosophy）を排撃することにある。要するに、彼らのように抽象的な理性を過信し、人間の意志による社会契約を正当化すると、結果的に出現する人工国家はディストピアになるという批判である。彼らのように宗教を否定すれば、人間は神の被造物であることを忘れ、自らの有限性、可謬性、不完全性を無視し、絶対者を僭称するという錯誤に堕する。つまり、人間の意志の支配を正当化することは傲岸不遜な人間性の表われであり、それは歴史を後退させ、社会を不幸にするだけであるとバークは考える。

バークは人間を「宗教的動物」であると定義している。引用しよう。

人間は生まれながらにして宗教的動物であり、無神論は私たちの理性のみならず本能にも反しており、長期にわたって優勢ではあり得ないと、私たちは知っているし、知っていることが私たちの誉れなのである。しかし、もし騒擾の最中に、しかも今まさにフランスで非常に激しく煮えたぎっている地獄の蒸留釜からとり出された出来立ての酒で泥酔した錯乱状態において、これまで私たちの誇りと慰めであり続け、しかも私たちやその他多くの国民の中にあって文明の一大源泉を成してきたキリスト教を投げ捨てるならば、私たちは自らの裸体を曝け出すことになるだろうし、精神が空虚に耐えられないだろうとよく分かっているので、何か得体の知れない有害で下劣な迷信がそれに取って代わるかもしれないと、私たちは憂慮するのである。[28]

そのため、バークによる革命批判では、啓蒙主義や合理主義によって「偏見」と蔑まされた宗教の擁護に力点が置かれることになる。

既述したように、バークは論敵の主張を逆手にとって自らの主張を展開する手法に長けているが、ここでも敢えて「偏見」という言葉を用いている。つまり、躊躇することなく偏見としての宗教を擁護するというのである。この「偏見」という言葉について、岸本広司の解説を参照しておこう。

「偏見」(prejudice)とはラテン語の praejudicium に由来する言葉である。praejudicium とは先例、すなわち以前の決定や経験に基づく判断を意味したが、prejudice に派生すると、やがてこの語は事実を十分に検証することなく下される未熟で軽率な判断、またある事柄に対する過度の好意的もしくは非好意的な感情的態度という意味で用いられるようになった。そしてその結果、prejudice は思慮分別を欠いた誤った意見や、そうした意見に基づいて抱かれている偏った感情として、それゆえに理性的判断に反するものとしてネガティブに、またきわめて軽蔑的に捉えられるようになったのである。[29]

「偏見」という言葉でバークが示したかったことは、「知性の犠牲」を強いるような悪しき旧弊にしがみ付くことでもないし、偏向した考え方（例えば、人種的偏見のようなもの）を正当化することでもないいし、無反省な思い込みの迷妄に囚われることでもない。そうではなくて、バークの「偏見」という観念は、そこに含意されている先人たちによる理性的判断と反省的思惟の集積を意味しているのであり、強調点は先例の重視、伝統の尊重ということにある。誤解を受けるかもしれないのに敢えてインパクトの強い「偏見」という表現を使用したのは、古い意見は全て誤りであるかのように切って捨てる進歩的な人々の浅はかさに対して反感を込めて皮肉る意図があったと理解しておきたい。次に引用するのは、「偏見」に関するバークの卓見である。

お分かりのように、私は、この啓蒙の時代において、次のように告白するほどに大胆である。つまり、私たちは概して、教わらないで会得した感情の持ち主であること、私たちの古い偏見を全て捨て去るどころか、それらを大いに慈しんでいること、さらに恥ずかしいことに、それらが偏見であるが故に慈しんでいること、しかもそれらがより永続してきたものであり、より広く普及してきたものであるほど慈しむということである。私たちは、人々が各々、自分自身だけの理性の蓄えで生き、商いすることを恐れる。なぜなら、各々のこの蓄えは僅かであり、各個人は諸国民や諸時代の共同の銀行と資本を利用する方がよいだろうと気付いているからである。我が国の思索する者の多くが、共通の偏見を打ち破るどころか、それらの中にみなぎっている潜在的な叡智を発見するために、自らの賢察を用いるのである。彼らは、滅多に失敗したりしないのだが、探し求めているものを発見すると、偏見という上着を投げ捨てて裸の理性の他に何も残らなくすることよりは、理性を伴った偏見を持続させることの方がより賢明であると考えるのである。なぜなら、理性とともにある偏見は、その理性を行動に向ける動機や、それに永続性を与える愛情を持っているからである。偏見は、有事において即座に適用できる。それはあらかじめ精神を智慧と美徳の確固たる道筋に従わせ、決断の瞬間に人を疑わせたり、困惑させたり、決心できなくさせたりして、躊躇させたまま放置したりしないのである。偏見は人の美徳を、その人の習慣とする。そして、一連のつながりのない行為にはしないのである。[30]

バークは、経験を積み重ねることで練成されてきた「偏見」を「上着」に、自分の頭の中だけで好き勝手に考える抽象的な「理性」を「裸」に譬える。「偏見」は啓蒙された人間によって、その不条理さが糾弾され、嘲笑の的となり、時代遅れのファッションとして斥けられてしまった。[31] しかし、その後に残されたものは「裸の理性」、つまり人間性を貧しくする自分勝手な理屈だけであった。「偏見」を捨て去ることは、暗黙の内に前提された知の備えを取り去ることであり、それは愚かの極みと言える。バークの表現を借りれば、「偏見」とは「道徳的想像力」（moral imagination）というワードローブで整えられてきた「人生の上品な衣」（the decent drapery of life）であり、裸のままでは打ち震えてしまう人間性の様々な欠陥（the defects of our naked shivering nature）を被うために必要なものである。バークの考える「偏見」は集積された経験知、暗黙知、解釈学的に言えば前理解、前了解、言わば、歴史の重みに耐えてきた「崇高な諸原理」（sublime principles）[32]に他ならない。そして、それは歴史的に形成されてきた国民精神を反映するものであり、風習と結び付いた公共的な感情に裏付けられたものである。そのような「偏見」が共通の社会性を養成し、まさしく理性的な行動を可能ならしめる。従って、「偏見」は安定的な社会秩序を維持するために必要不可欠であり、バークによれば、その宝庫が宗教ということになる。これが、偏見としての宗教を擁護する動機に他ならない。重要な箇所なので、長くなるが全文を引用しておく。

初めに、私たちの教会制度について述べることをお許し頂きたい。それは私たちの偏見の中で第一のものであり、理性を欠いた偏見ではなく、その内に深遠で広大な叡智を含むものである。先ず、それについて述べる。それは、私たちの精神において、最初にも最後にも最中にもある。というのも、私たちが現在所有している宗教的体系に基づくことによって、私たちは初めの頃から受け入れられ、一様に引き継がれてきた人類の感覚に即して行為し続けることになるからである。この感覚は、賢明な建築家のように、国家という荘厳な建物を打ち建てただけでなく、用心深い所有者のように、この建物が欺瞞、暴力、不正、専制などのあらゆる不純物から清められた聖なる神殿として冒瀆と破壊から守られるように、コモンウェルスとそこで職務を担う人々の全てを厳粛かつ永遠に聖別したのである。この聖別が行われるのは、神御自身の人格においてあるところの人間の統治を行う全ての人々が自らの任務と運命を気高く価値あるものと考えるようにするためであり、彼らの希望が不滅性で満たされるようにするためである。また、彼らが目先の僅かな金銭や一時的で移り気な大衆の賞賛ではなく、彼らの本性のうち永遠的な部分の中にある堅固で永遠なる存在に目を向け、そして彼らが豊かな遺産として世界に残す実例の中にある永遠の名声と栄光を望むようにするためである。[33]

バークは、ルソー的社会契約論による革命的な国家改造あるいは破壊的な国家解体に断固として反対する。そのために、既存の宗教による国家の聖別を説き、その永続性を強調している。宗教による聖別が国家の目的意識（使命感）を厳正なものとし、為政者に名誉の感覚を植え付け、金権的な腐敗、ポピュリズム（大衆迎合主義）、オポチュニズム（日和見主義）を防止する。このようにバークの議論では、国家を含めた文明社会全体を基礎付けるものとして宗教の役割が評価されている。宗教は、創造主である神が被造物である人間を「存在の秩序」の中に配列し、それぞれの役割へと誘導していることを説く（バークはトマス的な表現を用いている）。従って、人間に課せられた義務は自由意志に基づく随意的なものではなく、神と人間の関係に基づく神聖なものである。[34]それゆえに、義務の不履行は不敬な行為であって、人間には選択の余地が認められない。また、バークはその立論に際して、キケロから引証している。[35]キケロによれば、神々が万物の支配者であり、この世に起こる全ての事柄がその意志と権威によって支配されている。神々は人間の性質や行動を見ており、宗教的行為において敬虔か不敬かを識別している。こうした観念が人々の心に浸透すれば、人間は有益で真正な意見に叛こうとはしなくなる。以上のように要約されるキケロの思想に基づいて、バークは自らの宗教理解を次のように披瀝する。

私たちは、宗教が文明社会の基礎であり、全ての善、全ての慰めの源泉であると知っており、さらに良いことには心の中でそう感じているのである。イングランドにおいて、私たちはこのことを非常に強く確信しているので、蓄積された人間精神の不条理が時代を経るにつれて、それを迷信の錆で覆い尽くしてきたとしても、イングランドの一〇〇人中九九人までが不信仰の方を好もうとはしないのである。私たちは、何らかの体系の腐敗を除去し、欠点を補い、あるいはその構造を完全なものとするために、その内実へ敵を呼び込むような愚か者には決してならないだろう。万一もし私たちの宗教の教義がさらなる解明を要するとしても、その説明のために私たちが無神論に頼ることはないだろう。私たちは自らの神殿を不浄な火で照らそうとはしないだろう。それは別の光で照らされるだろう。[36]

この箇所について、中野の解釈を参照しておく。

要するにバークがこの一節で力説してやまない論旨は、本来ならば人間の善と慰藉の根本的な基礎と源泉に他ならない宗教といえども、人間の悪しき情念と我欲による積年の弊害で、必ずしもその中心ではないものの表層だけは迷信という銹で覆われる不可抗的で宿命的な傾向を有する、との指摘にある。……だが世の善男善女の圧倒的に多数の者は、それでもこの迷信打破の看板を掲げる合理主義的な無神論の甘い誘惑を断固として撥ねつけて、この迷信という素朴な敬神への執着をあくまで保持するはずだという、民衆の日常的な習性を力強く肯定する極めて簡単明瞭な信念の表明がここでの論者バークの真意に他ならない[37]。

宗教をめぐる現代人の心象は、無神論か、狂信（カルト、ファンダメンタリズム）か、偶像崇拝か、これらのどれかに揺れ動き、彷徨している。全く信じないこと（無神論）と、余りにも信じ過ぎること（狂信）とは、双方ともに危険であり、安易に信じ込まされること（偶像崇拝）も危険である。バランスの取れた健全な宗教性の回復を願う時、偏見としての宗教論は参照に値しよう。なぜなら、バークの言う宗教は、敬虔さに裏付けられている点で無神論とは異なり、歴史的思慮によって反省されてきた点で狂信とは異なり、神の代用品をあれこれ想定しない点で偶像崇拝とは異なるからである。ここに、バーク思想における宗教論の今日的意義が認められる。

## 神を畏れよ

「私たちは神を畏れる」——これがバークの出発点である。神への畏敬という宗教的情操と先達への敬意という歴史的感覚が、社会に連続性と安定性を与え、人間の利己的な暴走を許さない抑止力となる。神の前に謙《へりくだ》る謙遜（modesty）と、人間の分限を弁えた卑下（humility）に基づいて、バークの政治思想は形成されているのである。ここで改めて、バーク思想における宗教の意味合いを強調しておきたい。必ずしもバークは体系的な宗教論を展開したわけではない。しかし、本章で検討してきたように、その時々に書き記された断片的な思索を集めてみると、一貫性のある宗教理解が浮かび上がってくる。バーク研究への宗教的アプローチは試みとして可能であり、今後は、より本格的な検討が望まれる。ここで幾つかの課題を列挙することによって、結びとしたい。

「保守主義者の教会と国家との関係についての信条の中に、アングリカニズムが滲透していることを知るのは、保守主義の理解にとって極めて大切である」[38]との指摘があるが、アングリカニズムの伝統と保守的思考の関わりも、興味深いテーマである（リチャード・フッカーの立場は注目に値する）。例えば、クイントンやカークが保守思想家として位置付けているジョン・ヘンリー・ニューマン枢機卿の思想とバークを比較して論じることもできるだろう。バークの「偏見」とニューマンの「先行的蓋然性」には、類縁性が感じられる。迷信深くて非合理的であると思われても、信仰を持つことは大切である――そのように主張できるのは、ニューマンの言う「推論的感覚」によるのだが、そうした発想もバークに見出すことができる。あるいは、バークの思想的背景についても詳細な分析を要するだろう。本章で少し触れたキケロやトマス・アクィナス以外に、アリストテレスとの関係も検討されるべきであるし、さらにはケンブリッジ・プラトニズムからの影響も看過されてはならないだろう。ケンブリッジ・プラトン主義者のジョン・スミスが言う[39]「先取観念」（praecognita）などは、バークの

「偏見」としての宗教理解に哲学的な基礎を与えるかもしれない。

本章では言及できなかったが、バーク思想においては宗教的寛容の問題もクローズアップされる。バークの保守主義は、頑迷固陋とは無縁であり、閉鎖的な思考に止まらない。むしろ、開放性を伴った自由主義的な側面を有している。例えば、政治家バークは、刑罰法によって厳しい宗教的迫害を受けていたアイルランドのカトリック教徒を救済しようとした。彼の『アイルランド・カトリック刑罰法論』（一七六一―六五年）では、宗教的弾圧の不当性が指摘され、カトリック教徒を救済する法案の成立が急務であると主張されている。バークによれば、キリスト教的な倫理に基づいて日々を懸命に生きている人々が教派の相違というだけで弾圧されるのは間違ったことであり、非国教会の信徒であっても社会性に照らして寛容されるべきである。この議論は、ロックの宗教的寛容[40]と比較して論じることができるだろう。

宗教論という射程においてバーク思想を解釈すると、結局、問われているのは、信仰か不信仰（無神論）かの二者択一であることが分かる。神への信仰を持って生きることは、伝統に繋がれることを意味するが、それによって人間は、秩序と結び付いた真正の自由（義務を伴った高貴なる自由）を得ることになり、健全な人間性（被造物感情に裏付けられた謙虚さ）を育むことができる。神への信仰を持たないで生きることは、利己心を抑止する力の欠如を意味し、抽象的な理性（屁理屈）と野放図な自由（放縦）によって、人間性を頽落させることにつながる。果たして私たちは、どちらを選ぶのか。その選択が未来への鍵となる。

## 注

1　ダンテ『神曲』「煉獄篇」第三歌三五―三七行。ダンテ著、平川祐弘訳（二〇一〇年）『神曲　完全版』河出書房新社、二五〇頁から引用。

2　バークが拠って立つ伝統的な自然法――アリストテレス、キケロ、トマス・アクィナスから発し、英国のアングリカニズムやケンブリッジ・プラトニズムを経由して伝えられたもの――では、法の権威の源泉は神に求められる。つまり、人間の服すべき高次の法は神の意志であり、その効力は人間の意志とは全く無関係なもので、全ての個人や政府に及ぶ。この法に拘束されることが、人間の幸福につながる。

3　セシル著、栄田卓弘訳（一九七九年）『保守主義とは何か』早稲田大学出版部を参照。一九一二年に刊行された原著は入手できなかった。

4　cf. F. J. C. Hearnshaw（1976［1933］）: *Conservatism in England, An Analytical, Historical, and Political Survey*, Howard Fertig.

5　クイントン著、岩重政敏訳（二〇〇三年）『不完全性の政治学―イギリス保守主義思想の二つの伝統―』東信堂、四五頁、八七―一〇五頁を参照。

6　カークは保守思想の規準として、他に「伝統的生活の多様さと神秘さを繁殖することに対する愛情」（Affection for the proliferating variety and mystery of traditional life）、「文明社会は身分と階級を必要とするという確信」（Conviction that civilized society requires orders and classes）、「私有財産制と自由とは不可分であるという意見」（Persuasion that property and freedom are inseparably）、「時効の尊重と〈詭弁家や計算者〉に対する不信」（Faith in prescription and distrust of "sophisters and calculators"）、「変化と改良は同じものではないという認識」（Recognition that change and reform are not identical）を挙げている。cf. Russell Kirk（1987）: *The Conservative Mind: From Burke to Eliot*（7th rev. ed.）, Regnery Books, pp.7-8.

7　Joseph L. Pappin（1993）: *The Metaphysics of Edmund Burke*, Fordham University Press: New York, p.102. バークの神理解については、pp.102-111 を参照。

8　この点については、末冨浩（二〇一四年）『エドマンド・バーク―政治における原理とは何か―』昭和堂、四〇―五七頁が詳しい。

9　本章におけるバークからの引用は先達の訳業を参照しつつ、訳語の統一などに鑑みて試訳による。バークのテキストは一九八一年から刊行が続いているオックスフォード・クラレンドン版（責任編集P・ラングフォード）の *The Writings and Speeches of Edmund Burke*, Oxford を使用するのが望ましいが、ここでは必ずしもバークの専門研究を意図しておらず、今回は入手し易いものを使用した。以下のように引用指示の脚注では、邦訳の頁数も提示している。

10　Edmund Burke/ ed. Frank N. Pagano（1982［1756］）: *A Vindication of Natural Society*, A Liberty Fund, p.5. 水田珠枝訳（一九八〇年）『自然社会の擁護』（世界の名著四一）中央公論社、三五〇頁。

11　Burke, ibid., p.5. 水田珠枝訳（一九八〇年）、三五一頁。

12　Burke, ibid., p.6. 水田珠枝訳（一九八〇年）、三五一頁。

13　Burke, ibid., p.8. 水田珠枝訳（一九八〇年）、三五二頁。

14　Burke, ibid., pp.43-44. 水田珠枝訳（一九八〇年）、三七三頁。

15　中野好之（一九七七年）『評伝　バーク―アメリカ独立戦争の時代―』みすず書房、八一頁。

16　『崇高について』は、古代ローマ末期の修辞家ロンギノスの著作と誤って伝えられた。この書物はバークのトリニティ・カレッジ（ダブリン）時代の教材であったらしい。詳しくは中野好之（一九七七年）、前掲書、五六頁を参照。

17　カントの崇高論については、甲田純生（一九九九年）『美と崇高の彼方へ―カント『判断力批判』をめぐって―』晃洋書房、宮崎裕助（二〇〇九年）『判断と崇高―カント美学のポリティクス―』知泉書館を参照されたい。

18　バークとカントの比較については、桑原秀樹（二〇〇八年）『崇高の美学』（講談社選書メチエ四一三）講談社の第二章、牧野英二（二〇〇七年）『崇高の哲学―情感豊かな理性の構築に向けて―』法政大学出版局の第四章を参照されたい。

Edmund Burke/ ed. Adam Phillips（1990［1757］）: *A Philosophical Enquiry into the Origin of our Ideas of the Sublime and Beautiful*, Oxford University Press, pp.35-36. 中野好之訳（一九九九年）『崇高と美の観念の起源』みすず書房、四

三頁。

19　Burke, ibid., p.36. 中野訳（一九九九年）、四三頁。

20　崇高の効用については、偽ロンギノスの『崇高について』でも次のように説明されていた。「私たちの精神は、ほんものの崇高に出会うときには、まったく自然のことのようにして誇りたかく高みにあがり、聞いたものをあたかも自分がつくり出したようなよろこびと興奮でいっぱいにする」（ロンギノス著、小田実訳（一九九九年）『崇高について』河合文化教育研究所、九一頁）。

21　この点について、バークが引証しているのは、スタティウス『テーバイス』第三巻六六の言葉である。「恐怖は先ず、この世界に神々を作った」(Primus in orbe deos fecit timor)。

22　Burke, ibid., p.63. 中野訳（一九九九年）、七五頁。

23　Burke, ibid., p.63.

24　オットーはヌミノーゼと崇高の関係を次のように述べている。「……ヌミノーゼと崇高なものとの間に類似性があるのもあきらかだ。第一に、「崇高なもの」は、ヌミノーゼと同様に、カントの言う「解明しえない概念」[unauswickelbarer Begriff]である。確かに、ある対象を崇高なものと呼ぶ場合、誰もが共通に思い浮かべるような一般的な「合理的」な指標をいくつか拾い集めることはできる。たとえば、その対象が「力動的に」あるいは「数学的に」、つまり強大な力を発揮しながら、あるいはその空間的な大きさを見せつけながら、われわれの理解力の限界に接近し、それを突破しようとする場合がそうである。だが、これは崇高さの印象の一案件にすぎず、決してその本質ではない。たんに並はずれて大きいということだけでは、それはまだ崇高とは言えない。この概念はそれ自体が解明不能のままであり、なにか不可思議に満ちたものを内包している。まずこの点がヌミノーゼと共通している部分である。「崇高なもの」がヌミノーゼと類似している第二の要素は、あの特殊固有の二重の性格、つまり、まずは撥ねつけるが、同時にまた激しく惹きつける印象を心に与えるということである。それは下に押えつけると同時に上へと高めてくれる。心情を束縛すると同時に解放する。一方では、恐れと似た感情を呼び起こし、他方で幸福感をもたらす。このように崇高感は、ヌミノーゼと類似しているという事実のゆえに、ヌーメン的感情と密接に結びついており、よってヌーメン的感情を「刺激」したり、逆にそれから刺激を受けたり、またヌーメン的感情に「移行」したり、逆にそれを自分のうちに移行させて終息させるという傾向をもつ」(ルドルフ・オットー著、久松英二訳(二〇一〇年)『聖なるもの』岩波文庫、一〇〇―一〇一頁)。

25 シュライアマハーは『宗教論』において、宗教を一方で知識と形而上学から、他方で行為と道徳から区別し、啓蒙主義と合理主義に偏した、いわゆる宗教を軽蔑する教養市民層に対して、宗教の弁明を試みている。シュライアマハーによれば、宗教は無限なるものの驚くべき直観(Anschauen)であるがゆえに、心情(Gemüt)における固有の領域から生じるものである。つまり、宗教の本質は思惟でも行為でもなく、直観と感情(Anschauung und Gefühl)である。詳しくは、シュライアマハー著、深井智朗訳(二〇一三年)『宗教について―宗教を侮蔑する教養人のための講話―』春秋社を参照のこと。

26 筆者は以前、神への畏敬の念(あるいは、表象的には地獄の恐怖)が倫理の源泉であると論じたことがある。詳しくは、拙著(二〇一四年)「地獄」『増補版　キリスト教思想断想』ナカニシヤ出版、一六五―一九九頁を参照。倫理をめぐる「神の命令説」(divine command theory)の再検討〈啓示モデル〉による倫理の形成)も、筆者の今後の課題である。

27 岸本広司(二〇〇〇年)『バーク政治思想の展開』御茶の水書房、五三八―五四〇頁を参照。

28 Edmund Burke / ed. J. C. D. Clark (2001 [1790]): *Reflections on the Revolution in France*, Stanford University Press, p.255. 水田洋訳(一九八〇年)『フランス革命についての省察』(世界の名著四一)中央公論社、一六〇―一六一頁。中野好之訳(二〇〇〇年)『フランス革命についての省察』岩波文庫、一六七頁。半澤孝麿訳(二〇〇四年)『新装版　フランス革命の省察』みすず書房、一一五―一一六頁。

29 岸本広司(二〇〇〇年)、前掲書、五九七―五九八頁。

30 Burke, ibid., pp.251-252. 水田洋訳(一九八〇年)、一五五―一五六頁。中野訳(二〇〇〇年)、一六〇―一六一頁。半澤訳(二〇〇四年)、一一〇―一一一頁。

31 cf., Burke, ibid., pp.239-240.

32　cf, Burke, ibid., p.257.

33　Burke, ibid., pp.256-257. 水田洋訳（一九八〇年）、一六二頁。中野訳（二〇〇〇年）、一六九―一七〇頁。半澤訳（二〇〇四年）、一一七頁。

34　この点について補足するため、バークの「新ウィッグから旧ウィッグへの上訴―『フランス革命論』なる書物に関連して最近議会内で行なわれた討議の結果に鑑みて―」（一九七一年）から引用しておきたい。原文に当たることができなかったので邦訳を用いる。「……われわれの存在の畏れ多い創造主は存在秩序におけるわれわれの場所の創造主であり――神聖な摂理によってわれわれを、われわれの意思ならぬ彼自身の意思にもとづいて配列し誘導し給うゆえに、この配列によって実質上われわれにあてがわれた場所に帰属する役割をわれわれが果たすよう定め給うたわけである。われわれが広く全人類に負う義務は、断じて或る特定の随意協約の産物ではない。それは人間と人間の間の、そして人間と神の関係に由来し、そしてこの関係は決して選択の産物ではない。それとは正反対にわれわれが人類の中の或る特定の個々人との間で取り結ぶあらゆる協約の効力は、実にこの一層上位の先行的義務に依存する。ごく一部の場合には下位の従属的関係が任意であり他の場合にはやむをえぬものであるにしても――義務はすべて強制力を有する。われわれが結婚する場合、確かに選択は任意であっても個々の義務は選択の対象ではなく、状況の本性にもとづいて指図される。われわれがこの世に生まれ落ちる道筋は暗くて究め難く、この自然造化の神秘的過程を生み出す本能もわれわれが作り出したものではない。だがわれわれには知られぬ、否、知られえない物理的原因に由来する道徳上の諸義務は、われわれにも完全に理解できるものゆえに不可避的に履行さるべきである。両親は彼らの道徳的関係に同意した事実がないかも知れないが、同意したと否とに関係なく彼らは現実に従来いかなる種類の協約も結ばずにいる子供たちへの長く続く負担の重い義務を負うている。子供たちは自己の血縁関係に同意をした事実はないが、彼らの置かれる関係そのものが彼らの実際の同意を俟たずに彼らをその義務へと拘束する――というよりは、むしろ宇宙の予定された事物の秩序に対応するものとしてすべての理性的人間による同意が推定される以上、最初からその同意を内包すると言う方が一層適切である。人間はこのような仕方で特定の両親の社会的境遇に伴う各種の恩典に浴し、各種の義務を負う形で共同社会の一員となる」。エドマンド・バーク著、中野好之編訳（二〇〇〇年）『バーク政治経済

論集　保守主義の精神』法政大学出版局、六五五―六五六頁。

35 "Sit igitur hoc ab initio persuasum civibus, dominos esse omnium rerum ac moderatores, deos; eaque quae gerantur, eorum geri vi, ditione, ac numine; eosdemque optime de genere hominum mereri; et qualis quisque sit, quid agat, quid in se admittat, qua mente, qua pietate colat religiones intueri: piorum et impiorum habere rationem. His enim rebus imbutae mentes haud sane abhorrebunt ab utili et a vera sententia." Cicero, *De Legibus*, 1.2.

36 Burke, ibid., pp.254-255. 水田洋訳（一九八〇年）、一五九―一六〇頁。中野訳（二〇〇〇年）、一六六頁。半澤訳（二〇〇四年）、一一四―一一五頁。この箇所の訳出については、とりわけ中野氏の分析から多くを学んだ。中野好之（二〇〇七年）『我が国の皇統継承の歴史と理念―昨今のいわゆる女帝論議に触れて―』御茶の水書房、五八―六二頁を参照されたい。

37 中野好之（二〇〇七年）、前掲書、六〇頁。

38 小松春雄（一九六一年）『イギリス保守主義史研究―エドマンド・バークの思想と行動―』御茶の水書房、二五―二六頁。

39 この点については、原田健二朗（二〇一四年）『ケンブリッジ・プラトン主義―神学と政治の連関―』創文社が詳しいので参照されたい。

40 ロックの宗教的寛容については、以下で論じたことがある。拙著（二〇一四年）「寛容」『増補版　キリスト教思想断想』ナカニシヤ出版、一三一―一三六頁を参照のこと。ロックの宗教思想の全体像については、妹尾剛光（二〇〇五年）『ロック宗教思想の展開』関西大学出版部が詳しい。

**【バークの著作（翻訳）】**


水田洋訳（一九八〇年）『フランス革命についての省察』（世界の名著四一）中央公論社。

水田珠枝訳（一九八〇年）『自然社会の擁護』（世界の名著四一）中央公論社。

中野好之訳（一九九九年）『崇高と美の観念の起源』みすず書房。

中野好之訳（二〇〇〇年）『フランス革命についての省察』（上・下）岩波文庫。
中野好之編訳（二〇〇〇年）『バーク政治経済論集　保守主義の精神』法政大学出版局。
半澤孝麿訳（二〇〇四年）『新装版　フランス革命の省察』みすず書房。

**【バークに関する参考文献】**

小松春雄（一九六一年）『イギリス保守主義史研究―エドマンド・バークの思想と行動―』御茶の水書房。
F. J. C. Hearnshaw（1967［1933］）: *Conservatism in England, An Analytical, Historical, and Political Survey*, Howard Fertig.
中野好之（一九七七年）『評伝　バーク―アメリカ独立戦争の時代―』みすず書房。
ヒュー・セシル著、栄田卓弘訳（一九七九年）『保守主義とは何か』早稲田大学出版部。
Russell Kirk（1987）: *The Conservative Mind: From Burke to Eliot*（7th rev. ed.）, Regnery Books.
岸本広司（一九八九年）『バーク政治思想の形成』御茶の水書房。
Joseph L. Pappin（1993）: *The Metaphysics of Edmund Burke*, Fordham University Press: New York.
Conor Cruise O'Brien（1997）: *Edmund Burke*, Vintage.
Russell Kirk（1997）: *Edmund Burke, A Genius Reconsidered*, Intercollegiate Studies Institute: Wilmington.
岸本広司（二〇〇〇年）『バーク政治思想の展開』御茶の水書房。
中川八洋（二〇〇二年）『正統の憲法　バークの哲学』（中公叢書）中央公論新社。
中野好之（二〇〇二年）『バークの思想と現代日本人の歴史観―保守改革の政治哲学と皇統継承の理念―』御茶の水書房。
アンソニー・クイントン著、岩重政敏訳（二〇〇三年）『不完全性の政治学―イギリス保守主義思想の二つの伝統―』東信堂。
中野好之（二〇〇七年）『我が国の皇統継承の歴史と理念―昨今のいわゆる女帝論議に触れて―』御茶の水書房。
末冨浩（二〇一四年）『エドマンド・バーク―政治における原理とは何か―』昭和堂。

## 【崇高論に関する参考文献】

森秀樹（一九九五年）「文化と崇高」『人間存在論』（京都大学大学院人間・環境学研究科）第一号、一六三―一七五頁。

ミシェル・ドゥギー他著、梅木達郎訳（一九九九年）『崇高とは何か』（叢書ウニベルシタス六四〇）法政大学出版局。

甲田純生（一九九九年）『美と崇高の彼方へ―カント『判断力批判』をめぐって―』晃洋書房。

ロンギノス著、小田実訳（一九九九年）『崇高について』河合文化教育研究所。

牧野英二（二〇〇七年）『崇高の哲学―情感豊かな理性の構築に向けて―』法政大学出版局。

桑原秀樹（二〇〇八年）『崇高の美学』（講談社選書メチエ四一三）講談社。

宮崎裕助（二〇〇九年）『判断と崇高―カント美学のポリティクス―』知泉書館。

ルドルフ・オットー著、久松英二訳（二〇一〇年）『聖なるもの』岩波文庫。

# 10　宗教間の対話

## 信の境地を求めて

世の絶え間なき移り行き、過ぎ去り。生成されたものは必滅する。成し遂げた偉業もいずれ消え失せ、生きた証もいずれ消え去る。自分が生きたことを誰も覚えていないという恐怖。自分が存在したことを忘れ去られるという悲惨。かような生の儚さに思いを致す時、人は言い知れぬ不安に駆られる。逃れ難い己の運命に立ち眩み、有限性の呪縛に戦慄を覚える。限りあること、無くなることの痛み。その悲痛を和らげるため、束の間の安逸を貪ろうとする。けれども、限りある中での限りある戯れは、深刻さからの一瞬の逃避に過ぎない。決して満たされることはない。その心中を、虚無の深き淵が覗いている。

しかし、人は自らの生を虚無に侵蝕されるままで捨て置いたりしない。有限性の幽囚に甘んじて、無為に過ごしたりしない。自らの生きる意味が満たされるように、自らの生きる目的が確かなものとなるように、自らの存在の証が永続するように願わざるを得なくなる。限りある中で限りあることを痛感するからこそ、私たちには見果てぬ究極、超越、無限、絶対、永遠を希求するのである。自らの生を確固として支えるものを求めようとするのである。かくして喘ぎ求めることは、仰ぎ求めることになる。ここに、神仏を「信じる」という境地が開かれる。宗教的認識の始まりである。

では、信じるとは如何なることであるのか。信じるということが何かを信じることであるならば、そこには信じるものと信じられるもの、つまり主体と客体の二項構造が成立することになり、それは紛れもなく認識の問題となる。そうであれば、宗教的認識とは、主観―客観構造に捉えられた単なる理論的認識の事柄に過ぎないのであろうか。あるいは、それとは異なる事態なのであろうか。

本章では、パウル・ティリッヒの議論を手掛かりにするが、特に久松真一との対話（一九五七―五八年）に注目したい。今日、宗教間対話の必要性が説かれ、東西宗教の交流も盛んである。その中では、公共善の創出や福祉の増進に向けた宗教協力が展開されている。兎角、その努力は実践的な課題に傾注されているように見受けられるが、対話（dialogue）の本義に立ち戻ることも必要なのではなかろうか。つまり、異なる宗教的信念を対決させる場面もあってよいのではないか。〈真理を交わす〉という対話の原義を再認識する次第である。そうでなければ、折角の対話も皮相な結果に終わってしまう恐れがあろう。ティリッヒと久松の対話は、そのような対話の本義に適っているという意味で先駆的な意義を持っており、事例研究の一つとして取り上げるに値する。ところが、この対話に関する先行研究はフリッツ・ブーリ[1]による若干の言及を除いて殆ど見当たらない。そうした現状からも、この対話を紹介する意味があろうかと思われる。この対話では宗教的認識をめぐる東西の方法論的解釈の差異が浮き彫りになっており、本章の主題を検討する上で有益な研究対象となる。以下のような順序で考察を進めていく。先ず、ティリッヒと久松の対話について要約し、論点（争点）を明らかにする。次に、双方の主張の背景となる議論を紹介しながら、相互の見解を詳しく分析する。最後に、ティリッヒの立場からこの対話の意義を総括し、その中で宗教的認識の内実に迫るよう努めたい。

## ティリッヒと久松真一の対話

この対話[2]の出席者はティリッヒ、久松、ハンナ・ティリッヒ（部分参加）であり、リチャード・デマルチーノ、藤吉慈海が通訳者として同席した。対話のテーマは、久松の「無相の自己」（Formless Self）概念を中心とした自己論と宗教論であると言えるが、禅芸術や表現主義といった芸術論にまで及び幅広いものとなっている。対話の前提となる基本的な合意点を確認した上で、三回にわたる討論のポイントを示していきたい。

両者に共通するモチーフは、宗教を求める根拠の探究ということである。ティリッヒの理解では、人間存在の基本構造は無限性との相関における有限性として規定される。人間の意識には無限性の意識が含まれており、人間は現実の有限性を意識すると同時に潜在的な無限性を意識する。無限性に属しているにもかかわらず、そこから疎外されてしまった有限存在であるという自己認識が無限性への、つまり神への問いを生むのである。この自己認識は人間存在にとって普遍的に妥当するとティリッヒは考える。この点、真の宗教は人間性の内に客観妥当的な根拠を持ったものでなければならないとする久松の立場と一致する。対話の中で、無限性は究極性、超越性、絶対性、永遠性、神、仏と言い換えられているが、基本的には同じ事柄を指示している。そして、そのようなものと自己との関係性が宗教的認識の問題として扱われている。まさに、その関係性をめぐって両者の意見が対立し、思想的な相克が浮かび上がる。

### (1)自己の問題

第一回目は、ティリッヒが日常生活の悩みを打ち明けることから始まる。日々の仕事に忙殺されるティリッヒは、喧騒の中で如何にして静寂を得ることができるのかと久松に問いかける。久松は喧騒のただ中でこそ静寂を見出すこと、さらに言えば、喧騒と静寂を超越する自己の在り方を求めるよう助言し、そこから無相の自己という持論を開陳する。無相の自己は心理的自己（psychological self）でもなければ、単に心の状態（state of mind）でもない。それは無心（No-Mind）、無念（No-Consciousness）と表現され、主観―客観構造に捉われないもの、文字通り「形のない自己」（Self without Form）であると説明される。これが仏性（Buddha-nature）に関する久松独特の解釈でもある。主体も対象もなくなるような、言わば「無的主体」である無相の自己は自己の絶対否定によって一切を離脱することから目覚める本来の自己に他ならない。これを説明するために久松が引証するのは、エックハルトの「離脱」（Abgeschiedenheit）である。エックハルトによれば、神性へ至るには全ての被造物を「突破」（Durchbruch）しなければならないが、それ以前に魂が全ての被造物から離脱していなければならない。離脱した魂の内に、「神の子」が誕生するのである。

ティリッヒは、エックハルトが強調する魂の内の光、ロゴス、種子を潜在性（potentiality）と解釈することによって、自己の転換（turning-over the Self）の因子を内在的に求めることを承認する。しかし、潜在性の現実化には必ず具体性が伴うとし、久松の言うform-lessを否定する。その根拠がイエス・キリストという具体的なロゴス、歴史に現れた形である。ティリッヒは次のように述べている。「無相の自己は、そこから私たちが出てくるところの神聖な深淵（divine abyss）なのです。私たちの世界で起こる全てがロゴス――形なきものが形となって現れるところの形であるロゴス――によって媒介されます」[3]。この発言に対して久松は、無相の自己とは超越的なものではなく具体的な現実性（concrete actuality）であり、形なき自己が覚醒することによって全てのものが無相の自己の自由な働き――遊戯三昧――となり、あらゆる束縛から解放されると主張する。つまり、形に対する固執を捨て去ることが、無相の自己の意味であると言えよう。久松は、その例を芸術鑑賞に求める。「禅の芸術鑑賞のねらいとは、形あるものを見るということは、形なきもの、つまり形なき自己を形あるものの中に見ることとなのです」[4]。このことを説明するため、デマルチーノはティリッヒのカイロス（Kairos）概念を引き合いに出している。制約的なものの中に無制約的なものが顕示される時の充満（時熟、時宜）を意味するカイロスは、久松の言わんとしている事態に近接しており、デマルチーノの機転は当を得ていると思われる。しかし、ティリッヒは聞き入れず、久松の言う form-less を理解せず、むしろ全対話を通じて一貫して認めようとしない。そもそも両者の間隔は form の有無にあると指摘することができる。

(2) 善悪の対立

第二回目のテーマは、善悪の対立の解消についてである。ティリッヒの理解では、善は悪なしに存在するが、悪は善なしに存在し得ない。それは真・善・美の歪みとしての偽・悪・醜という古典的な解釈である。神聖な根底（divine ground）においても、悪は（決して現実化されないが）可能性として残ると言われる所以である（シェリング的発想）。従ってティリッヒにおいては、善悪の対立は善からの克服による再統合（reunion）としか考えられない。しかも、再統合は永遠における神学的な予期（anticipation）によって可能であり、歴史的には断片的な克服に過ぎないと主張される。全的な再統合は超越的な象徴なのであって、経験的現実とは見なされないのである。予期とは、予備的なものの中で究極的なものを、一時的なものの中で永遠的なものを、不完全なものの中で完全なものを経験することであり、それは論理で説得できない逆説（paradox）である。ティリッヒは、逆説的な経験こそが永遠における善悪の克服という確実性を予期に与えるのだと力説する。しかし、この説明の仕方は循環論法に陥っており、久松も論理的な説得力の欠如を突いている。

久松は、善悪の対立が現実的な歴史において完全に克服されることなどあり得ないと言い放つティリッヒの見解を批判する。現実になりたいものが実は単なる象徴《シンボル》でしかないとか、歴史的な克服を求めているのに最初から求められないというのは、論の筋道として間違っているのではないか。ティリッヒの言う予期も、希望的観測に過ぎないのではないか。久松は、それでは道徳的な世界が行き詰まってしまうと嘆く。善悪とは必ず両者が並び立って存在しているものであるから、片方から片方を、つまり善から悪を克服し尽くすことなど論理的に不可能である。久松は「救済の論理」（一九二二年）の中で、次のように語っている。「悪なくして善はあり得ず、善なくして悪はあり得ない。悪を除去して善のみの世界を造るということは、善の世界をも除去することに終るのである」[5]。結局、ティリッヒの考え方は不徹底であり、善悪の対立を解決できないのではないかと久松は断じる。

久松は、価値と反価値、理性と反理性、生と死、有と無などの二つのものが必ず二元的に存在する絶対的な矛盾があると論じ、それを「絶対二律背反」（absolute Antinomy）と呼んでいる。この絶対二律背反では、片方から片方を克服することができない。あらゆる苦の根源となる絶対二律背反は過酷であり、ティリッヒの言うような善からの再統合という楽観を許さない。久松によれば、絶対二律背反は二律背反そのものの根底から破り出ることによってしか解消されない。なぜなら、本来の自己は二元性に分裂していないのであり、救済の事実は本来の自己の在り方に基づいているからである。従って、救済の可能性は絶対二律背反から離脱できるということにある。だから、現実的な解決が可能なのである。絶対二律背反の破砕が悟りであり、久松の言う無相の自己の自覚に他ならない。善悪の対立は無相の自己の覚醒によって現実の歴史において全的に解決されねばならないというのが、久松の主張の精髄である。その迫力に比べると、ティリッヒの断片的な克服という消極的な主張は、ある意味では賢明な判断であるのかもしれないが色褪せて見える。

### (3)ティリッヒの躊躇

第三回目には、究極（ultimate）と自己の関わり方が焦点となる。久松によれば、無相の自己においては、全てのものが究極的現実の表現になると言う。例えば、無相の自己に目覚めて花を見るということは、花が花に集中していることを経験することであり、そこでは花を見る私という認識はなくなり、花と私は一体化する。無相の自己に目覚めたとしても、個々のものは特殊である。花は一輪の花なのである。しかし、その特殊は同時に普遍に開かれている。一輪の花は全てになる。この境地（特殊即普遍）が無相の自己における究極的な同一化であり、真の個性（individuality）の充実――華厳の「事々無礙《むげ》」（the non-obstruction between particular and particular）、天台の「個々円成」（each individual fulfilled）――なのである。

久松が用いるultimateは形容詞的であり、無相の自己の様態に関わると言えよう。しかし、ティリッヒが使うultimateは存在の究極的根拠（the ultimate source of Being）としての神というニュアンスを含んでおり、名詞的な意味が強く出ている。究極的な同一化と究極との同一化というultimateをめぐる使用法の差異が、実は両者の思想的対立を鮮明化している。その象徴的な議論を以下に抜粋してみよう。[6]

ティリッヒ：私は決して、自分が究極であると示唆することはありません。

藤吉（久松に対する説明）：ティリッヒ博士は、自らが究極であるとは恥ずかしすぎて宣言できないと言ったのです。

久松：非二元的な絶対性は、自己が自らを絶対であると宣言するのを躊躇させたりはしないのです（また、そうすべきではないのです）。そのような不本意さをもたらす絶対性は、おそらく善と悪の判断を含んでいます。

デマルチーノ（ティリッヒに対する説明）：久松博士は、あなたの躊躇の理由は、あなたの究極が未だに善と悪の倫理的区別に関係しているからだと考えています。換言すれば、あなたにとって究極は疑いなく、悪に対立するような究極的な「善」なのです。

ティリッヒ：ええ、それは、そうですね。

この箇所には、ultimateに関わるという事柄に対する両者の相違が如実に表れている。結論的に言えば、ティリッヒの ultimate に対する距離感、羞恥心、躊躇が、彼の宗教的認識における自己理解の核心に関わっている。一方、久松に見る ultimate に対する距離感の消失は無相の自己の覚醒に関わり、彼独特の救済観を裏付けている。両者の対話では、究極、超越、無限、絶対、永遠と自己との関係性が宗教の根本問題であると前提しつつも、距離感の違いが双方の主張を隔てて、異なる宗教観を生む要因になるものと解釈できる。以上の相違点を確認したところで、それぞれの主張内容を敷衍していきたい。

## ティリッヒの宗教的認識

上述した距離感の違いをティリッヒの立場で説明するならば、それは参与と同一化の相違ということになる。先ず、ティリッヒが宗教的認識ということで重視する参与について論じたい。彼の「参与と認識―認識の存在論の諸問題―」（一九五五年）によれば、認識行為には分離と参与の要素がある。人間の認識が可能となるのは、彼自身が世界を有しつつ、そこから自身を分離させることができるからである。近代の認識論では、この分離の要素が優勢であり、事物の対象化を促進した。他者の人格は調査・計算・処理可能なものとして扱われ、「支配知」（シェーラー）の対象となった。ティリッヒは認識行為における分離の優位に問題性を感じ、事物の対象化に先行する出会いや参与に注目した。というのも、認識が成立する以前に、ある関係の中で相互に向き合って存在しているということが有限的存在の出発点であると考えられるからである。

認識行為に先行して、ある出会いが起こる。そこでは主観と客観が未分の状態である。出会いは純粋主観性や純粋客観性からも、スピノザやシェリングの同一性からも導き出されない。それは現実の生のプロセスにおいて生起する。「出会いは両方の側からやって来ること、一つの共通の状況において行き交うこと、その状況の一部分となることによって、この状況に参与することを含意している」[7]。こうした出会いを可能にする参与には、開放性が伴われている。開放性とは、自らにおいて他なるものを受け入れること、あるいは他なるものに対して自らが受け入れられること、つまり、相互に開放されている状態を意味する。その状態をティリッヒは「一次的現象」と呼び、経験の構造的前提と見なしている。「一次的現象とは――そこでは主観と客観とが分離されていないが――自己自身と他者とが共に参与している出会いの状況の理解である」[8]。ティリッヒは「あらゆる認識的出会いには、規定されないけれども［無に：引用者補足］還元できないような最小限の構造的前提があり、まさにその構造こそが現象学的研究の主題である」[9]と述べ、この点でフッサールの現象学を評価する。ティリッヒは別のところで経験の構造的前提を「直接経験」とも表現しており、ホッキング、ホワイトヘッド、ハーツホーンを念頭におきながら、全体性（Wholeness）の直接経験を存在と価値に関する全ての客観的認識に先行するもの（prius）として示していく宗教哲学の可能性を示唆している[10]。ティリッヒは主観―客観構造に先行する構造的前提と自己の関わり（認識的出会い）を重視し、それを感情移入（empathy）、解釈（interpretation）、自己投入（commitment）として類型化した。各々が認識的参与の契機を特徴付けているが、以下では自己投入に絞って説明したい。

　自己投入とは、参与の要素が決定的な優位を持つ認識の在り方である。それは人格を中心とした全面的な参与であり、宗教的認識の全てに関係する。自己投入とは、主観―客観構造によって自己が規定されることを意味するのではなく、主観―客観構造を成立させている「基礎的存在論的構造」としての「自己―世界」構造に関係するということ、換言すれば、それ以上に遡行できない認識上の根本的前提として想定される一元的な「自己―世界」構造に自己が規定されていること――ティリッヒの表現では、全体として捉えられてあること――を意味する。「この次元における自己投入とは、主観としての自己自身をある対象に引き渡すことではなく、一般的な有神論が要求するように［自己自身を：引用者補足］最高の対象に引き渡すことでもないのである。むしろ、自己投入は主観性も客観性も超越するところで、全人格をもって参与することである」[11]。人間存在を成立させる認識的出会いは人格的な関係をとる。主観―客観構造に先行する構造的前提への全人格的なコミットメント、それによって存在の根拠（根底）が開示されるということ、このことがティリッヒの言う宗教的認識の要諦である。そして、この自己投入が様々な宗教的象徴において表現され、キリスト教では「神の国」（Kingdom of God）への参与として語られてきたのである。ティリッヒは言う。

> 神学が常に銘記しなければならないのは、次のことである。つまり、神学は神について語る時、主観―客観構造に先行するものを対象化しているということ、そうであるからこそ、神について語るということにおいて、神を対象化し得ないということを含意しておかなければならない[12]。

ティリッヒの理解では、神はどこまでも主体のままであり、神の国もまた然りである。この点に関連して、以下の引用も重要である。

有神論の神を超える神は隠されているが、神と人間とのあらゆる出会いの中に現前している。聖書的宗教もプロテスタント神学も、この出会いの逆説的性格を知っている。つまり、神が人間と出会うならば、神は客観でも主観でもないのであり、従って有神論が神を嵌め込もうとする主観—客観の図式を超えているということを知っているのである。[13]

しかしながら、ティリッヒの意図に反して、ある疑義が唱えられる。小田垣雅也は次のように述べている。

「参与」すべき対象として、神の国が人間と離れてある場合——われわれがすでにくり返し説明したように——そのように認識するのはあくまでも人間であって、したがってその神の国は人間の視野の中にとり込まれた神の国になる。そしてその場合、その参与は不参与あって始めてありうる、即ち不参与と拮抗した、参与にならざるを得ない。これは全人的な信仰とはならないし「対立の一致」というティリッヒの神学的前提とも矛盾する。……ティリッヒの存在の根底という考えには尚対象論理的要素が残っている。[14]

筆者も、この指摘の妥当性を認めざるを得ない。ティリッヒが神を語る時、主観—客観構造を乗り越えようとして努力しつつも、乗り越えることができていない。神の論理的対象化を前提しなければ成立しない参与という宗教的認識の在り方――この主張においてティリッヒの言わんとすることは何なのか。神と人間の出会いの中での距離感、これは何なのか。彼の真意を理解するには認識の存在論では限界があり、後述される倫理への展開において解釈されるべきものであると思われる。

## 久松真一の宗教的認識

ティリッヒの用語を用いるならば、久松の宗教的認識の特徴は同一化にあると言うことができる。久松は主観―客観構造を前提した認識論を展開しない。そのことは「賓主未分」（一九一九年）の記述において確認できる。

> 被認識者なきときは認識されないとか、あるいは認識者なきときは被認識者はないとか、いうような賓主の分離は根本的実在の直接状態ではない。厳密にいうと認識されぬものを被認識者ということはできぬ。それ故に認識者なくとも被認識者が依然として存在するというようなことは妥当でない。真実在においては被認識者と認識者とは一体である。[15]

この議論の背景には、西田哲学の「純粋経験」が想定される。久松にとって根本的実在の解明が重要課題となる以上、宗教が単なる理論的認識として論じられることはない。そもそも久松にとって主観―客観構造は問題にならない。なぜなら、無相の自己において主観と客観の隔絶はなく、神仏の対象化ということは起こり得ないからである。つまり、神仏は対象的に信じられるのではなく、無相の自己の内に証せられるからである。覚するものと覚されるものは「一体不二」、「能所一体」なのである。無相の自己は「絶対自者」であり（絶対主体道）、自己自身を神仏として呼び覚ます。無相の自己以外に神仏はない。久松によれば、無相の自己の覚醒は蝶の脱皮に譬えられる。完全変態する蝶の幼虫は蛹《さなぎ》になる時、繭《まゆ》を作る。蛹が繭の殻を破って蝶となって舞い上がるように、自己の絶対否定によって絶対自者となること、そのような主体的、能動的、内在的な自己の覚醒が無相の自己の謂いである。徹底的に自律的な「覚《かく》の宗教」に対して、キリスト教に典型的であるような神（あるいは浄土真宗の阿弥陀仏）に対する帰依は、「絶対他者」を信じる「信の宗教」と呼ばれる。「基督教的人間像と仏教的人間像」（一九四九年）から引用する。

基督教では絶対他者的な神を信ずるのでありますが、仏教では決して信ずるのではなくして覚するのである。仏教は信仰の宗教ではなくして自覚の宗教であり、覚の宗教であります。……仏は覚せられるものであるといっても、対象的に覚せられるものではなくして、覚せられるものと覚するものとが一つであるような、能所一体の覚であります。[16]

「信の宗教」は「覚の宗教」に比べて客体的、受動的、超越的であり、本来の自己の覚醒のためには超克されるべき依他的な他律的有神論と評定される。このような久松の考え方を仮に〈超越即内在〉

と呼ぶとすれば、キリスト教の立場では違和感を拭い去れないであろう。そのことを的確に指摘しているのが、滝沢克己の久松批判である[17]。滝沢神学では、神と人との接触を第一義と第二義に分けて考える。第一義の接触はインマヌエル（神我らと共にいます）という根源的事実であり、これは人間の自己成立の根底に無条件に存立する事実（原事実）を示している。この原事実に目覚めることが第二義の接触であり、それは原事実の歴史的表現としての史的イエスの生涯に表される。仏教では、第一義は悉有仏性、第二義は悟りとなる。キリスト教にしても仏教にしても、その間に厳密な区別が設けられ（端的には偶像化への警戒から）、接触点をめぐって苦心惨憺するわけである。滝沢は、この区別ということに関して久松禅学に問題があると指摘する。その点について要領を得たものとして、浅見洋の意見を引用しておく。

滝沢の宗教哲学における最大の特徴の一つは〈この二つの区別、宗教的な根源的事実とその現われを厳密に区別し、その不可逆を語るところにある〉が、それが久松の禅学批判を通して明確な形を現してくる。宗教的な根源的事実とその現われの生起する覚醒の瞬間を滝沢は接触点と呼ぶが、久松の宗教理解ではこの二つの接触の不可逆性が曖昧なのである[18]。

まさに、この「不可逆性」ということがティリッヒと久松の決定的な差異（参与と同一化）を読み解く鍵概念となり、ティリッヒの躊躇した理由を明かすことになる。

## 神の国と涅槃

ティリッヒと久松の対話には続きがある。それはティリッヒの来日（一九六〇年）によって可能となった。その時の模様をティリッヒの記録から紹介しよう。

　特に記憶すべき討議が行なわれたのは、すでにハーヴァード以来昵知の間柄であった禅宗の久松師が、私たちを、有名な、七百年を経た竜安寺の石庭に案内してくれた時のことでした。……間もなく、その寺院の住職と、久松氏と私とは、一時間以上もの討論に入りましたが、その時の問題は、この石庭と宇宙とは同一（identity）である（二人の仏教者の主張）か、それとも両者は同一ではないが参与（participation）によって統一されている（私の主張）か、ということでありました。こういった経験はかけがえのないものであって、どんなに沢山本を読んでも得られるものではありません。[19]

　ここでも争点は、参与と同一化である。こうした経験を踏まえて執筆されたのが、晩年期ティリッヒの著作『キリスト教と諸世界宗教との出会い』（一九六三年）である。ここで、ティリッヒは参与と同一化を神の国と涅槃（Nirvana）の相違として論じ直している。彼によれば、諸宗教の特性を理解するには、それらの基礎にあるテロス（目的）の理解が先決である。キリスト教の場合は神の国が、仏教の場合は涅槃がテロスを示している。

神の国は社会的、政治的、人格的な象徴である。その象徴的素材は正義と平和の統治を確立する支配者からもたらされる。それに対して涅槃は存在論的象徴である。その象徴的素材は有限性、分離、眩惑（blindness）、苦難の経験からもたらされ、この全てに答える有限性と誤謬を超越した存在の究極的根底における全てのものの神聖な一という表象からもたらされる。[20]

神の国の象徴は社会、政治、人格に関係する。神の国へ参与するということは、神の国によって象徴されているもの――新しい天と新しい地――に向かって現実を変革しようとすることである。そこには、主体と客体の相互において受け入れ難いものを受け入れるというアガペーが満ちている。つまり、ティリッヒの理解では、関与する対象との距離が前提されていることが重要なのである。その距離を敢えて越えて、主体から客体へ、自己から他者へ、神から人間へ、人間から神へ向かうことが力説される。[21]一方、涅槃の象徴は自己と存在している全てのものとの同一性を確保する。しかし、涅槃は現実からの救済であって現実の変革ではなく、慈悲（共苦）に導くのみである。ティリッヒの解釈によれば、涅槃という理念からは受け入れ難いものを受け入れる試みも、社会の変革に向かう意志も、歴史の中に徹底的に新しいものを期待する姿勢も導き出されない。

ティリッヒの立場では、距離を前提としたダイナミックな参与に宗教的意味が見出され、自己投入の対象をスタティックな同一性に還元することはできなかったと言える。もちろん、キリスト教にも同一性の要素はある。それは「存在の善性」であり、現代プロテスタント神学者の中では稀に見るほど、ティリッヒ自身が神秘主義的な同一性を強調してきた経緯がある（ルター神学に底流するドイツ神秘主義の継受）。しかし、それと並んでキリスト教には堕罪の教説がある。ティリッヒ思想の中で「本質からの疎外」という実存規定がある以上、同一性のみを主張することは人間存在には憚られることである。ここに究極との一致を容認できなかったティリッヒの躊躇の理由がある。ティリッヒの真骨頂は究極、超越、無限、絶対、永遠からの完全なる断絶を主張せず、またそれとの完全なる同一性も主張せず、断絶（実存的疎外）と同一性（本質）の緊張における逆説的な参与を強調した点に認められる。ティリッヒの言う参与は生のダイナミズムを活性化させ、キリスト教の社会的・倫理的要素に強く反映される。同一化を妨げる罪という断絶がある限り、参与に含まれる対象論理的要素は残存すると言わざるを得ない。しかし、逆説的な参与に暗示された「不可逆性」にこそ、キリスト教の神学的主張があると考えるべきであろう。

究極、超越、無限、絶対、永遠を考える上で、対象論理的思考は不適切であり、その限界は認められねばならない。しかし、対象論理を欠いた議論が日常の経験に接続できるのかどうか、改めて考える必要がある。ティリッヒの参与が反映されるのは社会的・倫理的要素であると述べたが、それはデモクラシーの形成にも関係する。参与の前提には自己と他者との距離がある。その距離を越える努力によって自己と他者は逢着し、両者の結合は可能となる。これは一人一人の人間に対する評価を示唆しており、それは人格的な認知である。究極、超越、無限、絶対、永遠に等しく面した一人一人の存在を認めること、限りある一人一人の差異と価値を肯定すること、それがデモクラシーの精神的基盤になるのである。神の国への参与は水平的な力によって現実を刷新し、絶えず前方へ駆り立てようとする。しかし、それは破壊的な革命や進歩主義的なヒューマニズム（人間中心主義）への傾倒を許さない「垂直的なものの経験」に貫かれている。ティリッヒと久松の思想対決の場を日常性に求める時、参与の決定的な意義が照明されてくると思われるが如何であろうか。このことは非キリスト教世界におけるデモクラシーの存立可能性に関わっており、私たちにとっても大問題である。

## 対話の本義

ティリッヒはカール・バルトほど神の絶対他者性を強調しないし、キェルケゴールほど神と人間の質的差異を強調しない。しかし、久松と比較するならば、バルトやキェルケゴールとの違いも僅差なのである。久松にとって、ティリッヒの神は中世のキリスト教における他律的、対象的存在として映ったのであろう。従って、ティリッヒの「信」は「覚」とは相容れないままであったのだろう。しかし、私見によれば、ティリッヒの「神を超える神」と久松の宗教的な「無神論」には他律的有神論批判という共通のモチーフがあり、一致点を見出すことも可能ではなかったかと思われる。本章では十分に論じられなかったが、自律、他律、神律という概念に関しても双方に誤解があり、正確な意味内容さえ把握しておけばさらに実りある結果が出たのではないかと思い残念である。

自己の転換をめぐって、久松の立場が〈内在即超越〉であるとすれば、ティリッヒの立場は〈内在的超越〉と言えるのではないか（対象論理的要素の残滓を認めたとしても対象的超越とは到底言えず、ティリッヒの真意を汲み取れば内在的超越とする他はないであろう）。ティリッヒには〈即〉に対する拒否反応があり、それは滝沢の久松批判と軌を一にする。〈即〉を言えないティリッヒの議論に対して、透徹した論理性ということでは久松の方に軍配が上がるように思われる。但し、ティリッヒの参与に伴う対象論理的要素を批判することは容易であるが、そこに神と人間の不可逆性の表れを看取し、神学的実存の葛藤を認めることも大切なのではないか。ティリッヒからすれば、久松の場合では、不可逆的な参与の苦しみが飛び越えられているように見えるのではないか。しかし、これについては久松の言い分もあろうし、ティリッヒの涅槃解釈にも問題がないわけではない。ティリッヒは仏教の社会的・倫理的要素を軽視しているようだが、久松ならば自らのＦＡＳ協会[22]の活動に基づいた反論を展開することだろう。

ティリッヒは日本の仏教者から学んだこととして（久松との対話の経験を示唆）、宗教間対話の前提を次のようにまとめている。①互いの宗教の当事者が相手の宗教に対して、その価値を否認せず、むしろ承認すること、②互いが自らの立場を、確信をもって代表できること、③一致を可能にし、対立を可能にする一つの「共通根拠」があること、④自らの立場に対する相手からの批判を聞くことができることである。[23]ティリッヒは対話の前提を人格性に関わる知的誠実さに求めており、対話を自己批判的な契機と見なしている。このことは対話の模範として銘記されてよいだろう。ティリッヒと久松の対話を分析していると、類似したテーマで非常に近いことを言っているようでも、突き詰めて考えていくと意味内容が遠く離れてしまう場面に遭遇することが多々あった。その振幅に対話の妙味を認めつつも、真に相互の主張を比較することの困難さを痛感した次第である。目下の宗教間対話では共通性を見出すことに腐心するあまり、対立を引き起こす根本的な相違について閑却している感が否めない。宗教間対話の前提に〈対立を引き起こす相違点を詳らかにし、お互いに何が異なっているのかを理解すること〉を付け足し、この補完によってティリッヒ思想の批判的継承としたい。

昨今、迅速なる効率化ばかりが注目され、議論は単純化され、軽薄な討論がまかり通っている。しかし本来、議論は忍耐を要する作業ではなかったか。精神としての自己の形成にとっては、思考活動に伴う難渋さこそ必要ではないのか。「討論の絶滅」（オルテガ）を危惧し、「全てを単純化する恐ろしい人間」（ブルクハルト）の増殖に警鐘を鳴らしたい。この対話の意義を現代批判に重ねた次第である。

## 注

1　cf. Fritz Buri (1997): *The Buddha-Christ as the Lord of the True Self, The Religious Philosophy of the Kyoto School and Christianity*, Mercer University Press, pp.140-143.

2　第一回（一九五七年一一月一一日）はティリッヒの自宅で、第二回（一九五七年一二月七日）、第三回（一九五八年三月二五日）はハーヴァードのコンチネンタルホテルで行われた。対話を記録したテキストとしては、A Dialogue Between Paul Tillich and Hisamatsu Shin'ichi (1957), in: ed., Terence Thomas (1990): *The Encounter of Religions and Quasi-Religions*, The Edwin Mellen Press, pp.75-170と久松真一（一九九四年）「神律と禅的自律」『増補　久松真一著作集』（第二巻）法藏館、五六三―五九一頁がある。本章では和文テキストを参照しつつも、専ら英文テキストに依拠した。英文テキストでは対話者と通訳者の発言が明確に区別されているが、和文テキストではこの点が曖昧にされたまま訳出されている箇所が散見されるため、厳密な分析対象とするには不適当であると考えられる。なお、久松はティリッヒ以外にも、エミール・ブルンナー（一九四九年）、マルティン・ハイデガー（一九五八年）、カール・グスタフ・ユング（一九五八年）、ルドルフ・ブルトマン（一九五八年）などとも精力的に対話を行っている。

3　A Dialogue Between Paul Tillich and Hisamatsu Shin'ichi (1957), ibid., p.88.

4 ibid., p.105.
5 久松真一（一九九五年）「救済の論理」『増補 久松真一著作集』（第一巻）法藏館、二一五頁。
6 A Dialogue Between Paul Tillich and Hisamatsu Shin'ichi (1957), ibid., pp.159-160.
7 Paul Tillich (1955): Participation and Knowledge, Problems of an Ontology of Cognition, in: *Paul Tillich Main Works/ Hauptwerke*, Bd.1, Berlin/ New York: Walter De Gruyter, p.383.
8 ibid., p.386.
9 ibid., p.384.
10 cf., Paul Tillich (1946): The Two Types of Philosophy of Religion, in: *Paul Tillich Main Works/ Hauptwerke*, Bd.4, Berlin/ New York: Walter De Gruyter, p.295.
11 Paul Tillich (1955): ibid., pp.388-389.
12 Paul Tillich (1951): *Systematic Theology*, Vol.1, The University of Chicago Press, pp.172-173.
13 Paul Tillich (1957): The Courage to Be, in: *Paul Tillich Main Works/ Hauptwerke*, Bd.5, Berlin/ New York: Walter De Gruyter, p.228.
14 小田垣雅也（一九八三年）『哲学的神学』創文社、一〇三頁。
15 久松真一（一九九五年）「賓主未分」『増補 久松真一著作集』（第一巻）法藏館、一三九頁。
16 久松真一（一九九四年）「基督教的人間像と仏教的人間像」『増補 久松真一著作集』（第二巻）法藏館、四〇九頁。
17 瀧澤克己（一九九九年）『佛教とキリスト教〔新装版〕』法藏館を参照されたい。
18 浅見洋（二〇〇〇年）『西田幾多郎とキリスト教の対話』朝文社、二九五―二九六頁。
19 パウル・ティリッヒ著、高木八尺編訳（一九六二年）「一九六〇年夏の日本講演旅行についての非公式なレポート」『ティリッヒ博士講演集 文化と宗教』岩波書店、二一九頁。
20 Paul Tillich (1963): Christianity and the Encounter of the World Religions, in: *Paul Tillich Main Works/ Hauptwerke*, Bd.5, Berlin/ New York: Walter De Gruyter, pp.313-314.

21 例えば、他者との同一化できない距離が倫理を考える際の前提であると唱えたレヴィナスの思想を想起されたい。
22 久松真一（二〇〇三年）『人類の誓い』法藏館を参照されたい。
23 cf., Paul Tillich（1963）: ibid., p.313.

# あとがき

よく見て赤信号を渡りなさい――これは、筆者が講義で用いる常套句である。もちろん、これは「赤信号、みんなで渡れば怖くない」という趣旨とは全く異なっている。断じて信号無視を勧めているわけでもない。青信号を信じて歩き出したものの、暴走してきた車に気付かずに轢かれることもある。信号機を見ることは必要だが、自分自身の目で左右をよく確認して、横断歩道の真ん中を軽快に歩いて渡ることを勧めたい。かなり単純化しているが、筆者が考える「問題意識を持つ」ということは、そんな風に喩えられる。

本書の執筆動機は「問題意識の書がほしい」という宍倉由高氏（ナカニシヤ出版編集統括）からのメールに端を発している。その後も宍倉氏とやり取りを続け、かねてより倫理と宗教の関係について考えてきたこともあり、この得難い機会にまとめてみることにした。「問題意識の倫理」の構造を論じるため、本格的な「意識論」にまで踏み込みたいところだったが、今の筆者にはそのような力量も余裕もなく、体系的な展開を行うには至らなかった。しかし今回、既刊の論稿を組み合わせていく中で、その都度の筆者自身の関心に底流しているものが浮かび上がり、おぼろげだった「問題意識の倫理」の輪郭が描けたのではないかと思っている。将来的には、もう少し論理的に精緻化した議論を行うことができるよう研鑽に努めたい。また、文明論、戦争論、歴史論についてもそれぞれ一章分を充てたかったが、紙幅上も時間上も余裕がなかったので断念した。これらについては他日に期したい（具体的には『報復と和解の文明史』（仮題）を構想中である）。
　初出は以下の通りであるが、本書に組み込むにあたり適宜、加筆修正を行っている。

【初出】

**死んだ神の追悼会**
「死んだ神の追悼会」、松木真一編著『神の探求―現代のニヒリズム・科学文明・宗教紛争の世界の中で―』（現代キリスト教思想講座一）創元社、二〇〇七年、一九―四一頁。

**ディストピアの誘惑**
「ディストピア文学への誘い―人間的自由の省察―」『神戸国際大学紀要』（神戸国際大学学術研究会）第七五号、二〇〇八年、一九―三三頁。

**神学の緑化**
「神学の緑化―パウル・ティリッヒを手がかりに―」、樋口進編著『自然の問題と聖典』キリスト新聞社、二〇一三年、七一―九六頁。

**生命の価値**
「生命観の混迷をめぐる倫理的考察」『神戸国際大学紀要』（神戸国際大学学術研究会）第八七号、二〇一四年、一三―二四頁。

**葬送の倫理**

「葬送倫理の提言」、近藤剛編著『現代の死と葬りを考える―学際的アプローチ―』（神戸国際大学経済文化研究所叢書一七）ミネルヴァ書房、二〇一四年、一二四―一四九頁。

崇高の宗教

「エドマンド・バークの宗教論」『神戸国際大学紀要』（神戸国際大学学術研究会）第七九号、二〇一〇年、二五―四三頁。

宗教間の対話

「神の国と涅槃―ティリッヒと久松真一の対話―」、松木真一編著『キェルケゴールとキリスト教神学の展望―〈人間が壊れる〉時代の中で―』関西学院大学出版会、二〇〇六年、二一三―二三三頁。

正確な状況認識に基づいて危機感は生じる。危機感があるからこそ自覚が深まる。自覚できれば自助努力するようになる。それが目標達成への近道である。このようなプロセスを一貫するものが「問題意識の倫理」であり、それは人生を全体として整えてくれる。

本書を読了されて、「問題意識の倫理」という考え方に堅苦しさを感じられるかもしれないが、筆者の思いの中では、それは厳しいけれども、軽やかで、柔らかい態度として理解されるものであってほしい。唐突な話だが、イスタンブールにあるアヤ・ソフィア大聖堂の耐震性が現代の建築技術に比べても遜色のない優れたものであることをご存知だろうか。一般的な煉瓦よりも軽量なものが積み重ねられており、構造にも柔軟性があるため、これまでの地震にも耐えてこられたそうである。これは耐震構造の話であるが、人間性を考える上でも教訓になるのではないか。つまり、軽く、柔軟性がある方が、壊れにくいというわけである。

この度も宍倉氏の全面的な支援があり、心からお礼申し上げたい。宍倉氏は私にチャンスを与えて下さる方である。ご縁をいただき本当に有難いと思う。編集担当の山本あかね氏には、筆者の遅筆のためにご迷惑をおかけして申し訳ない限りであるが、励ましの言葉を欠かさず、いつもながらの丁寧な対応をしてくださった。山本氏の行き届いた配慮に対して、感謝を申し上げたい。また既刊論文の転載を快諾された各社にもお礼申し上げる。

本書の位置付けであるが、個人的には三〇歳代の思索の総まとめといった感じである。三〇歳代に蓄積してきたものをほとんど出し切った気がしている。以前に当社より出版した二冊の単著と合わせて、これでようやく一区切りがついたので、四〇歳代に突入したことを皮切りに研究計画を練り直し、新たな課題に取り組みたいと思う。

最後に一言。一般的に言って、死んでから一〇〇年も経てば誰からも完全に忘れ去られるのが人間の定めなのだろうが、それでも人は与えられた自分のフィールドで何らかの表現を行って、自らの足跡を刻み付ける努力を怠ってはならない。空しさを抱きしめて、謙虚な姿勢で、しかし大胆に生を謳歌しよう。私は生きている限り、学び、読み、書き、語り、考えたいと思う。この生を与えられ許されたことを心から喜び、感謝したい。

二〇一五年（平成二七年）四月　復活節

近藤　剛

**聖書**

**あ行**



**か行**



**さ行**



**な行**



**ま行**



**や行**



**ら行**

## た行



## な行



## は行

## さ行

# 事項索引

**や行**



**ら行**

**ま行**

## さ行



## た行



## な行



## は行

# 人名索引

## あ行



## か行

**著者略歴**

近藤　剛（こんどう　ごう）

1974年　兵庫県生まれ。
2004年　京都大学大学院文学研究科博士後期課程学修認定退学。
2007年　京都大学博士（文学）学位取得。
2016年　第12回日本シェリング協会研究奨励賞受賞。
現在，京都産業大学文化学部教授，同志社大学文学部嘱託講師。
著書に，『哲学と神学の境界—初期ティリッヒ研究—』（ナカニシヤ出版，2011年），『増補版　キリスト教思想断想』（ナカニシヤ出版，2014年），『大学教育の変貌を考える』（共著，ミネルヴァ書房，2014年），『現代の死と葬りを考える』（編著，ミネルヴァ書房，2014年），『現代の結婚と婚礼を考える』（編著，ミネルヴァ書房，2017年）など。

**問題意識の倫理**

2015年8月20日　初版第1刷発行
2020年2月20日　初版第3刷発行　（定価はカヴァーに表示してあります）

著　者　近藤　剛
発行者　中西　良
発行所　株式会社ナカニシヤ出版
〒606-8161　京都市左京区一乗寺木ノ本町15番地
Telephone　075-723-0111
Facsimile　075-723-0095
Website　http://www.nakanishiya.co.jp/
E-mail　iihon-ippai@nakanishiya.co.jp
郵便振替　01030-0-13128

装幀＝白沢　正／印刷＝ファインワークス／製本＝藤沢製本

ISBN978-4-7795-0968-1